This book is to be returned on or before
the last date stamped below.

PLEASE RETURN THIS

a. BY THE DUE BACK DATE OR WHEN
   REQUESTED BY LIBRARY STAFF

b. BEFORE GOING OFF SITE – FOR
   HOLIDAYS/BUSINESS/COURSES

GLOSSAIRE
DU MANAGEMENT
DES RESSOURCES
HUMAINES

Eyrolles Ressources Humaines
collection dirigée par Frank Bournois et Philippe Poirson

GLOSSAIRE DU MANAGEMENT DES RESSOURCES HUMAINES

Français - Anglais - Allemand

Frank BOURNOIS   **Jérôme DUVAL-HAMEL**

Véronique TORCHY   **Shaun TYSON**

EYROLLES

LES ÉDITIONS EYROLLES
vous proposent plusieurs services d'informations

---

1 - POUR UNE INFORMATION COMPLÈTE
sur l'ensemble de notre catalogue : **3616 EYROLLES**

2 - POUR RECEVOIR LE CATALOGUE
de la discipline qui vous intéresse :
vous nous écrivez en nous précisant cette discipline et votre adresse

3 - POUR ÊTRE INFORMÉ RÉGULIÈREMENT
sur nos nouvelles parutions :
vous retournez la carte postale que vous trouverez dans ce livre

ÉDITIONS EYROLLES
61, Bld Saint-Germain - 75240 Paris Cedex 05

LES AUTEURS

Frank Bournois, docteur habilité ès sciences de gestion, MBA of Aston University, diplômé ESC Lyon est maître de conférences à l'institut d'administration des entreprises de l'université Jean Moulin Lyon 3 où il dirige le troisième cycle en management des petites et moyennes organisations. Il y mène également des recherches au sein d'EURISTIK, URA.CNRS 1257. Il intervient auprès de grandes entreprises, tant françaises qu'étrangères, dans les domaines du management des ressources humaines et de la gestion des cadres. Il a publié de nombreux articles et est l'auteur de *La gestion des cadres en Europe* (Eyrolles, 1991) et le coauteur de *Gérer et dynamiser ses collaborateurs* (Eyrolles, 1989).

Jérôme Duval-Hamel, juriste, spécialiste en relations sociales, a exercé une activité de conseil auprès d'entreprises européennes et est actuellement responsable du développement des ressources humaines dans une importante filiale allemande du groupe Rhône-Poulenc. Il participe à ce titre à la gestion des cadres à l'échelle européenne. Il a publié de nombreux articles relatifs à la vie des affaires franco-allemandes.

Véronique Torchy, diplômée de l'EDHEC, DEA de gestion de l'université Lyon 2, MSc in Personnel Management and Industrial Relations de l'Université de Manchester. Elle est actuellement chargée de recherche au sein du Département Management et Ressources Humaines du Groupe ESC Lyon. Ses recherches portent sur la détection des potentiels managériaux et sur la gestion comparée des ressources humaines en Europe.

Shaun Tyson, BA, PhD, FIPM, MBPS est directeur du Centre de gestion des ressources humaines, responsable du groupe ressources humaines et professeur de gestion des ressources humaines à la Cranfield School of Management (Royaume-Uni). Il intervient auprès de grandes entreprises en Europe, dans le Sud-Est asiatique et au Moyen-Orient. Il a publié de nombreux articles et il est, entre autres, l'auteur de *International Comparisons in HRM* (coécrit avec Chris Brewter, Pitman, 1991) et de *Personnel Management Made Simple* (coécrit avec A. York, Heinemann, 1982, réédité en 1988 et 1990).

AVANT-PROPOS

"C'est une chose naturelle que, de pays à pays, il se fasse en tous genres un mélange des mœurs : étrangers qui, chez d'autres étrangers, introduisent des nouveautés."

Platon – *Les Lois*, Livre XII, §V,
Des relations internationales en temps de paix.

À QUI S'ADRESSE CE GLOSSAIRE ?

Vous avez entre les mains un glossaire spécialisé en management et en gestion des ressources humaines. Celui-ci comporte environ 1 500 termes ou expressions dans chacune des trois langues considérées : le français, l'anglais, l'allemand.

De par sa conception, ce glossaire est destiné :

• aux praticiens spécialistes de la fonction ressources humaines devant opérer dans des environnements culturels, sociaux et juridiques différents. Qu'il soit directeur des ressources humaines, directeur de la gestion des cadres, responsable de la formation, chef du personnel d'une division ou conseil en management des hommes, le lecteur trouvera dans ce glossaire les traductions des mots et expressions qu'il utilise dans l'exercice de sa profession ;

- aux responsables d'équipes devant encadrer des collaborateurs de nationalités différentes ou devant coordonner des projets avec leurs homologues étrangers ;
- aux cadres expatriés ou détachés. Ces derniers sont fréquemment amenés à travailler avec des collaborateurs qui sont habitués à d'autres modes de travail et à d'autres systèmes de gestion ;
- aux enseignants-chercheurs que leur spécialité ou leurs centres d'intérêt conduisent à compulser la littérature de gestion et à enseigner dans une autre langue que leur langue maternelle ou à mener des recherches dans le cadre de réseaux internationaux ;
- aux étudiants des écoles de gestion et des universités [1] confrontés au cours de leur scolarité à la réalisation de travaux faisant appel au français aussi bien qu'à l'anglais ou à l'allemand.

POURQUOI CE GLOSSAIRE ?

1. Le marché unique européen est désormais une réalité

Au moment où nous terminons ce livre, l'Europe des Douze ouvre ses frontières intérieures ; dans le vaste espace ainsi créé les capitaux, les marchandises, les services – et dans quelques mois les personnes – circulent librement. Si les opérations commerciales intracommunautaires se sont déjà considérablement développées avant le 1ᵉʳ janvier 1993 [2], la création d'un espace unique renforcera les échanges et la coopération inter-entreprises. La poursuite de cet élan ne sera possible qu'avec le concours des salariés des entreprises des États membres.

2. Les opérations de fusion, acquisition ou de reprise d'entreprise sont très nombreuses

Au cours des trois dernières années, beaucoup d'entreprises européennes de plus de 200 salariés ont connu des modifications majeures de leur organisation – de 15% à 44% des entreprises selon les pays [3]. Nombre de spécia-

---

1. Dont les accords de partenariat avec des établissements étrangers ne cessent de croître.
2. En particulier depuis l'adoption du Livre blanc de 1985.
3. Source Price Waterhouse Cranfield Project, projet piloté pour la France par le groupe ESC Lyon sur la base de 9 000 entreprises.

listes [4] s'accordent sur le fait que le succès et la pérennité de telles opérations dépendent de la façon dont les composantes de la variable "ressources humaines" auront été prises en compte. Cette prise en compte passe, entre autres, par une bonne connaissance des contextes sociaux des pays concernés. Ce facteur que nous mettons en exergue dans le cadre européen vaut également pour le management des activités à l'international [5].

3. La gestion des ressources humaines n'est plus uniquement une affaire de spécialistes

Les études récentes insistent sur la mutation rapide des rôles des responsables de personnel. Ainsi, le rapport [6] élaboré par l'IMD de Lausanne pour le compte de l'AEDP — Association Européenne des Directeurs de Personnel — montre que de plus en plus d'opérations sont prises en charge par la ligne opérationelle [7] qui a désormais un rôle de conseil et d'assistance.

En mettant ce glossaire français / anglais / allemand à la disposition des spécialistes comme des opérationnels, nous avons souhaité contribuer à la fertilisation croisée des compétences et accompagner le mouvement concomitant de décentralisation des décisions.

4. La communication interculturelle fait partie du management des hommes

La gestion et le management des ressources humaines ne sauraient se restreindre à une collection d'outils : évaluation des postes, grilles indiciaires de rémunération, plans de succession... Ces techniques n'ont de sens que si elles s'appuient sur des orientations politiques claires relayées par une mise en œuvre adaptée. Quiconque a mis en place un dispositif de gestion prévisionnelle sait combien la sophistication de l'outil est inutile si l'encadrement

---

4. Cf. G. Franck, "OPA : Le facteur humain est décisif", *Revue française de gestion*, 1989, Septembre-Octobre 1989, pp. 98-104.
5. Sur le caractère parfois ténu de la différence entre gestion européenne et internationale, cf. F. Bournois & J-H. Chauchat, "Managing Managers in Europe", *European Management Journal*, March 1990.
6. *The Emerging Role of the HR Manager in Europe*, Research Report, IMD, 1992.
7. Cf. aussi dans ce sens F. Bournois et J.E. Combes, "Radioscopie des pratiques de gestion des ressources humaines de 6 000 entreprises européennes", *Revue Personnel*, mars-avril 1991, pp. 44-50.

n'a pas perçu les finalités de l'outil et les retombées concrètes qu'il aura. De même, une entreprise qui évolue dans un contexte multiculturel ne peut transférer autoritairement une méthode d'un pays vers un autre, ce transfert risquant d'être vécu comme une importation sauvage et pouvant susciter un grand nombre de résistances.

Ayant conscience des problèmes afférents à la méconnaissance ou à la mauvaise connaissance des contextes nationaux européens, nous avons réalisé dans la seconde partie de l'ouvrage, en plus des traductions techniques, des notices où quelques termes d'importance capitale sont définis dans leur contexte national (ex : Office de conciliation en Allemagne, Prud'hommes en France...). Quelques ouvrages récents décrivent plus largement les principales caractéristiques de la gestion du personnel dans un certain nombre de pays [8] ou en comparent les pratiques [9].

Dans le domaine de la gestion des ressources humaines, la compréhension de pratiques ancrées dans des cultures d'entreprise et des cultures nationales différentes passe par le langage. En effet, le caractère inter-individuel de la relation de travail représente une large part de ce que l'on nomme le management ; on connaît ainsi l'importance de la gestualité [10/11].

Dans des environnements culturels différents, les sources d'incompréhension ou de mauvaise compréhension tendent à croître ainsi que l'ont souligné de nombreux auteurs [12]. Il est donc fondamental de disposer de traductions adaptées et validées par des professionnels, afin de minimiser les risques d'erreur qui peuvent entraver la relation de travail. Le succès de systèmes européens de gestion des ressources humaines dépend pour une large part de la qualité de la communication entre les différents acteurs de la fonction RH, représentants du siège et des filiales.

5. Répondre aux besoins des professionnels

Les responsables de la fonction ressources humaines et les managers opérationnels des entreprises européennes ou en voie d'européanisation réclament

---

8. Ouvrages de Brewster *et alii*, Cazal et Peretti, Tixier, ouvrages cités en références à la fin de ce glossaire.
9. Brewster et Tyson, ouvrage cité en référence à la fin de ce glossaire.
10. D. Torrington, *Management Face to Face*, Prentice Hall, 1989.
11. G. and M. Myers, *The Dynamics of Human Communication*, Mac Graw Hill, 1980.
12. M. Kete Asante & W. B. Gudykunst, *Handbook of International and Intercultural Communication*, Sage, 1989.

de plus en plus à leur siège ou à leurs homologues étrangers des listes de vocabulaire commun ; l'utilisation d'un langage commun devient une nécessité.

Nous avons pour objectif, à travers ce glossaire, de faire entrer le lecteur dans la terminologie utilisée dans les trois premières langues de la Communauté Européenne : l'anglais, le français et l'allemand. Il reste un chemin important à parcourir en matière de formation des cadres aux langues ; nous souhaitons que notre glossaire participe à ce mouvement.

6. Aller au-delà des dictionnaires classiques

Ce glossaire n'est pas un dictionnaire scolaire classique, dictionnaire dans lequel il serait impossible de trouver des termes usuels en gestion des ressources humaines tels que comité de carrière, cadre à potentiel... La logique de conception de cet ouvrage n'est pas celle du lexicologue. Nous apportons pour chacun des termes considérés sa traduction la plus usuelle dans contexte de la GRH.

Nous nous sommes centrés sur les termes spécifiques à la gestion des ressources humaines et nous ne prétendons évidemment pas à l'exhaustivité dans ce domaine aussi vaste qu'évolutif.

Nous avons voulu que ce livre, construit à partir de nos expériences d'entreprises et de nos pratiques de l'enseignement et du conseil, apporte aux professionnels une aide immédiate dans les situations quotidiennes de prise de parole, de traduction de documents, de rédaction de notes de travail et lors de l'élaboration de politiques communes.

Nous tenons à remercier Michel Petit pour sa contribution à la naissance de ce projet ainsi que les nombreux responsables de personnel qui, en France comme à l'étranger, ont consacré des moments précieux de leur temps à la validation des expressions figurant dans ce glossaire français / anglais / allemand.

Les auteurs sauront gré aux utilisateurs de ce manuel de leur faire part de leurs éventuels commentaires et suggestions.

SOMMAIRE

COMMENT UTILISER CE GLOSSAIRE ?

Les auteurs de ce glossaire trilingue de gestion des ressources humaines ont opté pour des traductions terme à terme et pour des abréviations réduites à un strict mimimum. Ce choix ne signifie en aucun cas que la réalité n'est pas complexe. Il indique simplement qu'une option a été prise en faveur d'un guide d'utilisation aisée pour les professionnels de la fonction ressources humaines et pour tous les managers généralistes qui doivent aborder la dimension humaine dans leur entreprise.

Les abréviations utilisées dans ce glossaire sont les suivantes :

n.	*nom*
m.	*masculin*
f.	*féminin*
pl.	*pluriel*
adj.	*adjectif*
adv.	*adverbe*
expr.	*expression*
v.	*verbe*
tr.	*transitif*
intr.	*intransitif*
pr.	*pronominal*

L'astérisque (*) qui suit un mot signifie qu'il n'existe pas, pour ce mot, de traduction immédiate et/ou suffisamment intelligible et renvoie à la seconde partie de l'ouvrage dans laquelle figure une explication détaillée du terme dans son contexte. On trouvera dans cette partie des notices explicitant des concepts français, anglais et allemands ; cela permettra au lecteur français de comprendre les spécificités existant au Royaume-Uni et en Allemagne et d'expliquer en quelques mots celles de son pays.

La lecture de ce vocabulaire, construit sur la base d'une traduction terme à terme, s'organise de la manière suivante :

• Si vous cherchez la traduction d'un groupe verbal ou nominal français :
vous trouverez ce groupe de mots à l'entrée alphabétique du mot principal (au sens grammatical du terme) du groupe nominal ou verbal considéré.
Ex : *dossier de candidature* se trouve à la lettre *d*
ex : *gravir les échelons de la hiérarchie* se trouve à la lettre *g*

• si vous cherchez la traduction d'un groupe verbal ou nominal anglais :
vous trouverez ce groupe de mots à l'entrée alphabétique du premier mot du groupe nominal ou verbal considéré.
Ex : *application form* se trouve à la lettre *a*
ex : *rung on the ladder* se trouve à la lettre *r*

• si vous cherchez la traduction d'un groupe nominal ou verbal allemand
vous trouverez ce groupe de mots à l'entrée alphabétique du mot principal du groupe nominal ou verbal considéré.
Ex : *Altersversorgung, die betriebliche -* se trouve à la lettre *A*
ex : *"emporklettern, v. tr., die Stufen der Hierarchie* se trouve à la lettre *e*.

Le nom allemand est suivi, entre parenthèses, de la désinence correspondant à son génétif et à son pluriel sauf lorsqu'il est déjà qualifié ; l'adjectif qualificatif étant alors lui-même décliné.
Ex : pour *recrutement interne*, on trouvera la traduction *Personalbeschaffung, die innerbetriebliche -*.

PREMIÈRE PARTIE

VOCABULAIRE

1

FRANÇAIS – ANGLAIS

A

absence *n.f.*	absence *n.*
absence non motivée *n.f.*	absence without leave *n.*
absentéisme *n.m.*	absenteeism *n.*
abus de confiance *n.m.*	breach of trust *n.*
accident de trajet *n.m.*	accident on the way to work *n.*
accident du travail *n.m.*	industrial injury *n.*
accord cadre *n.m.*	outline agreement *n.*
accord d'intéressement *n.m.*	profit-sharing agreement (contractual) *n.*
accord de branche *n.m.*	branch agreement *n.*
accord de participation *n.m.*	profit-sharing agreement (compulsory above ten employees) *n.*
accord salarial *n.m.*	salary agreement *n.*
accord transactionnel *n.m.*	transaction whereby money is given in exchange for a letter of resignation *n.*
accusé de réception *n.m.*	acknowledgement of receipt *n.*
acquitter d'une obligation (s') *v.pr.*	to carry out an obligation *v.tr.*
acte de naissance *n.m.*	birth certificate *n.*
actif social *n.m.*	company's assets *n.pl.*
action disciplinaire *n.f.*	disciplinary action *n.*
action en justice *n.f.*	legal action *n.*
activité professionnelle *n.f.*	activity *n.*

activité rétribuée *n.f.* .... paid activity *n.*
activité syndicale *n.f.* .... trade-union activity *n.*
adhésion *n.f.* .... membership *n.*
adjoint (de qqn) *adj.* .... assistant (to somebody) *n.*
administration *n.f.* .... administration *n.*
adresse commerciale *n.f.* .... registered address *n.*
affectation de personnel *n.f.* .... manning *n.*
affectation flexible du personnel *n.f.* .... flexible manning *n.*
AFNOR Association Française de
Normalisation *n.f.* .... BSI British Standards
                                                                                          Institute *n.*
agence commerciale *n.f.* .... commercial agency *n.*
agence d'intérim *n.f.* .... temporary employment
                                                                                          bureau *n.*
agrément *n.m.* .... approval *n.*
ajustement des salaires *n.m.* .... wage adjustment *n.*
allocation chômage *n.f.* .... unemployment benefit *n.*
allocation de ressources *n.f.* .... resource allocation *n.*
allocation logement *n.f.* .... housing benefit *n.*
allocation maladie *n.f.* .... sickness benefit *n.*
allocation vieillesse *n.f.* .... old age pension *n.*
ambiance de travail *n.f.* .... work atmosphere *n.*
amélioration des conditions de travail *n.f.* .... improvement of working
                                                                                          conditions *n.*
aménagement du cadre de travail *n.m.* .... workplace arrangement *n.*
aménagement du temps de travail *n.m.* .... flexible time management *n.*
ANACT Agence Nationale pour l'Amélio-
ration des Conditions de Travail *n.f.* .... French national agency for the
                                                                                          improvement of working
                                                                                          conditions *n.*
analyse de marché *n.f.* .... market analysis *n.*
analyse des besoins *n.f.* .... needs analysis *n.*
analyse fonctionnelle *n.f.* .... functional analysis *n.*
analyse organisationnelle *n.f.* .... organizational analysis *n.*
analyse psychologique *n.f.* .... psychological analysis *n.*
analyse psychosociologique *n.f.* .... psycho-sociological analysis *n.*
analyse transactionnelle *n.f.* .... transactional analysis *n.*
ancienneté *n.f.* .... seniority *n.*
ANDCP Association Nationale des Directeurs
et Cadres de la Fonction Personnel *n.f.* .... IPM (Institute of Personnel
                                                                                          Management) *n.*
années de service *n.f.pl.* .... length of service *n.*
annonce *n.f.*, petite .... advertisement *n.*
annotation *n.f.* .... annotation *n.*
APEC Association Pour l'Emploi
des Cadres n.*f.* .... managers employment
                                                                                          agency *n.*

appartenance à un syndicat *n.f.*	trade-union membership *n.*
appel à la grève *n.m.*	strike call *n.*
appel d'offres *n.m.*	call for tenders *n.*
application de la loi *n.f.*	law enforcement *n.*
appointements *n.m.pl.*	emolument *n.*
appréciation des performances *n.f.*	performance appraisal *n.*
apprenti(e) *n.m.,f.*	apprentice *n.*
apprentissage *n.m.*	apprenticeship *n.*
aptitude *n.f.*	ability *n.*
aptitude professionnelle *n.f.*	professional ability *n.*
aptitude requise *n.f.*	required ability *n.*
arbitrage *n.m.*	arbitration *n.*
arrêt de travail *n.m.*	leave *n.*
aspiration *n.f.*	aspiration *n.*
ASSEDIC Association pour l'Emploi dans l'Industrie et le Commerce *n.f.*	French association for industrial and commercial employment *n.*
assemblée ouvrière *n.f.*	workers' assembly *n.*
assistance *n.f.*	assistance *n.*
assistance sociale *n.f.*	welfare *n.*
assistance technique *n.f.*	technical assistance *n.*
assistance technique clientèle *n.f.*	customer technical assistance *n.*
assistant(e) social(e) *n.m.,f.*	social worker *n.*
association *n.f.*	association *n.*
association de solidarité ouvrière *n.f.*	association for workers' solidarity *n.*
association des anciens élèves *n.f.*	Alumni Association *n.*
association professionnelle *n.f.*	trade association *n.*
associé(e) *n.m.,f.*	partner *n.*
assujetti à l'impôt sur le revenu *adj.*	liable to income tax *adj.*
assujetti à la cotisation *adj.*	liable to contribution *adj.*
assujetti à la sécurité sociale *adj.*	liable to social security tax *adj.*
assujetti à la TVA *adj.*	liable to value added tax *adj.*
assurance chômage *n.f.*	unemployment insurance *n.*
assurance décès *n.f.*	life assurance *n.*
assurance maladie *n.f.*	sickness insurance *n.*
assurance qualité *n.f.*	quality assurance *n.*
assurance retraite *n.f.*	retirement insurance *n.*
assurance vieillesse *n.f.*	state-pension scheme *n.*
assuré(e) social(e) *n.m.,f.*	member covered by National Health Service *n.*
atelier *n.m.*	workshop *n.*
attestation de salaire *n.f.*	salary certificate *n.*
attestation de travail *n.f.*	work certificate *n.*
attestation médicale *n.f.*	medical certificate *n.*
au nom de *expr.*	on behalf of *expr.*
audit *n.m.*	audit *n.*

audit de communication *n.m.*	communication audit *n.*
audit de formation *n.m.*	training audit *n.*
audit de management *n.m.*	management audit *n.*
audit financier *n.m.*	financial audit *n.*
audit social *n.m.*	personnel audit *n.*
auditeur *n.m.*	auditor *n.*
augmentation *n.f.*	increase *n.*
augmentation de salaire *n.f.*	pay increase *n.*
autogestion *n.f.*	self-management *n.*
automatisation *n.f.*	automation *n.*
autonome *adj.*	autonomous *adj.*
autonomie *n.f.*	autonomy *n.*
autorisation de paiement *n.f.*	payment authorization *n.*
autorisation de quitter le territoire *n.f.*	permission to go abroad *n.*
autorisation de séjour *n.f.*	permit of residence in a country *n.*
autorisation de travail *n.f.*	work(ing) permit *n.*
autorisé à signer *adj.*	authorized to sign *adj.*
avance sur salaire *n.f.*	advance on salary *n.*
avantage acquis *n.m.*	acquired benefit *n.*
avantages sociaux *n.m.pl.*	welfare benefits *n.pl.*
avenir professionnel *n.m.*	professional future *n.*
avis de licenciement *n.m.*	notice of redundancy *n.*

B

baccalauréat *n.m.*	A levels *n.pl.*
baisse des salaires *n.f.*	pay decrease *n.*
banque de données *n.f.*	data bank *n.*
BEP Brevet d'Études Professionnelles *n.m.*	technical certificate (secondary school) *n.*
besoin de personnel *n.m.*	manpower need *n.*
besoin de réalisation de soi *n.m.*	need for achievement *n.*
besoin en formation *n.m.*	training need *n.*
besoin en main-d'œuvre *n.m.*	labour need *n.*
besoin qualitatif en personnel *n.m.*	qualitative personnel needs *n.pl.*
besoin quantitatif en personnel *n.m.*	quantitative personnel needs *n.pl.*
bilan de compétences *n.m.*	competencies inventory *n.*
bilan financier *n.m.*	balance sheet *n.*
bilan professionnel *n.m.*	employee right to have an individual skills audit every five years *n.*

bilan social* *n.m.* .... social results of a company *n.*
blâme *n.m.* .... reprimand *n.*
blocage des prix et des salaires *n.m.* .... prices and wages freeze *n.*
blocage des salaires *n.m.* .... wages freeze *n.*
bourse d'apprentissage *n.f.* .... apprenticeship grant *n.*
bourse d'études *n.f.* .... scholarship *n.*
bourse de l'emploi *n.f.* .... vacancy list *n.*
branche d'industrie *n.f.* .... branch of industry *n.*
branche professionnelle *n.f.* .... professional branch *n.*
brevet des Collèges *n.m.* .... O levels *n.pl.*
BTS Brevet de Technicien Supérieur *n.m.* .... higher technical diploma *n.*
bulletin de paie *n.m.* .... pay slip *n.*
bureau de l'Agence Nationale
Pour l'Emploi *n.m.* .... job centre *n.*
bureau de placement *n.m.* .... employment bureau/agency *n.*
bureau des méthodes *n.m.* .... organization and methods department *n.*
bureau privé de placement *n.m.* .... private employment agency *n.*
bureaucratique *adj.* .... bureaucratic *adj.*

C

cabinet de conseil *n.m.* .... consulting firm *n.*
cabinet de recrutement *n.m.* .... recruitment consulting firm *n.*
cadre* *n.m.* .... manager / executive *n.*
cadre au forfait *n.m.* .... manager receiving a yearly lump sum *n.*
cadre de direction *n.m.* .... top manager *n.*
cadre dirigeant *n.m.* .... top executive *n.*
cadre légal *n.m.* .... legal framework *n.*
cadre moyen *n.m.* .... middle manager *n.*
cadre opérationnel *n.m.* .... line manager *n.*
cadre supérieur *n.m.* .... senior manager *n.*
cadres, *n.m.pl.*, jeunes .... junior managers *n.pl.*
cahier de revendications *n.m.* .... claim recording *n.*
cahier des charges *n.m.* .... specifications *n.pl.*
caisse d'allocations familiales *n.f.* .... family allowance fund *n.*
caisse d'assurance maladie *n.f.* .... health insurance fund *n.*
caisse de retraite *n.f.* .... retirement fund *n.*
caisse primaire d'assurance maladie *n.f.* .... national health authority *n.*
caisse subsidiaire d'assurance maladie *n.f.* .... subsidiary health authority *n.*
calcul du montant de la cotisation *n.m.* .... contribution assessment *n.*
calendrier *n.m.* .... timetable *n.*
campagne de recrutement *n.f.* .... recruitment campaign *n.*

candidat de remplacement *n.m.* .... second best candidate *n.*
candidat(e) idéal(e) *n.m.,f.* .... ideal candidate *n.*
candidat(e) *n.m.,f.* .... applicant *n.*
candidature *n.f.* .... application *n.*
CAP Certificat d'Aptitude Professionnelle *n.m.* ... vocational training certificate *n.*
capable d'exercer une activité
professionnelle *adj.* .... ability to perform an activity *n.*
capacité à travailler efficacement *n.f.* .... ability to work effectively *n.*
capacité d'innovation *n.f.* .... ability to innovate *n.*
capacité de travail *n.f.* .... working capacity *n.*
carrière *n.f.* .... career *n.*
carriériste *n.m.f.* .... careerist *n.*
carte d'identité *n.f.* .... identity card *n.*
carte de pointage *n.f.* .... clock card *n.*
carte de sécurité sociale *n.f.* .... National Insurance card *n.*
carte de séjour *n.f.* .... residence permit *n.*
carte de visite *n.f.* .... visiting card *n.*
catégorie professionnelle *n.f.* .... occupational group *n.*
catégorie salariale *n.f.* .... income group *n.*
catégorie sociale *n.f.* .... social category *n.*
cause *n.f.* .... cause *n.*
CCI Chambre de Commerce et d'Industrie *n.f.* .. chamber of commerce and
                                                           industry *n.*
CEE Communauté Économique
Européenne *n.f.* .... EEC European Economic
                                                           Community *n.*
cégétiste *n.m.f.* .... member of the French trade
                                                           union CGT *n.*
célibataire *adj.* .... single *adj.*
centralisation *n.f.* .... centralisation *n.*
centre d'évaluation *n.m.* .... assessment centre *n.*
centre de formation *n.m.* .... training centre *n.*
centre de profit *n.m.* .... profit centre *n.*
centres d'intérêt *n.m.pl.* .... centres of interest *n.pl.*
cercle de qualité *n.m.* .... quality circle *n.*
CEREQ Centre de Recherche sur les Emplois
et les Qualifications *n.m.* .... French research centre on jobs
                                                           and qualifications *n.*
certificat de travail *n.m.* .... work certificate *n.*
certifié conforme *adj.* .... true certified *adj.*
CFDT Confédération Française et
Démocratique du Travail *n.f.* .... French trade union *n.*
CFTC Confédération Française des
Travailleurs Chrétiens *n.f.* .... French trade union *n.*
CGC Confédération Générale des Cadres *n.f.* .. French trade union *n.*
CGT Confédération Générale
du Travail *n.f.* .... French trade union *n.*

chambre patronale *n.f.*	elected board of industrialists *n.*
chambre syndicale *n.f.*	employers' federation *n.*
champ d'activité *n.m.*	sphere of activity *n.*
changement de poste de travail *n.m.*	change of job *n.*
changement organisationnel *n.m.*	organizational change *n.*
charge de travail *n.f.*	workload *n.*
charges salariales *n.f.pl.*	social costs *n.pl.*
charte sociale *n.f.*	social charter *n.*
chasseur de têtes *n.m.*	headhunter *n.*
chef d'entreprise *n.m.f.*	company manager *n.*
chef de division *n.m.f.*	division manager *n.*
chef de service *n.m.f.*	head of department *n.*
chef du personnel *n.m.f.*	personnel manager *n.*
chef du personnel de l'usine *n.m.f.*	personnel manager of a factory *n.*
chèque restaurant *n.m.*	luncheon voucher *n.*
chiffre d'affaires *n.m.*	sales turnover *n.*
chômage *n.m.*	unemployment *n.*
chômage (au) *expr.*	unemployed *adj.*
chômage des jeunes *n.m.*	youth unemployment *n.*
chômage partiel *n.m.*	short-time working *n.*
chômage technique *n.m.*	unemployment resulting from underactivity *n.*
chômé *adj.*	idle *adj.*
chômeur *n.m.*	unemployed *n.*
CHSCT Comité d'Hygiène, de Sécurité et des Conditions de Travail* *n.m.*	Council for Hygiene, Security and Working Conditions *n.*
circonstance *n.f.*	circumstance *n.*
circulaire *n.f.*	circular *n.*
circulation de l'information *n.f.*	information flows *n.pl.*
circulation des travailleurs *n.f.*, libre	free movement of workers *n.*
classe d'âge *n.f.*	age bracket *n.*
classification* *n.f.*	classification *n.*
classification des postes *n.f.*	job classification *n.*
classification professionnelle *n.f.*	professional classification *n.*
clause d'arbitrage *n.f.*	arbitration clause *n.*
clause spécifique *n.f.*	special clause *n.*
climat social *n.m.*	social climate *n.*
CNPF Conseil National du Patronat Français *n.m.*	French national employers' union *n.*
CNRS Centre National de la Recherche Scientifique *n.m.*	French national centre for scientific research *n.*
code civil *n.m.*	civil code *n.*
code du travail *n.m.*	labour legislation *n.*

Français	Anglais
code pénal *n.m.*	penal code *n.*
cogestion *n.f.*	co-determination *n.*
collège *n.m.*	employee section for company voting purposes *n.*
collègue *n.m.f.*	colleague *n.*
comité d'entreprise* *n.m.*	works council *n.*
comité d'évaluation *n.m.*	job evaluation committee *n.*
comité d'experts *n.m.*	experts' committee *n.*
comité de carrière *n.m.*	careers committee *n.*
comité de direction* *n.m.*	board of directors *n.*
commissaire aux comptes *n.m.*	auditor *n.*
commission paritaire *n.f.*	joint committee *n.*
communication *n.f.*	communication *n.*
communication externe *n.f.*	external communication *n.*
communication interne *n.f.*	internal communication *n.*
compatibilité *n.f.*	compatibility *n.*
compétence technique *n.f.*	technical competence *n.*
compétitivité *n.f.*	competitiveness *n.*
complément salarial *n.m.*	wage supplement *n.*
complexité *n.f.*	complexity *n.*
comportement en société *n.m.*	social behaviour *n.*
compréhension *n.f.*	understanding *n.*
comptabilité *n.f.*	accountancy *n.*
comptable *n.m.f.*	accountant *n.*
concept de qualification *n.m.*	qualification concept *n.*
conception assistée par ordinateur (CAO) *n.f.*	computer aided design *n.*
concertation *n.f.*	dialogue *n.*
concerter (se) *v.pr.*	to consult each other *v.tr.*
concurrence *n.f.*	competition *n.*
conditions de salaire *n.f.pl.*	pay conditions *n.pl.*
conditions de travail *n.f.pl.*	working conditions *n.pl.*
conditions salariales attirantes *n.f.pl.*	attractive pay offers *n.pl.*
conduite du changement *n.f.*	management of change *n.*
confédération patronale *n.f.*	employers' confederation *n.*
confédération syndicale *n.f.*	trade-union confederation *n.*
confidentiel *adj.*	confidential *adj.*
confier *v.tr.*	to confide *v.tr.*
confirmé *adj.*	experienced *adj.*
conflit *n.m.*	dispute *n.*
conflit d'intérêts *n.m.*	conflict of interests *n.*
conflit d'objectifs *n.m.*	conflict of targets *n.*
conflit de travail *n.m.*	work conflict *n.*
conflit ouvert *n.m.*	overt conflict *n.*
conformité *n.f.*	conformity *n.*
congé *n.m.*	holiday *n.*
congé formation *n.m.*	training leave *n.*
congé maladie *n.m.*	sick leave *n.*

congé de maternité *n.m.*	maternity leave *n.*
congé de paternité *n.m.*	paternity leave *n.*
congé parental *n.m.*	parental leave *n.*
congé payé* *n.m.*	paid holiday *n.*
congé sans solde *n.m.*	unpaid leave *n.*
conjoint(e) *n.m.,f.*	spouse *n.*
connaissance des hommes *n.f.*	knowledge of the human being *n.*
conscience professionnelle *n.f.*	job consciousness *n.*
conseil d'administration* *n.m.*	board of directors *n.*
conseil de carrière *n.m.*	career counselling *n.*
conseil de direction *n.m.*	executive board *n.*
conseil de surveillance *n.m.*	supervisory board *n.*
conseiller(ère) *n.m.,f.*	adviser *n.*
conseiller(ère) juridique *n.m.,f.*	legal adviser *n.*
consensus *n.m.*	consensus/agreement *n.*
constitution d'une société *n.f.*	setting up of a company *n.*
consultant(e) *n.m.,f.*	consultant *n.*
consultation *n.f.*	consultation *n.*
consultation paritaire *n.f.*	joint consultation *n.*
contacter *v.tr.*	to contact *v.tr.*
contingence *n.f.*	contingency *n.*
contractuel *adj.*	contractual *adj.*
contrat à durée déterminée *n.m.*	fixed term contract *n.*
contrat à durée indéterminée *n.m.*	contract without term *n.*
contrat à l'essai *n.m.*	probationary contract *n.*
contrat d'apprentissage *n.m.*	apprenticeship contract *n.*
contrat de travail *n.m.*	employment contract *n.*
contrat emploi-formation *n.m.*	job-training agreement *n.*
contremaître *n.m.*	foreman *n.*
contremaîtresse *n.f.*	forewoman *n.*
contribution *n.f.*	contribution *n.*
contrôle *n.m.*	control *n.*
contrôle de gestion *n.m.*	management accounting *n.*
contrôle qualité *n.m.*	quality control *n.*
contrôler *v.tr.*	to control *v.tr.*
contrôleur de gestion *n.m.*	comptroller *n.*
contrordre *n.m.*	counter-order *n.*
convention *n.f.*	convention *n.*
convention collective* *n.f.*	collective agreement *n.*
convention collective générale *n.f.*	general collective agreement *n.*
convention collective salariale *n.f.*	wage collective agreement *n.*
convention de rupture du contrat de travail *n.f.*	agreement on what to do about a breach of contract *n.*
convocation *n.f.*	notification *n.*
coopération *n.f.*	cooperation *n.*
coordination *n.f.*	coordination *n.*

coordonnées personnelles *n.f.pl.* .... personal address and telephone number *n.*

coordonner *v.tr.* .... to coordinate *v.tr.*

copie conforme *expr.* .... true copy *n.*

corps enseignant *n.m.* .... faculty *n.*

cosignataire *n.m.f.* .... cosignatory *n.*

cosociétaire *n.m.f.* .... co-member *n.*

cotation de poste *n.f.* .... job evaluation *n.*

cotisant *n.m.* .... contributor *n.*

cotisation obligatoire *n.f.* .... compulsory contribution *n.*

cotisation patronale *n.f.* .... employers' contribution *n.*

cotraitance *n.f.* .... co-contracting *n.*

courbe de carrière *n.f.* .... career curve *n.*

courbe du succès *n.f.* .... success curve *n.*

course salaire-prix *n.f.* .... wage-price spiral *n.*

coût d'intégration *n.m.* .... integration cost *n.*

coût de formation *n.m.* .... training cost *n.*

coût de la main-d'œuvre *n.m.* .... labour cost *n.*

coût de la vie *n.m.* .... cost of living *n.*

coût direct *n.m.* .... direct cost *n.*

coût du recrutement *n.m.* .... recruitment cost *n.*

coût indirect *n.m.* .... indirect cost *n.*

coût marginal *n.m.* .... marginal cost *n.*

coût variable *n.m.* .... variable cost *n.*

création de poste *n.f.* .... job creation *n.*

crèche *n.f.* .... crèche *n.*

critère d'évaluation *n.m.* .... appraisal criterion *n.*

critère de performance *n.m.* .... performance criterion *n.*

critère de promotion *n.m.* .... promotion criterion *n.*

critère de sélection *n.m.* .... selection criterion *n.*

critère physique *n.m.* .... physical criterion *n.*

critère psychique *n.m.* .... psychological criterion *n.*

critère social *n.m.* .... social criterion *n.*

croissance *n.f.* .... growth *n.*

culture d'entreprise *n.f.* .... corporate culture *n.*

culture de l'organisation *n.f.* .... organizational culture *n.*

cumul de salaires *n.m.* .... concurrent drawing of salaries *n.*

CV curriculum vitae *n.m.* .... curriculum vitae *n.*

cycle de formation *n.m.* .... training process *n.*

D

dactylo(graphe) *n.f.* .... typist *n.*

date d'embauche *n.f.* .... date of appointment *n.*

date d'expiration *n.f.* .... date of termination *n.*

date de clôture *n.f.* .... closing date *n.*

date de naissance *n.f.* .... date of birth *n.*

DEA Diplôme d'Études Approfondies *n.m.* .... university post-graduate research degree *n.*

débat sur les rémunérations *n.m.* .... debate on wages *n.*

débaucher *v.tr.* .... to fire *v.tr.*

débrayage *n.m.* .... stoppage *n.*

débutant(e) *n.m.,f.* .... beginner *n.*

décentralisation *n.f.* .... decentralisation *n.*

décision *n.f.* .... decision *n.*

décision d'embauche *n.f.* .... selection decision *n.*

déclaration de résidence *n.f.* .... statement of residence *n.*

déclaration de revenus *n.f.* .... statement of income *n.*

décrutement *n.m.* .... decruitment *n.*

déficit de formation *n.m.* .... training gap *n.*

définition de la politique salariale *n.f.* .... definition of the pay policy *n.*

délai de carence *n.m.* .... lead time before payment *n.*

délai de dépôt de candidature *n.m.* .... closing date for application *n.*

délai de paiement *n.m.* .... term for payment *n.*

délai de réflexion *n.m.* .... time for consideration *n.*

délégation *n.f.* .... delegation *n.*

délégation de responsabilités *n.f.* .... devolution of responsibilities *n.*

délégué(e) *n.m.,f.* .... representative *n.*

délégué(e) du personnel* *n.m.,f.* .... staff representative *n.*

délégué(e) syndical(e)* *n.m.,f.* .... union representative *n.*

délibérer *v.intr.* .... to deliberate *v.intr.*

demande de dommages et intérêts *n.f.* .... claim for damages *n.*

demandeur d'emploi *n.m.* .... job seeker *n.*

démission *n.f.* .... resignation *n.*

département *n.m.* .... department *n.*

déplacement professionnel *n.m.* .... business travel *n.*

description de poste *n.f.* .... job description *n.*

DESS Diplôme d'Études Supérieures Spécialisées *n.m.* .... university post-graduate professional degree *n.*

destinataire *n.m.f.* .... addressee *n.*

détachement *n.m.* .... secondment *n.*

détachement à l'étranger *n.m.* .... secondment abroad *n.*

détermination des besoins *n.f.* .... determination of needs *n.*

détermination des salaires *n.f.* .... wage determination *n.*

DEUG Diplôme d'Études Universitaires Générales *n.m.* .... diploma awarded after the first two years of university education *n.*

deux-huit *n.m.pl.* .... two eight-hour shifts *n.pl.*

développement *n.m.* .... development *n.*

développement de l'entreprise *n.m.* .... company development *n.*

développement des cadres *n.m.* .... management development *n.*

développement des jeunes cadres *n.m.* .... development of junior managers *n.*

développement des ressources humaines *n.m.* .... personnel development *n.*

développement des salariés *n.m.* .... staff development *n.*

développement social *n.m.* .... human resources development *n.*

diagnostic *n.m.* .... diagnosis *n.*

différenciation *n.f.* .... differentiation *n.*

diminution de salaire *n.f.* .... pay decrease *n.*

diplôme *n.m.* .... degree *n.*

diplôme universitaire de gestion et des affaires *n.m.* .... university business degree *n.*

diplôme universitaire *n.m.* .... university degree *n.*

diplômé(e) *n.m.,f.* .... qualified *adj.*

diplômé(e) de grande école *n.m.,f.* .... grande école graduate *n.*

diplômé(e) de l'enseignement supérieur *n.m.,f.* .. graduate *n.*

diplômé(e) du troisième cycle *n.m.,f.* .... postgraduate *n.*

directeur *n.m.* .... director *n.*

directeur adjoint *n.m.* .... deputy manager *n.*

directeur commercial *n.m.* .... sales manager *n.*

directeur d'usine *n.m.* .... factory manager *n.*

directeur de stage *n.m.* .... supervisor *n.*

directeur des ressources humaines *n.m.* .... human resources manager *n.*

directeur du personnel *n.m.* .... personnel director *n.*

directeur technique *n.m.* .... technical manager *n.*

direction d'une société *n.f.* .... company management *n.*

directive *n.f.* .... guideline *n.*

directive de management *n.f.* .... management guideline *n.*

directive européenne *n.f.* .... European directive *n.*

directoire *n.m.* .... board of directors *n.*

discipline *n.f.* .... discipline *n.*

discrimination *n.f.* .... discrimination *n.*

discriminatoire *adj.* .... discriminatory *adj.*

dispense *n.f.* .... exemption *n.*

dispensé de cotisation *adj.* .... exempted from contribution *adj.*

disponibilité à s'expatrier *n.f.* .... availability to go abroad *n.*

division *n.f.* .... division *n.*

division du travail *n.f.* .... division of labour *n.*

divorcé *adj.* .... divorced *adj.*

doctorat *n.m.* .... doctorate *n.*

domaine de compétence *n.m.* .... field of competence *n.*

dommages *n.m.pl.* .... damages *n.pl.*

données *n.f.pl.* .... data *n.pl.*

donneur d'ordres *n.m.* .... contractor *n.*

dossier *n.m.* .... file *n.*

dossier de candidature *n.m.* .... application form *n.*
dossier individuel *n.m.* .... personal record *n.*
droit à congés *n.m.* .... leave entitlement *n.*
droit à la retraite *n.m.* .... pension entitlement *n.*
droit de contrôle *n.m.* .... control entitlement *n.*
droit du travail *n.m.* .... labour law *n.*
droit social *n.m.* .... labour law *n.*
droit de participation *n.m.* .... participating rights *n.pl.*
durée de travail *n.f.* .... working time *n.*
DUT Diplôme Universitaire de Technologie *n.m.* two-year university technical diploma *n.*

E

échec *n.m.* .... failure *n.*
échelle *n.f.* .... scale *n.*
échelle des salaires *n.f.* .... pay scale *n.*
échelle indiciaire *n.f.* .... salary scale referring to job points *n.*
échelles d'appréciation fondée sur les études du comportement *n.f.pl.* .... BARS behaviourally-anchored rating scales *n.pl.*
échelon *n.m.* .... grade *n.*
échelonnement des salaires *n.m.* .... wage spread *n.*
école de pensée *n.f.* .... school of thought *n.*
école supérieure de commerce *n.f.* .... business school *n.*
éducation *n.f.* .... education *n.*
effectif *n.m.* .... workforce *n.*
efficace *adj.* .... effective *adj.*
efficacité *n.f.* .... effectiveness *n.*
égalitarisme *n.m.* .... egalitarianism *n.*
égalité des chances *n.f.* .... equal opportunities* *n.pl.*
élaboration *n.f.* .... elaboration *n.*
élargissement des tâches *n.m.* .... job enlargement *n.*
élection au comité d'entreprise *n.f.* .... works council election *n.*
élection professionnelle *n.f.* .... professional election *n.*
élections prud'homales *n.f.pl.* .... industrial tribunal elections *n.pl.*
embauche de personnel *n.f.* .... personnel hiring *n.*
empêchement *n.m.* .... unexpected difficulty *n.*
emploi à mi-temps (temps partiel) *n.m.* .... part-time job *n.*
emploi précaire *n.m.* .... casual job *n.*
emploi saisonnier *n.m.* .... seasonal job *n.*
employé(e) *n.m.,f.* .... employee *n.* / white collar worker *n.*

employé(e) de bureau *n.m.,f.*	clerk *n.*
employeur *n.m.*	employer *n.*
encadrement *n.m.*	line management *n.*
enceinte *adj.*	pregnant *adj.*
énergie *n.f.*	energy *n.*
enjeu principal *n.m.*	key issue *n.*
enrichissement des tâches *n.m.*	job enrichment *n.*
enseignement par correspondance *n.m.*	learning by correspondence *n.*
entrepreneur *n.m.*	entrepreneur *n.*
entreprise *n.f.*	company / firm *n.*
entreprise de service *n.f.*	service company *n.*
entretien *n.m.*	interview *n.*
entretien d'appréciation *n.m.*	appraisal interview *n.*
entretien d'embauche *n.m.*	employment interview *n.*
entretien de carrière *n.m.*	career interview *n.*
entretien de réorientation *n.m.*	vocational guidance interview *n.*
équipe *n.f.*	team *n.*
équipe de direction *n.f.*	management team *n.*
équipe de nuit *n.f.*	night shift *n.*
équipe de travail *n.f.*	task-force *n.*
équitable *adj.*	fair *adj.*
équité *n.f.*	equal treatment *n.*
équité interne *n.f.*	in-house equity *n.*
ergonomie *n.f.*	ergonomics *n.pl.*
ergonomique *adj.*	ergonomic *adj.*
esprit d'équipe *n.m.*	team spirit *n.*
esprit de compétition *n.m.*	competitive spirit *n.*
essai *n.m.*	attempt *n.*
établissement de la grille de salaire *n.m.*	setting up of the pay scale *n.*
éthique *n.f.*	ethics *n.pl.*
être promu *v.*	to get promoted *v.*
étude de comportement *n.f.*	attitude survey *n.*
évaluation *n.f.*	assessment *n.*
évaluation de poste *n.f.*	job evaluation *n.*
évaluation des aptitudes *n.f.*	ability evaluation *n.*
éventail des salaires *n.m.*	pay brackets *n.pl.* / pay range *n.*
évolution de carrière *n.f.*	career development *n.*
examen *n.m.*	examination *n.*
examen d'admission *n.m.*	entry examination *n.*
examen d'aptitude professionnelle *n.m.*	vocational ability exam *n.*
examen de maîtrise *n.m.*	master examination *n.*
examen du dossier *n.m.*	examination of a file *n.*
examen médical *n.m.*	medical examination *n.*
exercer une fonction *v.tr.*	to fulfil a job *v.tr.*
exigences du poste *n.f.pl.*	job requirements / job specifications *n.pl.*

exigences salariales *n.f.pl.* .... salary expectations *n.pl.*
expatriation *n.f.* .... expatriation *n.*
expatrié(e) *n.m.,f.* .... expatriate *n.*
expéditeur *n.m.* .... sender *n.*
expérience *n.f.* .... experience *n.*
expérience à l'étranger *n.f.* .... experience abroad *n.*
experience professionnelle *n.f.* .... professional experience *n.*
expert-comptable *n.m.* .... chartered accountant *n.*
expertise *n.f.* .... expert appraisal *n.*
export *n.m.* .... export *n.*
exposé *n.m.* .... seminar *n.*
expression des salariés *n.f.* .... legal right of French workers to make remarks and solve organizational problems *n.*
extraverti *adj.* .... extravert *adj.*
extrinsèque *adj.* .... extrinsic *adj.*

F

facteur *n.m.* .... factor *n.*
facture *n.f.* .... bill *n.*
faculté d'adaptation *n.f.* .... adaptability *n.*
faiblesse *n.f.* .... weakness *n.*
faillite (en) *expr.* .... bankrupt *adj.*
faute grave *n.f.* .... professional misconduct *n.*
faute lourde *n.f.* .... misdemeanour *n.*
faute professionnelle *n.f.* .... professional error *n.*
favoritisme *n.m.* .... favouritism *n.*
fédération patronale *n.f.* .... employers' association *n.*
femme au foyer *n.f.* .... housewife *n.*
femme seule *n.f.* .... woman on her own *n.*
fermeture d'une entreprise *n.f.* .... company close-down *n.*
feuille d'évaluation *n.f.* .... evaluation sheet *n.*
fiche d'état civil *n.f.* .... birth and marriage certificate *n.*
fiche de description de poste *n.f.* .... job description form *n.*
fiche de temps *n.f.* .... time card *n.*
fichier de candidature *n.m.* .... applicants' file *n.*
fichier du personnel *n.m.* .... personnel file *n.*
fidélité à l'entreprise *n.f.* .... loyalty to the company *n.*
filière *n.f.* .... path *n.*
filière professionnelle *n.f.* .... professional path *n.*
fin de carrière *n.f.* .... end of career *n.*
fixation d'objectifs *n.f.* .... goal setting *n.*
fixation des salaires *n.f.* .... salary setting *n.*

fixe annuel *n.m.*	fixed wage on a yearly basis *n.*
flexibilité *n.f.*	flexibility *n.*
flexible *adj.*	flexible *adj.*
FO Force Ouvrière *n.f.*	French trade union *n.*
foire *n.f.*	trade fair *n.*
fonction honorifique *n.f.*	honorary function *n.*
fonction opérationnelle *n.f.*	line function *n.*
fonction Personnel *n.f.*	Personnel function *n.*
fonctionnaire *n.m.f.*	civil servant *n.*
fondation *n.f.*	foundation *n.*
fondé de pouvoir *n.m.*	authorized representative *n.*
force *n.f.*	strength *n.*
force de loi *n.f.*	force of law *n.*
forfait *n.m.*	lump-sum indemnity *n.*
formalités d'embauche *n.f.pl.*	hiring formalities *n.pl.*
formateur(trice) *n.m.,f.*	training officer *n.*
formation *n.f.*	training *n.*
formation alternée *n.f.*	sandwich course *n.*
formation assistée par ordinateur *n.f.*	computer based training *n.*
formation au changement de métier *n.f.*	job development training *n.*
formation au management *n.f.*	management training *n.*
formation continue *n.f.*	vocational training *n.*
formation générale *n.f.*	general training *n.*
formation inter-entreprise *n.f.*	off-the-job training *n.*
formation professionnelle *n.f.*	vocational training *n.*
formation spécialisée *n.f.*	dedicated training *n.*
formation sur le tas *n.f.*	on-the-job training *n.*
formation technique professionnelle *n.f.*	technical vocational training *n.*
formation universitaire *n.f.*	university education *n.*
former au métier *v.tr.*	to train for a job *v.tr.*
formulaire *n.m.*	form *n.*
formulation *n.f.*	formulation *n.*
forum étudiant *n.m.*	milkround *n.*
frais de déplacement *n.m.pl.*	travelling expenses *n.pl.*
frais de fonctionnement *n.m.pl.*	running costs *n.pl.*
frontalier *n.m.*	inhabitant of the frontier zone *n.*
fusion *n.f.*	merger *n.*

G

gain de productivité *n.m.*	productivity gain *n.*
garantie de revenu *n.f.*	income security *n.*
généraliste *n.m.f.*	generalist *n.*

gérant(e) *n.m.,f.* .... manager *n.*
gérer *v.tr.* .... to manage *v.tr.*
gestion *n.f.* .... management *n.*
gestion d'entreprise *n.f.* .... business administration *n.*
gestion de carrière *n.f.* .... career management *n.*
gestion des hommes *n.f.* .... people management *n.*
gestion des ressources humaines *n.f.* ...... human resources management *n.*
gestion du personnel *n.f.* .... personnel management *n.*
gestion prévisionnelle des ressources
humaines *n.f.* .... personnel /
                                manpower planning *n.*
graphologie *n.f.* .... graphology *n.*
gravir les échelons de la hiérarchie *v.tr.* ...... to rung on the ladder *v.intr.*
grève *n.f.* .... strike* *n.*
grève du zèle *n.f.* .... work-to-rule strike *n.*
grève sauvage *n.f.* .... wildcat strike* *n.*
grief *n.m.* .... grievance *n.*
grille d'analyse *n.f.* .... analysis grid *n.*
grille d'évaluation *n.f.* .... evaluation grid *n.*
grille salariale *n.f.* .... pay scale *n.*
groupe ad hoc *n.m.* .... ad hoc group *n.*
groupe d'âge *n.m.* .... age group *n.*
groupe de référence *n.m.* .... reference group *n.*
groupe de travail autonome *n.m.* .... autonomous working group *n.*
guide d'entretien *n.m.* .... guidelines for interviews *n.pl.*

H

handicapé(e) *n.m.,f.* .... disabled *n.*
harcèlement sexuel *n.m.* .... sexual harassment *n.*
hebdomadaire *adj.* .... weekly *adj.*
heure récupérable *n.f.* .... made up hour *n.*
heures supplémentaires *n.f.pl.* .... overtime *n.*
heures de bureau *n.f.pl.* .... office hours *n.pl.*
heures de travail *n.f.pl.* .... working hours *n.pl.*
heures de travail non effectuées *n.f.pl.* ...... working hours not
                                completed *n.pl.*
hiérarchie *n.f.* .... hierarchy *n.*
hiérarchie des besoins *n.f.* .... needs hierarchy *n.*
hiérarchiser *v.tr.* .... to grade *v.tr.*
honoraire *n.m.* .... fee *n.*
horaire flexible *n.m.* .... flexible working hours *n.pl.*
hypothèque *n.f.* .... mortgage *n.*

I

IAE Institut d'Administration des Entreprises *n.m.*	Institute of Business Administration (in French universities) *n.*
identité *n.f.*	identity *n.*
IFOP (Institut Français d'Opinion Publique) *n.m.*	French institute for public opinion surveys *n.*
imagination *n.f.*	imagination *n.*
immigrant *n.m.*	immigrant *n.*
implantation *n.f.*	setting up *n.*
implication dans le poste *n.f.*	job involvement *n.*
implication pour l'organisation *n.f.*	organizational commitment *n.*
imposable *adj.*	taxable *adj.*
imposition *n.f.*	taxation *n.*
imposition forfaitaire *n.f.*	flat-rate taxation *n.*
impôt sur les salaires *n.m.*	wage tax *n.*
inapproprié *adj.*	inadequate *adj.*
incapacité de travail *n.f.*	industrial disability *n.*
incapacité partielle *n.f.*	partial disability *n.*
incident technique *n.m.*	technical hitch *n.*
incitation *n.f.*	incentive *n.*
incompatibilité *n.f.*	incompatibility *n.*
incompétence *n.f.*	incompetence *n.*
incompétent *adj.*	incompetent *adj.*
incorporation dans l'armée *n.f.*	enlistment *n.*
indemnisation *n.f.*	compensation *n.*
indemnité *n.f.*	indemnity *n.*
indemnité compensatrice *n.f.*	compensatory indemnity *n.*
indemnité d'apprentissage *n.f.*	apprenticeship indemnity *n.*
indemnité de licenciement *n.f.*	redundancy payment *n.*
indemnité de séjour *n.f.*	residence allowance *n.*
indemnité forfaitaire *n.f.*	lump-sum indemnity *n.*
indemnité kilométrique *n.f.*	mileage allowance *n.*
indemnité maladie *n.f.*	sick pay *n.*
indemnité pour cessation d'activité *n.f.*	golden parachute payment *n.*
indemnité pour frais professionnels *n.f.*	allowance for expense accounts *n.*
indemnité pour perte de salaire *n.f.*	compensation for wage loss *n.*
indexation *n.f.*	indexation *n.*
indicateur *n.m.*	indicator *n.*
indice *n.m.*	index *n.*
industrie *n.f.*	industry *n.*
industrie à domicile *n.f.*	home industry *n.*

inefficace *adj.*	inefficient *adj.*
inefficacité *n.f.*	inefficiency *n.*
inexpérience *n.f.*	lack of experience *n.*
influence *n.f.*	influence *n.*
informaticien(ne) *n.m.,f.*	computer scientist *n.*
information *n.f.*	information *n.*
information ascendante *n.f.*	upward communication *n.*
information descendante *n.f.*	downward communication *n.*
information horizontale *n.f.*	sideways communication *n.*
information judiciaire *n.f.*	legal information *n.*
informatique *n.f.*	computer science *n.*
informatisation *n.f.*	computerization *n.*
ingénierie *n.f.*	engineering *n.*
ingénieur *n.m.f.*	engineer *n.*
ingénieur-conseil *n.m.f.*	engineering consultant *n.*
initiation *n.f.*	initiation *n.*
initiative *n.f.*	initiative *n.*
innovation *n.f.*	innovation *n.*
innover *v.intr.*	to innovate *v.intr.*
inscription *n.f.*	registration *n.*
inscription au chômage *n.f.*	registration for unemployment benefits *n.*
INSEE (Institut National de la Statistique et des Études Économiques) *n.m.*	French national institute of statistics and economic surveys *n.*
inspecteur du travail* *n.m.*	labour / factory inspector *n.*
inspection *n.f.*	inspection *n.*
inspection du travail *n.f.*	labour / factory inspectorate *n.*
institutionnel *adj.*	institutional *adj.*
instructeur *n.m.*	trainer *n.*
instruction *n.f.*	instruction *n.*
instruction judiciaire *n.f.*	investigation *n.*
intégration *n.f.*	integration *n.*
interaction *n.f.*	interaction *n.*
interdiction d'exercer une profession *n.f.*	interdiction to practise *n.*
interdiction de séjour *n.f.*	order denying access to specified places *n.*
interdiction de travailler la nuit *n.f.*	night work prohibited *n.*
intéressement* *n.m.*	profit-sharing *n.*
intérim *n.m.*	temporary work *n.*
intérimaire *n.m.f.*	temporary worker *n.*
interlocuteur en affaires *n.m.*	business contact *n.*
interprète *n.m.f.*	interpreter *n.*
interprofessionnel *adj.*	interprofessional *adj.*
interview d'embauche *n.f.*	job interview *n.*
intitulé du poste *n.m.*	job title *n.*

introduction *n.f.*	introduction *n.*
introverti *adj.*	introvert *adj.*
inventaire de la personnalité *n.m.*	personality inventory *n.*
inventaire des compétences *n.m.*	skills inventory *n.*

J

jeu à somme nulle *n.m.*	zero-sum game *n.*
jeu de rôle *n.m.*	role play exercise *n.*
JO Journal Officiel *n.m.*	official journal (published by the French State) *n.*
jour de congé *n.m.*	day off *n.*
jour de la paie *n.m.*	pay day *n.*
jour férié *n.m.*	bank holiday *n.*
jour ouvrable *n.m.*	working day *n.*
journal d'entreprise *n.m.*	house journal *n.*
juge d'un tribunal de travail *n.m.*	judge of an industrial tribunal *n.*
juriste *n.m.f.*	jurist *n.*

L

langage informatique *n.m.*	programming language *n.*
langue étrangère *n.f.*	foreign language *n.*
leader *n.m.*	leader *n.*
leader syndical *n.m.*	union leader *n.*
leadership *n.m.*	leadership *n.*
lecteur de badges *n.m.*	magnetic card reader *n.*
lettre d'avertissement *n.f.*	warning letter *n.*
lettre d'embauche *n.f.*	letter of appointment *n.*
lettre de candidature *n.f.*	letter of application *n.*
lettre de convocation *n.f.*	letter fixing an appointment *n.*
lettre de démission *n.f.*	letter of resignation *n.*
lettre de félicitations *n.f.*	letter of congratulation *n.*
lettre de licenciement *n.f.*	letter of dismissal *n.*
lettre de remerciements *n.f.*	thank-you letter *n.*
lettre manuscrite *n.f.*	handwritten letter *n.*
libéré des obligations militaires *adj.*	free from military obligations *adj.*
liberté syndicale *n.f.*	union right *n.*
licence *n.f.*	bachelor's degree *n.*
licenciement *n.m.*	dismissal / redundancy *n.*

licenciement abusif *n.m.*	unfair dismissal *n.*
licenciement collectif *n.m.*	mass redundancy *n.*
licenciement immédiat *n.m.*	dismissal without notice *n.*
licenciement pour cause économique *n.m.*	redundancy for economic reasons *n.*
licenciement pour faute grave *n.m.*	dismissal for professional misconduct *n.*
lié à la performance *adj.*	performance-related *adj.*
lien de dépendance *n.m.*	dependence relationship *n.*
lieu de formation *n.m.*	place of training *n.*
lieu de naissance *n.m.*	place of birth *n.*
lieu de production *n.m.*	place of production *n.*
lieu de travail *n.m.*	workplace *n.*
liste *n.f.*	list *n.*
liste des salaires *n.f.*	pay list *n.*
local reservé au service *n.m.*	premises for service's use exclusively *n.pl.*
logement de fonction *n.m.*	company flat *n.*
logiciel *n.m.*	software *n.*
logistique *n.f.*	logistics *n.pl.*
loi *n.f.*	law *n.*
loisirs (proposés par le comité d'entreprise) *n.m.pl.*	leisure offer *n.*
lycée *n.m.*	secondary school *n.*

M

macro-économie *n.f.*	macroeconomics *n.pl.*
main-d'œuvre *n.f.*	labour force *n.*
main-d'œuvre qualifiée *n.f.*	qualified workforce *n.*
maintien du salaire *n.m.*	wage maintenance *n.*
maître de stage *n.m.*	supervisor *n.*
maîtrise *n.f.*	mastery *n.*
maîtrise (catégorie professionelle) *n.f.*	supervisory staff *n.*
maîtrise (diplôme) *n.f.*	master's degree *n.*
maîtriser *v.tr.*	to master *v.tr.*
majoration salariale *n.f.*	wage increase *n.*
maladie *n.f.*	illness *n.*
maladie professionnelle *n.f.*	occupational disease *n.*
management *n.m.*	management *n.*
management autoritaire *n.m.*	authoritarian management *n.*
management coopératif *n.m.*	cooperative management *n.*
management par objectifs *n.m.*	management by objectives *n.*
management participatif *n.m.*	participative management *n.*
manager *n.m.*	manager *n.*

manager *v.tr.*	to manage *v.tr.*
manager opérationnel *n.m.*	line manager *n.*
managérial *adj.*	managerial *adj.*
manifestation *n.f.*	demonstration *n.*
manque de personnel *n.m.*	labour shortage *n.*
manuel *n.m.*	handbook *n.*
manuscrit *adj.*	handwritten *adj.*
marché de référence *n.m.*	reference market *n.*
marché du travail *n.m.*	labour market *n.*
marché du travail local *n.m.*	local labour market *n.*
marché intérieur *n.m.*	internal market *n.*
marge de négociation *n.f.*	bargaining leeway *n.*
marié *adj.*	married *adj.*
marketing *n.m.*	marketing *n.*
masse salariale *n.f.*	wage bill *n.*
mécontentement *n.m.*	dissatisfaction *n.*
médaille du travail *n.f.*	long service medal *n.*
médecine du travail *n.f.*	occupational health *n.*
médiation *n.f.*	mediation *n.*
membre du directoire *n.m.*	member of the board of directors *n.*
membre du personnel *n.m.*	staff member *n.*
membre du personnel d'une entreprise *n.m.*	company member *n.*
mensualisation de l'impôt *n.f.*	monthly payment of tax *n.*
mensualisation des salaires *n.f.*	monthly payment of wages *n.*
mensualité *n.f.*	monthly payment *n.*
mensuel *adj.*	monthly *adj.*
mentor *n.m.*	mentor* *n.*
mesure discriminatoire *n.f.*	discriminatory measure *n.*
mesure pour l'emploi *n.f.*	employment measure *n.*
mesure pour la création d'emploi *n.f.*	measure to favour job creation *n.*
méta-analyse *n.f.*	meta-analysis *n.*
méthode d'apprentissage *n.f.*	apprenticeship method *n.*
méthode de formation *n.f.*	training method *n.*
méthode de sélection *n.f.*	selection method *n.*
méthode de travail *n.f.*	work method *n.*
méthode des cas *n.f.*	case method *n.*
méthode des incidents critiques *n.f.*	critical incident method *n.*
mettre en œuvre *v.tr.*	to implement *v.tr.*
mettre une question en délibération *v.tr.*	to submit an issue for discussion *v.tr.*
micro-économie *n.f.*	microeconomics *n.pl.*
Ministère du Travail et de l'Emploi *n.m.*	Department of Employment *n.*
minorité ethnique *n.f.*	ethnic minority *n.*
mise en œuvre *n.f.*	implementation *n.*
mission *n.f.*	mission *n.*
mobilité *n.f.*	mobility *n.*

mobilité fonctionnelle *n.f.*	functional mobility *n.*
mobilité professionnelle *n.f.*	professional mobility *n.*
mois de salaire *n.m.*	month's salary *n.*
monde du travail *n.m.*	world of work *n.*
montant *n.m.*	amount *n.*
montant compensatoire *n.m.*	compensatory amount *n.*
monter en grade *v.intr.*	to be promoted *v.*
morphopsychologie *n.f.*	morphopsychology *n.*
motif de licenciement *n.m.*	ground for dismissal *n.*
motivation *n.f.*	motivation *n.*
motivation professionnelle *n.f.*	job motivation *n.*
motivé *adj.*	motivated *adj.*
motiver *v.tr.*	to motivate *v.tr.*
mouvement de personnel *n.m.*	personnel flow *n.*
mouvement de succession *n.m.*	succession movement *n.*
mouvement syndical *n.m.*	trade-union movement *n.*
moyenne d'âge *n.f.*	age average *n.*
multinationale *n.f.*	multinational *n.*
mutation *n.f.*	transfer *n.*
mutilé du travail *n.m.*	disabled worker *n.*

N

nationalité *n.f.*	nationality *n.*
naturaliser *v.tr.*	to naturalize *v.tr.*
négociation *n.f.*	negotiation *n.*
négociation collective *n.f.*	collective bargaining *n.*
négociation collective sur les salaires *n.f.*	collective wage negotiation *n.*
négociation d'objectifs *n.f.*	targets bargaining *n.*
négociation salariale *n.f.*	wage negotiation *n.*
niveau de direction *n.m.*	management level *n.*
niveau de formation *n.m.*	educational level *n.*
niveau de rendement *n.m.*	performance standard *n.*
niveau de vie *n.m.*	standard of living *n.*
niveau des salaires *n.m.*	wage level *n.*
niveau hiérarchique *n.m.*	hierarchical level *n.*
nivellement *n.m.*	levelling out *n.*
nom de famille *n.m.*	family name *n.*
nombre de points *n.m.*	number of points *n.*
nombre de sans-emploi *n.m.*	unemployment figure *n.*
nomination *n.f.*	appointment *n.*
nommer *v.tr.*	to appoint *v.tr.*
non-actifs *n.m.pl.*	non-working population *n.*
notation *n.f.*	grading *n.*
note manuscrite *n.f.*	handwritten note *n.*

notification de vacance de poste *n.f.* .... advertising of a post *n.*
notifier *v.tr.* .... to notify *v.tr.*
numéro de sécurité sociale *n.m.* .... social security number *n.*

O

objectif *n.m.* .... objective *n.*
objectif de carrière *n.m.* .... career objective *n.*
objectif de formation *n.m.* .... training objective *n.*
objectif de rendement *n.m.* .... performance objective *n.*
obligation contractuelle *n.f.* .... contractual obligation *n.*
obtenir un emploi *v.tr.* .... to get a job *v.tr.*
obtenir un visa *v.tr.* .... to get a visa *v.tr.*
office de conciliation *n.m.* .... arbitrating authority *n.*
officiel *adj.* .... official *adj.*
offre d'emploi *n.f.* .... job offer *n.*
OIT Organisation Internationale du Travail *n.f.* ... ILO International Labour Organization *n.*
opportunité *n.f.* .... opportunity *n.*
opportunité de carrière *n.f.* .... career opportunity *n.*
optimiser *v.tr.* .... to optimize *v.tr.*
ordinateur *n.m.* .... computer *n.*
ordre *n.m.* .... order *n.*
ordre du jour *n.m.* .... agenda *n.*
ordre hiérarchique *n.m.* .... hierarchical order *n.*
organe de direction *n.m.* .... management body *n.*
organigramme *n.m.* .... organization chart *n.*
organigramme de remplacement *n.m.* .... succession chart *n.*
organisation *n.f.* .... organization *n.*
organisation centrale *n.f.* .... central organization *n.*
organisation du travail *n.f.* .... work organization *n.*
organisation professionnelle *n.f.* .... professional organization *n.*
organisation scientifique du travail *n.f.* .... scientific management *n.*
organisation syndicale *n.f.* .... trade union *n.*
organisme *n.m.* .... body *n.*
orientation *n.f.* .... guidance *n.*
orientation professionnelle *n.f.* .... vocational guidance *n.*
origine raciale *n.f.* .... racial origin *n.*
OS Ouvrier Spécialisé *n.m.* .... unskilled / semi-skilled worker *n.*
outil de management *n.m.* .... management tool *n.*
ouvrier(ère) *n.m.,f.* .... worker *n.*
ouvrier(ère) non qualifié(e) *n.m.,f.* .... unskilled worker *n.*
ouvrier(ère) qualifié(e) *n.m.,f.* .... skilled worker *n.*

P

paiement à la commission *n.m.*	commission payment *n.*
paix sociale *n.f.*	social order *n.*
par la voie hiérarchique *expr.*	through the official channels *expr.*
par tête *expr.*	per capita *expr.*
parcours professionnel *n.m.*	career path *n.*
parrainage *n.m.*	sponsorship *n.*
part variable du salaire *n.f.*	variable pay *n.*
partager *v.tr.*	to share *v.tr.*
partenaire *n.m.f.*	partner *n.*
partenaires sociaux *n.m.pl.*	labour and management *n.*
participant(e) *n.m.,f.*	participant *n.*
participation aux résultats *n.f.*	employee profit sharing *n.*
participation des employés* *n.f.*	employee participation *n.*
passage cadre *n.m.*	promotion to managerial status *n.*
passeport *n.m.*	passport *n.*
passer à l'ordre du jour *v.tr.*	to put on the agenda *v.tr.*
patronat *n.m.*	employers *n.pl.*
pause de récupération *n.f.*	break *n.*
pause repos *n.f.*	break *n.*
payable en mensualités *adj.*	payable in monthly payments *adj.*
paye *n.f.*	pay *n.*
pays d'origine *n.m.*	country of origin *n.*
pédagogique *adj.*	pedagogical *adj.*
pension de retraite *n.f.*	retirement pay *n.*
pénurie de main-d'œuvre *n.f.*	labour force shortage *n.*
période d'essai *n.f.*	probationary period *n.*
permission *n.f.*	permission *n.*
personnalité du candidat *n.f.*	applicant's personality *n.*
personne handicapée *n.f.*	disabled person *n.*
personne morale *n.f.*	legal person *n.*
personne physique *n.f.*	natural person *n.*
personnel *n.m.*	staff *n.*
personnel auxiliaire *n.m.*	auxiliary staff *n.*
personnel de l'entreprise *n.m.*	company staff *n.*
personnel de surveillance *n.m.*	supervision staff *n.*
personnel employé à mi-temps (temps partiel) *n.m.*	part-time staff *n.*
personnel permanent *n.m.*	regular staff *n.*
personnel qualifié *n.m.*	qualified personnel *n.*
perspective d'évolution *n.f.*	development prospect *n.*
perspective de carrière *n.f.*	career prospect *n.*

perspective de promotion *n.f.*	promotion prospect *n.*
perte de travail *n.f.*	job loss *n.*
philosophie de l'entreprise *n.f.*	corporate philosophy *n.*
pilotage de carrière *n.m.*	career management *n.*
piquet de grève *n.m.*	strike picket *n.*
piston *n.m.*	string-pulling *n.*
place stable *n.f.*	stable job *n.*
plafond *n.m.*	ceiling *n.*
plafond d'assujettissement *n.m.*	liability ceiling *n.*
plafond de rémunération *n.m.*	wage ceiling *n.*
plan d'épargne *n.m.*	saving plan *n.*
plan de carrière *n.m.*	career plan *n.*
plan de formation* *n.m.*	training scheme *n.*
plan de remplacement *n.m.*	succession plan *n.*
plan social *n.m.*	planned redundancy scheme *n.*
planification *n.f.*	planning *n.*
planification dans l'entreprise *n.f.*	corporate planning *n.*
planification de carrières *n.f.*	career planning *n.*
planification de la production *n.f.*	production planning *n.*
planification stratégique *n.f.*	strategic planning *n.*
plein temps *expr.*	full time *n.*
pluralisme syndical *n.m.*	trade-union pluralism *n.*
PME Petites et Moyennes Entreprises *n.f.pl.*	small- and medium-sized firms *n.pl.*
PMI Petites et Moyennes Industries *n.f.pl.*	small- and medium-sized industries *n.pl.*
point mort *n.m.*	break-even point *n.*
pointeuse *n.f.*	time clock *n.*
politique *n.f.*	policy *n.*
politique collective des salaires *n.f.*	collective policy on wages *n.*
politique d'égalité des chances *n.f.*	equal opportunity policy *n.*
politique de l'entreprise *n.f.*	company policy *n.*
politique du personnel *n.f.*	personnel policy *n.*
politique en matière de santé *n.f.*	health policy *n.*
politique salariale *n.f.*	wage policy *n.*
population active *n.f.*	working population *n.*
portrait-robot *n.m.*	identikit *n.*
poser sa candidature *v.tr.*	to apply for *v.intr.*
position de management *n.f.*	management position *n.*
possibilité *n.f.*	possibility *n.*
poste *n.m.*	post/job *n.*
poste à pourvoir *n.m.*	vacancy *n.*
poste cible *n.m.*	target job *n.*
poste d'assistant *n.m.*	assistant job *n.*
poste d'encadrement *n.m.*	management job *n.*
poste de confiance *n.m.*	position of trust *n.*
poste de fin de carrière *n.m.*	end of career job *n.*

poste de travail *n.m.*	work station *n.*
poste évolutif *n.m.*	job with career prospects *n.*
poste vacant *n.m.*	vacant position *n.*
potentiel *n.m.*	potential *n.*
potentiel de développement *n.m.*	development potential *n.*
pourcentage *n.m.*	percentage *n.*
pouvoir *n.m.*	power *n.*
pouvoir de décision *n.m.*	decision making power *n.*
pratique *n.f.*	practice *n.*
préavis *n.m.*	notice *n.*
préavis de grève *n.m.*	strike notice *n.*
préavis de licenciement *n.m.*	notice of dismissal *n.*
prénom *n.m.*	forename *n.*
préséance *n.f.*	precedence *n.*
présélection *n.f.*	preselection *n.*
présélectionner *v.tr.*	to preselect *v.tr.*
présence *n.f.*	attendance *n.*
président *n.m.*	chairman *n.*
président du conseil d'administration *n.m.*	chairman of the board *n.*
prétention salariale *n.f.*	salary expectation *n.*
prévention des accidents *n.f.*	industrial safety *n.*
prévision *n.f.*	forecast *n.*
prévision de l'offre *n.f.*	supply forecast *n.*
prévision de la demande *n.f.*	demand forecast *n.*
prévision de la main-d'œuvre *n.f.*	manpower forecast *n.*
prime *n.f.*	bonus *n.*
prime au rendement *n.f.*	productivity bonus *n.*
prime d'ancienneté *n.f.*	seniority bonus *n.*
prime d'encouragement *n.f.*	incentive pay *n.*
prime de productivité *n.f.*	productivity bonus *n.*
principe d'autonomie *n.m.*	autonomy principle *n.*
principe d'équivalence *n.m.*	equivalence principle *n.*
principe de Peter *n.m.*	Peter principle *n.*
prise de décision *n.f.*	decision making *n.*
prise de fonction *n.f.*	taking up of a job *n.*
problème d'organisation *n.m.*	organizational problem *n.*
procédé technique *n.m.*	technical process *n.*
procédure *n.f.*	procedure *n.*
procédure de sélection *n.f.*	selection procedure *n.*
procédure disciplinaire *n.f.*	grievance procedure *n.*
processus *n.m.*	process *n.*
processus de décision *n.m.*	decision making process *n.*
processus de recrutement *n.m.*	recruitment process *n.*
proche de la pratique *expr.*	down-to-earth *adj.*
procuration *n.f.*	proxy *n.*
production *n.f.*	production *n.*
productivité *n.f.*	productivity *n.*

professionalisation *n.f.* .... professionalization *n.*
professionnel *adj.* .... professional *adj.*
professionnel de GRH *n.m.* .... Personnel professional *n.*
profil *n.m.* .... profile *n.*
profil de personnalité *n.m.* .... personality profile *n.*
profil de recrutement *n.m.* .... selection profile *n.*
profil du candidat *n.m.* .... candidate specifications *n.pl.*
programme d'apprentissage *n.m.* .... apprenticeship scheme *n.*
programme de formation *n.m.* .... training programme *n.*
programme informatique *n.m.* .... computer programme *n.*
progression des salaires *n.f.* .... wage increase *n.*
projet *n.m.* .... project *n.*
projet de l'entreprise *n.m.* .... mission statement *n.*
projet professionnel *n.m.* .... professional plan *n.*
prolonger un délai *v.tr.* .... to extend a deadline *v.tr.*
promotion *n.f.* .... promotion *n.*
promotion à l'ancienneté *n.f.* .... promotion by seniority *n.*
proportionnel *adj.* .... proportional *adj.*
proposition *n.f.* .... proposal *n.*
proposition de formation *n.f.* .... training proposal *n.*
propriété *n.f.* .... ownership *n.*
protection du travail *n.f.* .... job protection *n.*
Prud'hommes* *n.m.pl.* .... industrial tribunal *n.*
psychologie organisationnelle *n.f.* .... organisational psychology *n.*
psychologue *n.m.f.* .... psychologist *n.*
psychométrie *n.f.* .... psychometrics *n.pl.*
psychotechnique *adj.* .... psychotechnic *adj.*
public visé *n.m.* .... target audience *n.*
publication *n.f.* .... publication *n.*
publicité *n.f.* .... advertising *n.*
publicité en interne *n.f.* .... in-house advertising *n.*
pyramide des âges *n.f.* .... age pyramid *n.*
pyramide des salaires *n.f.* .... wage pyramid *n.*

Q

QI quotient intellectuel *n.m.* .... IQ intelligence quotient *n.*
qualification *n.f.* .... qualification *n.*
qualification du travail *n.f.* .... work qualification *n.*
qualification professionnelle *n.f.* .... professional qualification *n.*
qualitatif *adj.* .... qualitative *adj.*
qualité *n.f.* .... quality *n.*
qualité de la vie *n.f.* .... quality of life *n.*
quantitatif *adj.* .... quantitative *adj.*
quantité de travail *n.f.* .... workload *n.*

question fermée *n.f.* .... closed question *n.*
question ouverte *n.f.* .... open question *n.*
questionnaire d'évaluation *n.m.* .... appraisal questionnaire *n.*
quitter des fonctions *v.tr.* .... to leave a job *v.tr.*
quotidien *adj.* .... daily *adj.*

R

R&D Recherche et Développement *n.f.* .... R&D Research and
Developement *n.*
raison sociale *n.f.* .... trade name *n.*
rappel sur salaire *n.m.* .... retrospective pay *n.*
rapport *n.m.* .... report *n.*
rapport d'activité *n.m.* .... annual report *n.*
rapport entre employeur et employé *n.m.* .... labour-management
relations *n.pl.*
rapporter *v.tr.* .... to report *v.tr.*
rationalisation du travail *n.f.* .... work rationalization *n.*
rationalité limitée *n.f.* .... bounded rationality *n.*
réalisation de soi *n.f.* .... self-fulfilment *n.*
recensement des postes vacants *n.m.* .... determination of vacancies *n.*
recherche d'emploi *n.f.* .... job search *n.*
reclassement *n.m.* .... outplacement *n.*
récompense *n.f.* .... reward *n.*
reconversion *n.f.* .... retraining *n.*
recours à la main-d'œuvre *n.m.* .... recourse to the workforce *n.*
recruter *v.tr.* .... to recruit *v.tr.*
recrutement *n.m.* .... recruitment / selection *n.*
recrutement externe *n.m.* .... external recruitment *n.*
recrutement interne *n.m.* .... internal recruitment *n.*
recruteur *n.m.* .... recruitment manager *n.*
rédaction d'un contrat *n.f.* .... drafting of a contract *n.*
réduction de personnel *n.f.* .... staff cut *n.*
réduction des effectifs *n.f.* .... downsizing *n.*
réduction du temps de travail *n.f.* (RTT) .... reduction of working time *n.*
référence du dossier *n.f.* .... file reference *n.*
règle de sécurité *n.f.* .... safety rule *n.*
règle du jeu *n.f.* .... game rule *n.*
règlement intérieur de l'entreprise *n.m.* .... company rules *n.pl.*
réglementation *n.f.* .... regulation *n.*
réglementation contractuelle tarifaire *n.f.* .... contractual regulations
on tariffs *n.pl.*
réglementation du travail *n.f.* .... labour regulations *n.pl.*
réintégration *n.f.* .... reintegration *n.*
rejeter une demande *v.tr.* .... to dismiss a claim *v.tr.*

FRANÇAIS – ANGLAIS

relation de parrainage *n.f.*	sponsorship relationship *n.*
relation de subordination *n.f.*	subordination relationship *n.*
relations avec les employés *n.f.pl.*	employee relations *n.pl.*
relations de travail *n.f.pl.*	labour relations *n.pl.*
relations fonctionnelles *n.f.pl.*	staff relations *n.pl.*
relations hiérarchiques *n.f.pl.*	line relations *n.pl.*
relations humaines *n.f.pl.*	human relations *n.pl.*
relations industrielles *n.f.pl.*	industrial relations* *n.pl.*
relations opérationnelles *n.f.pl.*	operational relations *n.pl.*
relève de l'équipe *n.f.*	shift relief *n.*
relevé des absences *n.m.*	absence recording *n.*
relèvement des salaires *n.m.*	wage increase *n.*
remboursement de frais *n.m.*	refund of expenses *n.*
remplaçant potentiel *n.m.*	potential substitute *n.*
remplacement *n.m.*	replacement *n.*
remplir un formulaire *v.tr.*	to fill in a form *v.tr.*
rémunération *n.f.*	remuneration *n.*
rendement *n.m.*	performance *n.*
rendement réel *n.m.*	effective performance *n.*
rendez-vous *n.m.*	appointment *n.*
renseignement *n.m.*	enquiry *n.*
renseignements biographiques *n.m.pl.*	biographical information* *n.*
rentabilité *n.f.*	profitability *n.*
réorganisation *n.f.*	reorganisation *n.*
répartition des rôles *n.f.*	role allocation *n.*
répartition des tâches *n.f.*	job sharing *n.*
répartition du travail *n.f.*	work allocation *n.*
répondeur téléphonique *n.m.*	answerphone *n.*
représentant des salariés *n.m.*	staff representative *n.*
représentant du patronat *n.m.*	employers' representative *n.*
représentant légal *n.m.*	legal representative *n.*
réputation *n.f.*	reputation *n.*
réseau *n.m.*	network *n.*
résilier un contrat *v.tr.*	to cancel a contract *v.*
respecter les délais *v.tr.*	to meet deadlines *v.tr.*
responsabiliser *v.tr*	make somebody aware of his / her responsibilities *v.tr.*
responsabilité *n.f.*	responsibility *n.*
responsabilité civile *n.f.*	civil liability *n.*
responsabilité de l'employeur *n.f.*	employer's liability *n.*
responsabilité personnelle *n.f.*	personal liability *n.*
responsable des jeunes cadres *n.m.f.*	manager of junior managers *n.*
responsable hiérarchique *n.m.f.*	line manager *n.*
ressources humaines *n.f.pl.*	human resources *n.pl.*
restaurant d'entreprise *n.m.*	canteen *n.*
restructuration *n.f.*	restructuring *n.*
résultat *n.m.*	result *n.*

résumé de carrière *n.m.*	career résumé *n.*
retard *n.m.*	delay *n.*
retenue sur salaire *n.f.*	payroll deduction *n.*
retraite *n.f.*	retirement *n.*
retraite (en) *expr.*	retired *adj.*
retraite (pension) *n.f.*	retirement pension *n.*
retraite anticipée *n.f.*	early retirement *n.*
retraite indexée sur l'inflation *n.f.*	index-linked pension *n.*
retraité(e) *n.m.,f.*	retired *n.*
rétrogradation *n.f.*	demotion *n.*
réunification *n.f.*	reunification *n.*
réunion *n.f.*	meeting *n.*
réunion d'information avec les salariés *n.f.*	information meeting with personnel *n.*
réunion syndicale *n.f.*	union meeting *n.*
revalorisation des salaires et des traitements *n.f.*	raise of wages and salaries *n.*
revendication salariale *n.f.*	wage claim *n.*
revendications en matière de traitements et de salaires *n.f.pl.*	wages and salaries claims *n.pl.*
risque *n.m.*	risk *n.*
risque professionnel *n.m.*	occupational hazard *n.*
rôle *n.m.*	role *n.*
rotation des postes de travail *n.f.*	job rotation *n.*
rotation du personnel *n.f.*	labour turnover *n.*
RSVP Répondez S'il Vous Plaît *expr.*	reply requested *expr.*
rumeur *n.f.*	grapevine *n.*
rupture de contrat *n.f.*	breach of contract *n.*
rythme de travail *n.m.*	rate of work *n.*

S

SA Société Anonyme *n.f.*	public limited company *n.*
saisonnier *adj.*	seasonal *adj.*
salaire *n.m.*	salary / wage *n.*
salaire annuel *n.m.*	annual salary *n.*
salaire aux pièces *n.m.*	piece wage *n.*
salaire brut *n.m.*	gross wage *n.*
salaire d'appoint *n.m.*	complementary income *n.*
salaire de base *n.m.*	basic wage *n.*
salaire effectif *n.m.*	real wage *n.*
salaire fixe *n.m.*	fixed wage *n.*
salaire indexé *n.m.*	index-linked pay *n.*
salaire lié à la performance *n.m.*	performance related pay *n.*

salaire lié aux bénéfices *n.m.*	profit related pay *n.*
salaire lors du congé maternité *n.m.*	maternity pay *n.*
salaire nominal *n.m.*	nominal wage *n.*
salarié(e) *n.m.,f.*	wage earner *n.*
sanction *n.f.*	sanction *n.*
SARL Société à Responsabilité Limitée *n.f.*	private limited company *n.*
satisfaction au travail *n.f.*	job satisfaction *n.*
satisfaction des besoins *n.f.*	needs fulfilment *n.*
savoir *n.m.*	knowledge *n.*
savoir-faire *n.m.*	know-how *n.*
sciences économiques *n.f.pl.*	economics *n.pl.*
sciences sociales *n.f.pl.*	social sciences *n.pl.*
secrétaire *n.m.f.*	secretary *n.*
secrétaire de direction *n.m.f.*	executive secretary *n.*
secteur d'activité *n.m.*	business sector *n.*
secteur privé *n.m.*	private sector *n.*
secteur public *n.m.*	public sector *n.*
secteur-clé *n.m.*	key sector *n.*
sécurité de l'emploi *n.f.*	job security *n.*
Sécurité sociale *n.f.*	National Insurance (Social Security) *n.*
sélection *n.f.*	selection *n.*
séminaire de formation *n.m.*	training session *n.*
séminaire *n.m.*	session *n.*
senior *n.m.f.*	senior *n.*
service *n.m.*	service *n.*
service achats *n.m.*	purchasing department *n.*
service administratif *n.m.*	administrative department *n.*
service approvisionnement *n.m.*	supply department *n.*
service après-vente *n.m.*	after-sales department *n.*
service commercial *n.m.*	merchandising department *n.*
service comptabilité *n.m.*	accounts department *n.*
service contrôle de gestion *n.m.*	management accounting department *n.*
service de sécurité *n.m.*	security department *n.*
service des carrières *n.m.*	career service *n.*
service des expéditions *n.m.*	forwarding department *n.*
service des ventes *n.m.*	sales department *n.*
service du personnel *n.m.*	personnel department *n.*
service du recrutement *n.m.*	recruitment department *n.*
service entretien *n.m.*	maintenance department *n.*
service études *n.m.*	research department *n.*
service export *n.m.*	export department *n.*
service fabrication *n.m.*	production department *n.*
service financier *n.m.*	finance department *n.*
service informatique *n.m.*	data processing department *n.*
service juridique *n.m.*	law department *n.*

service marketing *n.m.* .... marketing department *n.*
service paye *n.m.* .... pay department *n.*
service qualité *n.m.* .... quality department *n.*
service social *n.m.* .... welfare department* *n.*
siège de la société *n.m.* .... head office *n.*
siège social *n.m.* .... headquarters *n.pl.*
signature *n.f.* .... signature *n.*
signer *v.tr.* .... to sign *v.tr.*
simulation d'emploi *n.f.* .... job simulation *n.*
situation familiale *n.f.* .... marital status *n.*
SMIC Salaire Minimum Interprofessionnel de
Croissance *n.m.* .... index-linked minimum growth
wage in France *n.*
smicard *n.m.* .... minimum wage earner *n.*
SMIG Salaire Minimum Interprofessionnel
Garanti *n.m.* .... index-linked minimum
guaranteed wage in France *n.*
sociétal *adj.* .... societal *adj.*
société commerciale *n.f.* .... commercial company *n.*
société de contrôle *n.f.* .... control / holding company *n.*
société en commandite par actions *n.f.* .... partnership limited by shares *n.*
société en commandite simple *n.f.* .... limited partnership *n.*
société en nom collectif *n.f.* .... partnership *n.*
société mère *n.f.* .... parent company *n.*
socio-économique *adj.* .... socio-economic *adj.*
socio-technique *adj.* .... socio-technical *adj.*
sociogramme *n.m.* .... sociogram *n.*
SOFRES Société Française d'Études par
Sondages *n.f.* .... French public opinion polling
institute *n.*
solvabilité *n.f.* .... solvency *n.*
sondage *n.m.* .... poll *n.*
sortie *n.f.* .... output *n.*
sous la direction de *expr.* .... under the supervision of *expr.*
sous-effectif *n.m.* .... undermanning *n.*
sous-emploi *n.m.* .... underemployment *n.*
sous-estimation *n.f.* .... underestimation *n.*
sous-estimer *v.tr.* .... to underestimate *v.tr.*
sous-payer *v.tr.* .... to underpay *v.tr.*
sous-qualification *n.f.* .... underqualification *n.*
sous-traitance *n.f.* .... subcontracting *n.*
sous-traitant *n.m.* .... subcontractor *n.*
spécialiste *n.m.f.* .... specialist *n.*
spécialiste du personnel *n.m.f.* .... Personnel specialist *n.*
spécificité *n.f.* .... specificity *n.*
stabilité *n.f.* .... stability *n.*
stabilité du personnel *n.f.* .... labour stability *n.*

staff de direction *n.m.*	management staff *n.*
stage de formation *n.m.*	training session *n.*
stage étudiant *n.m.*	in-company for students period *n.*
stagiaire *n.m.f.*	trainee *n.*
statisticien(ne) *n.m.,f.*	statistician *n.*
statistiques *n.f.pl.*	statistics *n.pl.*
statistiques sociales *n.f.pl.*	social statistics *n.pl.*
statut des cadres *n.m.*	managers' status *n.*
statuts de l'entreprise *n.m.pl.*	Memorandum and Articles of Association *n.*
stratégie de l'entreprise *n.f.*	corporate strategy *n.*
stress *n.m.*	stress *n.*
structure de management *n.f.*	management structure *n.*
structure de représentation *n.f.*	representation body *n.*
structure matricielle *n.f.*	matrix structure *n.*
structure par âge *n.f.*	age structure *n.*
structurel *adj.*	structural *adj.*
style de management *n.m.*	management style *n.*
subordonné(e) *n.m.,f.*	subordinate *n.*
succession *n.f.*	succession *n.*
suggestion d'amélioration *n.f.*	improvement suggestion *n.*
supérieur fonctionnel *n.m.*	senior in staff *n.*
supérieur hiérarchique *n.m.*	senior in rank *n.*
suppléant *n.m.*	deputy *n.*
surcroît de travail *n.m.*	extra work *n.*
suremploi *n.m.*	overemployment *n.*
surmenage *n.m.*	overworking *n.*
surplus de main-d'œuvre *n.m.*	labour surplus *n.*
surpopulation *n.f.*	overpopulation *n.*
surprime *n.f.*	additional bonus *n.*
surqualification *n.f.*	overqualification *n.*
sursalaire *n.m.*	extra pay *n.*
surveillance *n.f.*	supervision *n.*
suspension de contrat *n.f.*	breech of contract *n.*
syndical *adj.*	trade-union *adj.*
syndicalisme de métier *n.m.*	professional trade-unionism *n.*
syndicaliste *n.m.f.*	trade unionist *n.*
syndicat* *n.m.*	trade union* *n.*
syndicat industriel *n.m.*	industrial pool *n.*
syndicat ouvrier *n.m.*	labour union *n.*
syndiqué *adj.*	belonging to a union *adv.*
syndiqué(e) *n.m.,f.*	union member *n.*
syndrome du prince héritier *n.m.*	crown prince syndrom *n.*
synergie *n.f.*	synergy *n.*
système d'appréciation *n.m.*	appraisal system *n.*

système de classification par rang hiérarchique *n.m.*	system of classification by ranking *n.*
système de planification *n.m.*	planning system *n.*
système de primes *n.m.*	premium system *n.*
système de travail en équipes (3/8) *n.m.*	three-shift system *n.*
système dual de formation *n.m.*	dual training system *n.*
système éducatif* *n.m.*	educational system* *n.*
système salarial *n.m.*	pay system *n.*

T

tableau de bord *n.m.*	key business indicators *n.pl.*
tableau de service *n.m.*	duty roster *n.*
tâche *n.f.*	task *n.*
tâche de direction *n.f.*	managerial task *n.*
taille de l'entreprise *n.f.*	company size *n.*
tarif collectif *n.m.*	collective rate *n.*
taux d'incapacité de travail *n.m.*	disability rate *n.*
taux de chômage *n.m.*	unemployment rate *n.*
taux de cotisation *n.m.*	contribution rate *n.*
taux de maladie *n.m.*	sickness rate *n.*
taxe d'apprentissage *n.f.*	apprenticeship tax *n.*
technicien(ne) *n.m.,f.*	technician *n.*
technique *n.f.*	technique *n.*
technique de négociation *n.f.*	bargaining technique *n.*
technologie *n.f.*	technology *n.*
téléconférence *n.f.*	teleconference *n.*
télématique *n.f.*	telematics *n.pl.*
télétravail *n.m.*	homeworking *n.*
tempérament *n.m.*	temperament *n.*
temps de travail *n.m.*	working time *n.*
temps partiel *n.m.*	part time *n.*
termes du contrat *n.m.pl.*	terms of contract *n.pl.*
test *n.m.*	test *n.*
test "in basket" *n.m.*	in-basket exercise *n.*
test clinique *n.m.*	clinical test *n.*
test d'aptitude *n.m.*	aptitude test *n.*
test d'intelligence *n.m.*	intelligence test *n.*
test de personnalité *n.m.*	personality test *n.*
test en situation *n.m.*	situational test *n.*
test projectif *n.m.*	projective test *n.*
test psychologique *n.m.*	psychological test *n.*
test psychométrique *n.m.*	psychometric test *n.*

titulaire d'un poste *n.m.f.*	job holder *n.*
trait de personnalité *n.m.*	personality trait *n.*
traitement informatique des données *n.m.*	data processing *n.*
transfert d'effectifs *n.m.*	personnel transfer *n.*
transfert de savoir *n.m.*	knowledge transfer *n.*
transfert *n.m.*	transfer *n.*
travail *n.m.*	work *n.*
travail à distance *n.m.*	teleworking *n.*
travail à domicile *n.m.*	homework *n.*
travail à forfait *n.m.*	contract work *n.*
travail à la chaîne *n.m.*	assembly line work *n.*
travail à temps complet *n.m.*	full time job *n.*
travail à temps partiel *n.m.*	part-time job *n.*
travail de groupe *n.m.*	team work *n.*
travail de nuit *n.m.*	night work *n.*
travail en commun *n.m.*	work in common *n.*
travail en équipe *n.m.*	shiftwork *n.*
travail en usine *n.m.*	factory work *n.*
travail épisodique *n.m.*	casual work *n.*
travail hebdomadaire *n.m.*	weekly work *n.*
travail intérimaire *n.m.*	temporary work *n.*
travail pendant les jours fériés *n.m.*	work on bank holidays *n.*
travail salarié *n.m.*	salaried work *n.*
travail temporaire *n.m.*	temporary work *n.*
travailler *v.intr.*	to work *v.intr.*
travailleur à domicile *n.m.*	homeworker *n.*
travailleur immigré *n.m.*	immigrant worker *n.*
tribunal d'arbitrage *n.m.*	court of arbitration *n.*
trois-huit *n.m.pl.*	three eight-hour shifts *n.pl.*
tuer au travail (se) *v.pr.*	to kill oneself with work *v.pr.*
turn over *n.m.*	labour turnover *n.*
TVA Taxe à la Valeur Ajoutée *n.f.*	VAT Value Added Tax *n.*

U

1 % formation* *n.m.*	company contribution to training expenses *n.*
UNICE Union des Industries de la Communauté Européenne *n.f.*	Union of Industries in the European Community *n.*
unité *n.f.*	unit *n.*
unité centrale *n.f.*	central processing unit *n.*
université *n.f.*	university *n.*

usage illicite des informations *n.m.* .... illicit use of information *n.*
usine *n.f.* .... factory *n.*
utilisation *n.f.* .... use *n.*
utilitaire *adj.* .... utilitarian *adj.*

V

vacant *adj.* .... vacant *adj.*
vacataire *n.m.f.* .... part-time worker *n.*
valeur *n.f.* .... value *n.*
valeur ajoutée *n.f.* .... added value *n.*
validation *n.f.* .... validation *n.*
vendeur(euse) spécialisé(e) *n.m.,f.* .... specialized salesperson *n.*
vente *n.f.* .... sales *n.pl.*
veuf *adj.* .... widowed *adj.*
Veuillez agréer l'expression
de mes sentiments distingués *expr.* .... yours sincerely *expr.*
vice-président *n.m.* .... deputy-chairman *n.*
vie privée *n.f.* .... private life *n.*
vie professionnelle *n.f.* .... professional life *n.*
visite d'usine *n.f.* .... factory tour *n.*
voiture de fonction *n.f.* .... company car *n.*
volant de main-d'œuvre disponible *n.m.* .... labour reserve *n.*
vote à bulletins secrets *n.m.* .... secret ballot *n.*
voyage annuel du personnel
d'une entreprise *n.m.* .... yearly travel of company
members *n.*

Z

zone d'incertitude *n.f.* .... zone of uncertainty *n.*

FRANÇAIS — ALLEMAND

A

absence *n.f.*	Abwesenheit (-,en), *die*
absence non motivée *n.f.*	Fehlen, das unentschuldigte -
absentéisme *n.m.*	Absentismus (/), *der*
abus de confiance *n.m.*	Vertrauenmißbrauch (s,¨e), *der*
accident de trajet *n.m.*	Dienstunfall (es,¨e), *der*
accident du travail *n.m.*	Arbeitsunfall (es,¨e), *der*
accord cadre *n.m.*	Rahmenvereinbarung (-,en), *die*
accord d'intéressement *n.m.*	Beteiligung (-,en) der Mitarbeiter an den Ergebnissen der Firma, *die*
accord de branche *n.m.*	Mantelvertrag (es,¨e), *der*
accord de participation *n.m.*	Beteiligung (-,en) der Mitarbeiter an den Ergebnissen der Firma, *die*
accord salarial *n.m.*	Lohnabkommen (s,-), *das*
accord transactionnel *n.m.*	Abfindung (-,en), *die*
accusé de réception *n.m.*	Empfangsbestätigung (-,en), *die*
acquitter d'une obligation (s') *v.pr.*	nachkommen *v.intr.*, einer Verpflichtung -
acte de naissance *n.m.*	Geburtsurkunde (-,n), *die*
actif social *n.m.*	Gesellschaftsvermögen (s,-), *das*
action disciplinaire *n.f.*	Maßnahme, *die* Disziplinar-

action en justice *n.f.*	Klage (-,n), *die*
activité professionnelle *n.f.*	Tätigkeit, die berufliche -
activité rétribuée *n.f.*	Erwerbstätigkeit (-,en), *die*
activité syndicale *n.f.*	Gewerkschaftstätigkeit (-,en), *die*
adhésion *n.f.*	Beitritt (es,e), *der*
adjoint(e) (de qqn) *n.m.,f.*	Stellvertreter (s,-), *der*
administration *n.f.*	Verwaltung (-,en), *die*
adresse commerciale *n.f.*	Geschäftsadresse (-,n), *die*
affectation de personnel *n.f.*	Besetzung (-,en), *die*
affectation flexible du personnel *n.f.*	Personalbesetzung, die flexible -
AFNOR Association Française de Normalisation *n.f.*	französischer Normenausschuß
agence commerciale *n.f.*	Geschäftsagentur (-,en), *die*
agence d'intérim *n.f.*	Zeitarbeitsagentur (-,en), *die*
agrément *n.m.*	Zustimmung (-,en), *die*
ajustement des salaires *n.m.*	Lohnausgleich (s,e), *der*
allocation chômage *n.f.*	Arbeitslosengeld (/), *das*
allocation de ressources *n.f.*	Ressourcenzuteilung (-,en), *die*
allocation logement *n.f.*	Wohnungsbeihilfe (-,n), *die*
allocation maladie *n.f.*	Krankenbeihilfe (-,n), *die*
allocation vieillesse *n.f.*	Altersbeihilfe (-,n), *die*
amélioration des conditions de travail *n.f.*	Verbesserung(-,en) der Arbeitsbedingungen, *die*
aménagement du cadre de travail *n.m.*	Arbeitsplatzgestaltung (-,en), *die*
aménagement du temps de travail *n.m.*	Arbeitszeitgestaltung (-,en), *die*
ANACT Agence Nationale pour l'Amélioration des Conditions de Travail *n.f.*	französische Gesellschaft für die Entwicklung der Arbeitsbedingungen
analyse de marché *n.f.*	Marktanalyse (-,n), *die*
analyse des besoins *n.f.*	Bedarfsanalyse (-,en), *die*
analyse fonctionnelle *n.f.*	Analyse, die funktionelle -
analyse organisationnelle *n.f.*	Organisationsanalyse (-,n), *die*
analyse psychologique *n.f.*	Analyse, die psychologische -
analyse psychosociologique *n.f.*	Analyse, die psycho-soziologische -
ancienneté *n.f.*	Betriebszugehörigkeit (-,en), *die*
ANDCP Association Nationale des Directeurs et Cadres de la Fonction Personnel *n.f.*	DGFP Deutsche Gesellschaft für Personalführung
années de service *n.f.pl.*	Dienstzeit (-,en), *die*
annonce *n.f.*, petite	Kleinanzeige (-,n), *die*
annotation *n.f.*	Aktenvermerk (s,e), *der*
ANPE Agence Nationale Pour l'Emploi *n.f.*	französische Zentralstelle für Arbeitsvermittlung

APEC Association Pour l'Emploi
des Cadres *n.f.* .... franzözische Zentralstelle für Arbeitsvermittlung für Führungskräfte

appartenance à un syndicat *n.f.* .... Gewerkschaftszugehörigkeit (-,en), *die*

appel à la grève *n.m.* .... Streikaufruf (es,e), *der*

appel d'offres *n.m.* .... Ausschreibung (-,en), *die*

application de la loi *n.f.* .... Gesetzesanwendung (-,en), *die*

appointements *n.m.pl.* .... Entlohnung (-,en), *die*

appréciation des performances *n.f.* .... Leistungsbewertung (-,en), *die*

apprenti(e) *n.m.,f.* .... Auszubildende (n,n), *der* / Lehrling (s,e), *der*

apprentissage *n.m.* .... Lehre (-,n), *die*

aptitude *n.f.* .... Eignung (-,en), *die*

aptitude professionnelle *n.f.* .... Eignung, die berufliche -

aptitude requise *n.f.* .... Eignungsmerkmale (s,-), *die*

arbitrage *n.m.* .... Schiedsgerichtwesen (s,-), *das*

arrêt de travail *n.m.* .... Einstellung (-,en), *die*

aspiration *n.f.* .... Bestrebung (-,en), *die*

ASSEDIC Association pour l'Emploi
dans l'Industrie et le Commerce *n.f.* .... französischer Verband für die Beschäftigung in der Industrie

assemblée ouvrière *n.f.* .... Arbeiterversammlung (-,en), *die*

assistance *n.f.* .... Fürsorge (-,n), *die*

assistance sociale *n.f.* .... Sozialfürsorge (-,n), *die*

assistance technique *n.f.* .... Hilfe, die technische -

assistance technique clientèle *n.f.* .... Kundenbetreuung (-,en), *die*

assistant(e) social(e) *n.m.,f.* .... Sozialarbeiter (s,-), *der*

association *n.f.* .... Verein (s,e), *der*

association de solidarité ouvrière *n.f.* .... Arbeiterwohlfahrt (-,en), *die*

association des anciens élèves *n.f.* .... Verein (s,e) ehemaliger Komilitonen, *der*

association professionnelle *n.f.* .... Fachverband (s,¨e), *der*

associé(e) *n.m.,f.* .... Partner (s,-), *der*

assujetti à l'impôt sur le revenu *adj.* .... einkommensteuerpflichtig *adj*

assujetti à la cotisation *adj.* .... beitragspflichtig, *adj*

assujetti à la Sécurité sociale *adj.* .... sozialversicherungspflichtig *adj*

assujetti à la TVA *adj.* .... mehrwertsteuerpflichtig *adj*

assurance chômage *n.f.* .... Arbeitslosenversicherung (-,/), *die*

assurance décès *n.f.* .... Versicherung (-,en) für den Todesfall, *die*

assurance maladie *n.f.* .... Krankenversicherung (-,/), *die*

assurance qualité *n.f.* .... Qualitätssicherung (-,/), *die*

assurance retraite *n.f.* .... Rentenversicherung (-,/), *die*

assurance vieillesse *n.f.* .... Altersversorgung (-,/), *die*

assuré(e) social(e) *n.m.,f.*	Sozialversicherte (n,n), *der*
atelier *n.m.*	Betrieb (s,e), *der*
attestation de salaire *n.f.*	Lohnbescheinigung (-,en), *die*
attestation de travail *n.f.*	Arbeitsbescheinigung (-,en), *die*
attestation médicale *n.f.*	Attest, das ärztliche -
au nom de *expr.*	i.A. im Auftrag, *expr.*
audit *n.m.*	Revision (-,en), *die*
audit de communication *n.m.*	Kommunikationsaudit (s,-), *der*
audit de formation *n.m.*	Ausbildungsaudit (s,-), *der*
audit de management *n.m.*	Managementaudit (s,-), *der*
audit financier *n.m.*	Finanzaudit (s,-), *der*
audit social *n.m.*	Sozialaudit (s,-), *der*
augmentation de salaire *n.f.*	Gehaltsaufbesserung (-,en), *die*
augmentation *n.f.*	Erhöhung (-,en), *die*
autogestion *n.f.*	Selbstverwaltung (-,en), *die*
automatisation *n.f.*	Automatisierung (-,en), *die*
autonome *adj.*	selbständig *adj*
autonomie *n.f.*	Selbständigkeit (-,en), *die*
autorisation de paiement *n.f.*	Zahlungsermächtigung (-,en), *die*
autorisation de quitter le territoire *n.f.*	Ausreisegenehmigung (-,en), *die*
autorisation de séjour *n.f.*	Aufenthaltserlaubnis (-,sse), *die*
autorisation de travail *n.f.*	Arbeitserlaubnis (-,sse), *die*
autorisé à signer *adj.*	unterzeichnungsberechtigt *adj*
avance sur salaire *n.f.*	Gehaltsvorschuß (sses,üsse), *der*
avantage acquis *n.m.*	Anspruch, der erworbene -
avantages sociaux *n.m.pl.*	Sonderleistung (-,en), *die*
avenir professionnel *n.m.*	Berufsaussicht (-,en), *die*
avis de licenciement *n.m.*	Kündigungschreiben (s,-), *das*

B

baccalauréat *n.m.*	Abitur (s,/), *das*
baisse des salaires *n.f.*	Lohnsenkung (-,en), *die*
banque de données *n.f.*	Datenbank (-,en), *die*
BEP Brevet d'Études Professionnelles *n.m.*	französisches Ausbildungsdiplom
besoin de personnel *n.m.*	Personalbedarf (s,-), *der*
besoin de réalisation de soi *n.m.*	Selbstverwirklichungsbedürfnis (ses,se), *der*
besoin en formation *n.m.*	Bildungsbedarf (s,/), *der*
besoin en main d'œuvre *n.m.*	Arbeitskräftebedarf (s), *der*
besoin qualitatif en personnel *n.m.*	Personalbedarf, der qualitative -
besoin quantitatif en personnel *n.m.*	Personalbedarf, der quantitative -

bilan *n.m.*	Bilanz (-,en), *die*
bilan de compétences *n.m.*	Kompetenzenbilanz (-,en), *die*
bilan professionnel *n.m.*	Verpflichtung (-,en) des Arbeitgebers, eine Bilanz der Kompetenzen der Mitarbeiter anzubieten, *die*
bilan social* *n.m.*	Sozialbilanz (-,en), *die*
blâme *n.m.*	Tadel (s,-), *der*
blocage des prix et des salaires *n.m.*	Lohn-und Preisstopp (s,s), *der*
blocage des salaires *n.m.*	Lohnstopp (s,-), *der*
bourse d'apprentissage *n.f.*	Ausbildungsbeihilfe (-,n), *die*
bourse d'étude *n.f.*	Stipendium (s,ien), *das*
bourse de l'emploi *n.f.*	Stellenbörse (-,n), *die*
branche d'industrie *n.f.*	Industriezweig (es,e), *der*
branche professionnelle *n.f.*	Berufszweig (es,e), *der*
brevet de maîtrise *n.m.*	Meisterbrief (s,e), *der*
brevet des Collèges *n.m.*	französisches Schuldiplom
BTS Brevet de Technicien Supérieur *n.m.*	französisches Fachschuldiplom
bulletin de paie *n.m.*	Lohnzettel (s,-), *der*
bureau de l'Agence Nationale Pour l'Emploi *n.m.*	Arbeitsamt (s, ¨er), *das*
bureau de placement *n.m.*	Stellenvermittlungsbüro (s,s), *das*
bureau des méthodes *n.m.*	Arbeitsorganisation (-,en), *die*
bureau privé de placement *n.m.*	Stellenvermittlungsbüro, das private -
bureaucratique *adj*	bürokratisch *adj*

C

cabinet de conseil *n.m.*	Beratungsfirma (-,en), *die*
cabinet de recrutement *n.m.*	Einstellungsagentur (-,en), *die*
cadre* *n.m.*	Führungskraft (-,¨e), *die*
cadre à potentiel de développement *n.m.*	Nachwuchskraft (-,¨e), *die*
cadre au forfait *n.m.*	Führungskräfte (pl), die nicht dem Tarif unterliegen
cadre de direction *n.m.*	Führungsspitze (-,n), *die*
cadre dirigeant *n.m.*	Führungskraft, die leitende -
cadre légal *n.m.*	Rahmen, der gesetzliche -
cadre moyen *n.m.*	Führungskraft, die mittlere -
cadre opérationnel *n.m.*	Betriebsmanager (s,n), *der*
cadre supérieur *n.m.*	Führungskraft (-,¨e), *die* / Angestellte, der leitende -
cadres (jeunes) *n.m.pl.*	Nachwuchs (es,-), *der*

cahier de revendications *n.m.* .... Forderungskatalog (es,e), *der*

cahier des charges *n.m.* .... Pflichtenheft (s,e), *das*

caisse d'allocations familiales *n.f.* .... Familienausgleichskasse (-,n), *die*

caisse d'assurance maladie *n.f.* .... Krankenkasse (-,n), *die*

caisse de retraite *n.f.* .... Rentenkasse (-,n), *die*

caisse primaire d'assurance maladie *n.f.* .... AOK Allgemeine Ortskrankenkasse, *die*

caisse subsidiaire d'assurance maladie *n.f.* .... Ersatzkasse (-,n), *die*

calcul du montant de la cotisation *n.m.* .... Beitragsberechnung (-,en), *die*

calendrier *n.m.* .... Zeitplan (s,¨e), *der*

campagne de recrutement *n.f.* .... Personalanwerbungskampagne (-,n), *die*

candidat de remplacement *n.m.* .... Ersatzkandidat (en,en), *der*

candidat(e) *n.m.,f.* .... Bewerber (s,-), *der*

candidat(e) idéal(e) *n.m.,f.* .... Idealkandidat (en,en), *der*

candidature *n.f.* .... Bewerbung (-,en), *die*

CAP Certificat d'Aptitude Professionnelle *n.m.* ... französisches Ausbildungsdiplom

capable d'exercer une activité professionnelle *adj.* .... erwerbsfähig *adj*

capacité à travailler efficacement *n.f.* .... Leistungsfähigkeit (-,en), *die*

capacité d'innovation *n.f.* .... Innovationsfähigkeit (-,en), *die*

capacité de travail *n.f.* .... Arbeitsvermögen (s,-), *das*

carrière *n.f.* .... Karriere (-,n), *die*

carriériste *n.m.f.* .... Karrieremacher (s,-), *der*

carte d'identité *n.f.* .... Personalausweis (es,e), *der*

carte de pointage *n.f.* .... Stechkarte (-,n), *die*

carte de Sécurité sociale *n.f.* .... Sozialversicherungsausweis (es,e), *der*

carte de séjour *n.f.* .... Aufenthaltsgenehmigung (-,en), *die*

carte de visite *n.f.* .... Visitenkarte (-,n), *die*

catégorie professionnelle *n.f.* .... Berufsgruppe (-,n), *die*

catégorie salariale *n.f.* .... Lohngruppe (-,n), *die*

catégorie sociale *n.f.* .... Sozialgruppe (-,n), *die*

cause *n.f.* .... Ursache (-,n), *die*

CCI Chambre de Commerce et d'Industrie *n.f.* .. IHK Industrie und Handelskammer (-,n), *die*

CEE Communauté Économique Européenne *n.f.* .... EWG Europäische Wirtschaftsgemeinschaft, *die*

cégétiste *n.m.f.* .... Mitglied (es,er) der französischen Gewerkschaft CGT, *der*

célibataire *adj.* .... ledig *adj*

centralisation *n.f.* .... Zentralisierung (-,en), *die*

centre d'évaluation *n.m.*	Assessment Center (/) *das*
centre de formation *n.m.*	Ausbildungsstätte (-,n), *die*
centre de profit *n.m.*	Profit Center (s,-), *das*
centres d'intérêt *n.m.pl.*	Interessen (pl), *die*
cercle de qualité *n.m.*	Qualitätszirkel (s,-), *der*
CEREQ Centre de Recherche sur les Emplois et les Qualifications *n.m.*	französisches Forschungszentrum über die Berufsqualifikationen
certificat de travail *n.m.*	Arbeitszeugnis (ses,se), *das*
certifié conforme *adj.*	beglaubigt *adj*
CFDT Confédération Française et Démocratique du Travail *n.f.*	französische Gewerkschaft, *eine*
CFTC Confédération Française des Travailleurs Chrétiens *n.f.*	französische Gewerkschaft, *eine*
CGC Confédération Générale des Cadres *n.f.*	französische Gewerkschaft, *eine*
CGT Confédération Générale du Travail *n.f.*	französische Gewerkschaft, *eine*
chambre patronale *n.f.*	Arbeitgeberverband (s,¨e), *der*
chambre syndicale *n.f.*	Berufsvertretung (-,en), *die*
champ d'activité *n.m.*	Geschäftsbereich (es,e), *der*
changement de poste de travail *n.m.*	Arbeitsplatzwechsel (s,/), *der*
changement organisationnel *n.m.*	Organisationsänderung (-,en), *die*
charge de travail *n.f.*	Arbeitsbelastung (-,en), *die*
charges salariales *n.f.pl.*	Lohnkosten (pl), *die*
Charte sociale *n.f.*	Sozialcharta (-,en), *die*
chasseur de têtes *n.m.*	Head hunter (s,/), *der*
check-list *n.f.*	Checkliste (-,n), *die*
chef d'entreprise *n.m.f.*	Unternehmensleiter (s,-), *der*
chef de division *n.m.f.*	Bereichsleiter (s,-), *der*
chef de service *n.m.f.*	Abteilungsleiter (s,-), *der*
chef du personnel *n.m.f.*	Personalleiter (s,-), *der*
chef du personnel de l'usine *n.m.f.*	Werkspersonalleiter (s,-), *der*
chèque restaurant *n.m.*	Restaurantscheck (s,s), *der*
chiffre d'affaires *n.m.*	Umsatz (es,¨e), *der*
chômage *n.m.*	Arbeitslosigkeit (-,en), *die*
chômage (au) *expr.*	arbeitslos *adj*
chômage des jeunes *n.m.*	Jugendarbeitslosigkeit (-,en), *die*
chômage partiel *n.m.*	Kurzarbeit (-,en), *die*
chômage technique *n.m.*	Arbeitslosigkeit, die technisch bedingte -
chômé *adj.*	arbeitsfrei *adj*
chômeur *n.m.*	Arbeitslose (n,n), *der*
CHSCT Comité d'Hygiène, de Sécurité et des Conditions de Travail* *n.m.*	französische Betriebskommission

circonstance *n.f.* .... Umständ (es,e), *der*
circulaire *n.f.* .... Rundschreiben (s,-), *das*
circulation de l'information *n.f.* .... Informationsfluß (sses,/), *der*
circulation des travailleurs *n.f.*, libre - .... Freizügigkeit (-,en) der
Arbeitskräfte, *die*
classe d'âge *n.f.* .... Altersklasse (-,n), *die*
classification* *n.f.* .... Einstufung (-,en), *die*
classification professionnelle *n.f.* .... Eingruppierung (-,en), *die*
clause d'arbitrage *n.f.* .... Schiedsklausel (-,n), *die*
clause spécifique *n.f.* .... Sonderklausel (-,n), *die*
climat social *n.m.* .... Betriebsklima (s,-), *das* /
Klima, das soziale -

CNPF Conseil National
du Patronat Français *n.m.* .... französischer
Arbeitgeberverband

CNRS Centre National de la Recherche
Scientifique *n.m.* .... französisches Forschungsamt
coaching *n.m.* .... Betreuer (s,-), *der*
code civil *n.m.* .... Gesetzbuch, das bürgerliche -
code du travail *n.m.* .... Arbeitsgesetzbuch (es,¨er), *das*
code pénal *n.m.* .... Strafgesetzbuch (s,¨er), *das*
cogestion *n.f.* .... Mitbestimmung* (-,en), *die*
collège *n.m.* .... Wahlgruppe (-,n) für die Wahl
der Arbeitnehmervertreters, *die*
collègue *n.m.f.* .... Kollege (n,n), *der*
comité d'entreprise* *n.m.* .... französischer Betriebsrat
comité d'évaluation *n.m.* .... Bewertungskomitee (s,s), *der*
comité d'experts *n.m.* .... Fachausschuß (es,¨sse), *der*
comité de carrière *n.m.* .... Laufbahnkomitee (s,-), *der*
comité de direction* *n.m.* .... Führungskreis (es,e), *der*
commissaire aux comptes *n.m.* .... Wirtschaftsprüfer (s,-), *der*
commission paritaire *n.f.* .... Tarifkommission (-,en), *die*
communication *n.f.* .... Kommunikation (/), *die*
communication externe *n.f.* .... Kommunikation, die externe -
communication interne *n.f.* .... Kommunikation, die
innerbetriebliche -
compatibilité *n.f.* .... Verträglichkeit (-,en), *die*
compétence technique *n.f.* .... Fachkompetenz (-,en), *die*
compétitivité externe *n.f.* .... Wettbewerbsfähigkeit, die
externe -
complément salarial *n.m.* .... Lohnzuschlag (s,¨e), *der*
complexité *n.f.* .... Vielseitigkeit (-,en), *die*
comportement en société *n.m.* .... Sozialverhalten (s,-), *das*
compréhension *n.f.* .... Verständnis (ses,se), *das*
comptabilité *n.f.* .... Buchhaltung (-,en), *die*
comptable *n.m.f.* .... Buchhalter (s,¨er), *der*

concept de qualification *n.m.* .... Qualifizierungskonzept (s,e), *der*

conception assistée par ordinateur (CAO) *n.f.*.... Konstruktion, die
computergestützte -

concertation *n.f.* .... Absprache (-,n), *die*

concerter (se) *v.pr.* .... abstimmen *v.tr.*

concurrence *n.f.* .... Wettbewerb (s,e), *der*

conditions de salaire *n.f.pl.* .... Lohnbedingungen (pl) *die*

conditions de travail *n.f.pl.* .... Arbeitsbedingung (-, en), *die*

conditions salariales attirantes *n.f.pl.* .... Gehaltskonditionen (pl), die
attraktiven -

conduite de changement *n.f.* .... Leitung (-,en) einer
Umorganisation, *die*

confédération patronale *n.f.* .... Arbeitgeberverband (es,¨e), *der*

confédération syndicale *n.f.* .... Gewerkschaftsbund (s), *der*

confidentiel *adj.* .... vertraulich *adj*

confier *v.tr.* .... anvertrauen *v.tr.*

confirmé *adj.* .... erfahren *adj*

conflit *n.m.* .... Konflikt (es,e), *der*

conflit d'intérêt *n.m.* .... Interessenkonflikt (s,e), *der*

conflit d'objectifs *n.m.* .... Zielkonflikt (s, e), *der*

conflit de travail *n.m.* .... Arbeitskonflikt (s,e), *der*

conflit ouvert *n.m.* .... Konflikt, der offene -

conformité *n.f.* .... Konformität (-,en), *die*

congé *n.m.* .... Urlaub (s,e), *der*

congé de paternité *n.m.* .... Erziehungsurlaub (s,e)
für Väter, *der*

congé formation *n.m.* .... Bildungsurlaub (s,e), *der*

congé maladie *n.m.* .... Beurlaubung (-,en) im
Krankeitsfall, *die*

congé maternité *n.m.* .... Mutterschaftsurlaub (s,e), *der*

congé parental *n.m.* .... Erziehungsurlaub (s,e), *der*

congé payé* *n.m.* .... Urlaub, der bezahlte -

congé sans solde *n.m.* .... Urlaub, der unbezahlte -

conjoint(e) *n.m.,f.* .... Ehegatte (n,n), *der*

connaissance des hommes *n.f.* .... Menschenkenntnis (-,se), *die*

conscience professionnelle *n.f.* .... Bewußtsein, das berufliche -

conseil d'administration* *n.m.* .... Verwaltungsrat (es,¨e), *der*

conseil de carrière *n.m.* .... Laufbahnberatung (-,en), *die*

conseil de direction *n.m.* .... Führungskreis (es,e), *der*

conseil de surveillance *n.m.* .... Aufsichtrat* (es,¨e), *der*

conseiller(ère) *n.m.,f.* .... Berater (s,-), *der*

conseiller(ère) juridique *n.m.,f.* .... Rechtsberater (s,-), *der*

consensus *n.m.* .... Übereinstimmung (-,en), *die*

constitution d'une société *n.f.* .... Gründung (-,en) einer
Gesellschaft, *die*

consultant(e) *n.m.,f.* .... Berater (s,-), *der*

consultation *n.f.* .... Beratung (-,en), *die*
consultation paritaire *n.f.* .... Anhörung (-,en), des
                                                                Betriebstrates, *die*
contacter *v.tr.* .... aufnehmen *v.tr.*, Kontakt -
contingence *n.f.* .... Kontingenz (-,en), *die*
contractuel *adj.* .... vertraglich *adj*
contrat à durée déterminée *n.m.* .... Arbeitsvertrag, der befristete -
contrat à durée indéterminée *n.m.* .... Arbeitsvertrag, der unbefristete -
contrat à l'essai *n.m.* .... Probevertrag (es,¨e), *der*
contrat d'apprentissage *n.m.* .... Lehrvertrag (es,¨e), *der*
contrat de travail *n.m.* .... Arbeitsvertrag (s,¨e), *der*
contrat emploi-formation *n.m.* .... Arbeitsförderungsmaßnahme
                                                                (-,n), *die*
contremaître *n.m.* .... Meister (s,-), *der*
contremaîtresse *n.f.* .... Meister (s,-), *der*
contribution *n.f.* .... Beitrag (s,¨e), *der*
contrôle *n.m.* .... Kontrolle (-,n), *die*
contrôle de gestion *n.m.* .... Controlling (s,/), *das*
contrôle qualité *n.m.* .... Qualitätskontrolle (-,n), *die*
contrôler *v.tr.* .... kontrollieren *v.tr.*
contrordre *n.m.* .... Gegenbefehl (es,e), *der*
convention *n.f.* .... Vereinbarung (-,en), *die*
convention collective *n.f.* .... Tarifvertrag (s,¨e), *der*
convention collective générale *n.f.* .... Manteltarifvertrag (s,¨e), *der*
convention collective salariale *n.f.* .... Lohntarifvertrag (s,¨e), *der*
convention de rupture du contrat de travail *n.f.*... Aufhebungsvertrag (s,¨e), *der*
convocation *n.f.* .... Einberufung (-,en), *die*
coopération *n.f.* .... Kooperation (-,en), *die*
coordination *n.f.* .... Koordinierung (-,en), *die*
coordonnées personnelles *n.f.pl.* .... Personaldaten (pl), *die*
coordonner *v.tr.* .... koordinieren *v.tr.*
copie conforme *expr.* .... f.d.R. für die Richtigkeit der
                                                                Abschrift, *expr.*
corps enseignant *n.m.* .... Lehrkraft (-, ¨e), *die*
cosignataire *n.m.f.* .... Mitunterzeichner (s,-), *der*
cosociétaire *n.m.f.* .... Mitinhaber (s,-), *der*
cotation de poste *n.f.* .... Arbeitsplatzbewertung (-,en), *die*
cotisant *n.m.* .... Beitragszahler (s,-), *der*
cotisation *n.f.* .... Beitrag (s,¨e), *der*
cotisation obligatoire *n.f.* .... Pflichtbeitrag (s,¨e), *der*
cotisation patronale *n.f.* .... Arbeitgeberanteil (s,e), *der*
cotisation salariale de l'employé *n.f.* .... Arbeitnehmeranteil (s,e), *der*
cotraitance *n.f.* .... Auftragsarbeit, der gegenseitige-
courbe de carrière *n.f.* .... Laufbahnkurve (-,n), *die*
courbe du succès *n.f.* .... Erfolgskurve (-,n), *die*
course salaire-prix *n.f.* .... Lohn-Preis Spirale (-,n), *die*

coût d'intégration *n.m.* .... Einarbeitungsaufwand
(es,¨e), *der*
coût de formation *n.m.* .... Ausbildungskosten (pl), *die*
coût de la main d'œuvre *n.m.* .... Personalkosten (pl), *die*
coût de la vie *n.m.* .... Lebenskosten (pl), *die*
coût direct *n.m.* .... Kosten (pl), die direkten -
coût du recrutement *n.m.* .... Beschaffungskosten (pl), *die*
coût indirect *n.m.* .... Kosten (pl), die indirekten -
coût marginal *n.m.* .... Grenzkosten (pl), *die*
coût variable *n.m.* .... variable Kosten (pl), *die*
création de poste *n.f.* .... Arbeitsplatzbeschaffung
(-, en), *die*
crèche *n.f.* .... Kinderkrippe (-,n), *die*
critère d'évaluation *n.m.* .... Bewertungskriterium (s,ien), *das*
critère de performance *n.m.* .... Leistungskriterium (s,ien), *das*
critère de promotion *n.m.* .... Beförderungskriterium
(s,ien), *das*
critère de sélection *n.m.* .... Auswahlkriterium (s,ien), *das*
critère physique *n.m.* .... Kriterium, das physische -
critère psychique *n.m.* .... Kriterium, das psychische -
critère social *n.m.* .... Kriterium, das soziale -
croissance *n.f.* .... Wachstum (s,/), *das*
culture d'entreprise *n.f.* .... Unternehmenskultur (-,en), *die*
culture de l'organisation *n.f.* .... Organisationskultur (-,en), *die*
cumul de salaires *n.m.* .... Mehrfachverdienst (es,e), *der*
CV curriculum vitae *n.m.* .... Lebenslauf (s,¨e), *der*
cycle de formation *n.m.* .... Ausbildungslehrgang (s,¨e), *der*

D

dactylo *n.f.* .... Schreibkraft (-,¨e), *die*
date d'embauche *n.f.* .... Arbeitsantritt (s,e), *der*
date d'expiration *n.f.* .... Ablaufzeit (-,en), *die*
date de clôture *n.f.* .... Schlußtermin (s,e), *der*
date de naissance *n.f.* .... Geburtsdatum (s,en), *das*
DEA Diplôme d'Études Approfondies *n.m.* .... französisches Uni-Diplom
débat sur les rémunérations *n.m.* .... Entgeltgespräch (s,e), *das*
débaucher *v.tr.* .... abwerben *v.tr.*
débrayage *n.m.* .... Arbeitseinstellung (-,en), *die*
débutant(e) *n.m.,f.* .... Anfänger (s,-), *der*
décentralisation *n.f.* .... Dezentralisierung (-,en), *die*
décision *n.f.* .... Entscheidung (-,en), *die*
décision d'embauche *n.f.* .... Auswahlentscheidung (-,en), *die*
déclaration de résidence *n.f.* .... Anmeldung (-,en) beim
Einwohneramt, *die*

déclaration de revenus *n.f.* .... Einkommensteuererklärung
(-,en), *die*
décrutement *n.m.* .... Abwerbung (-,en), *die*
déficit de formation *n.m.* .... Bildungsdefizit (es,e), *das*
définition de la politique salariale *n.f.* .... Formulierung (-,en) *der*
Gehaltspolitik, *die*
délai de carence *n.m.* .... Karenzzeit (-,en), *die*
délai de dépôt de candidature *n.m.* .... Bewerbungsfrist (-,en), *die*
délai de paiement *n.m.* .... Zahlungsfrist (-,en), *die*
délai de réflexion *n.m.* .... Bedenkzeit (-,en), *die*
délégation *n.f.* .... Delegation (-,en), *die*
délégation de responsabilités *n.f.* .... Delegation (-,en) von
Verantwortung, *die*
délégué(e) *n.m.,f.* .... Beauftragte (n,n), *der*
délégué(e) du personnel* *n.m.,f.* .... Belegschaftsvertreter (s,-), *der*
délégué(e) syndical(e)* *n.m.,f.* .... Gewerkschaftsvertreter (s,-), *der*
délibérer *v.intr.* .... beraten *v.tr.*
demande de dommages et intérêts *n.f.* .... Schadenersatzforderung
(-,en), *die*
demandeur d'emploi *n.m.* .... Arbeitsuchende (n,n), *der*
démission *n.f.* .... Rücktritt (s,e), *der*
démocratie dans l'entreprise *n.f.* .... Demokratie (/)
im Unternehmen, *die*
département *n.m.* .... Abteilung (-,en), *die*
département contrôle de gestion *n.m.* .... Controlling-Abteilung (-,en), *die*
déplacement professionnel *n.m.* .... Dienstreise (-,n), *die*
description de poste *n.f.* .... Stellenbeschreibung (-,en), *die*
DESS Diplôme d'Études Supérieures
Spécialisées *n.m.* .... französisches Uni-Diplom
destinataire *n.m.f.* .... Empfänger (s,-), *der*
détachement *n.m.* .... Entsendung (-,en), *die*
détachement à l'étranger *n.m.* .... Auslandsentsendung (-,en), *die*
détermination des besoins *n.f.* .... Bedarfsermittlung (-,en), *die*
détermination des salaires *n.f.* .... Lohnfestsetzung (-,en), *die*
DEUG Diplôme d'Études Universitaires
Générales *n.m.* .... französisches Uni-Diplom
deux-huit *n.m.pl.* .... Doppelschicht (-,en), *die*
développement *n.m.* .... Weiterentwicklung (-,en), *die*
développement de l'entreprise *n.m.* .... Entwicklung (-,en) des
Unternehmens, *die*
développement des cadres *n.m.* .... Führungskräfteentwicklung
(-,en), *die*
développement des jeunes cadres *n.m.* .... Entwicklung (-,en) von
Nachwuchskräften, *die*
développement des ressources humaines *n.m.*.. Personalentwicklung (-,en), *die*
développement des salariés *n.m.* .... Mitarbeiterentwicklung (-,en), *die*
développement social *n.m.* .... Personalentwicklung (-,en), *die*

diagnostic *n.m.*	Diagnose (-,n), *die*
différenciation *n.f.*	Differenzierung (-,en), *die*
diminution de salaire *n.f.*	Lohnkürzung (-,en), *die*
diminution volontaire de salaire *n.f.*	Lohnverzicht (s,e), *der*
diplôme *n.m.*	Diplom (s,e), *das*
diplôme universitaire de gestion et des affaires *n.m.*	Diplomkaufmann (s,¨er), *der*
diplôme universitaire *n.m.*	Hochschuldiplom (s,e), *das*
diplômé(e) *n.m.,f.*	Absolvent (en,en), *der*
diplômé(e) de grande école *n.m.,f.*	Eliteschulabsolvent (en,en), *der*
diplômé(e) de l'enseignement supérieur *n.m.,f.*	Akademiker (s,-), *der*
diplômé(e) du troisième cycle *n.m.,f.*	französischer akademischer Grad
directeur *n.m.*	Direktor (s,en), *der*
directeur adjoint *n.m.*	Direktor, der stellvertretende -
directeur commercial *n.m.*	Handelsdirektor (s,en), *der*
directeur d'usine *n.m.*	Fabrikleiter (s,-), *der*
directeur de stage *n.m.*	Ausbildungsleiter (s,-), *der*
directeur des resssources humaines *n.m.*	Personaldirektor (-,en), *der*
directeur du personnel *n.m.*	Personaldirektor (s,en), *der*
directeur technique *n.m.*	Direktor, der technische -
direction d'une société *n.f.*	Geschäftsleitung (-,en), *die*
directive *n.f.*	Richtlinie (-,n), *die*
directive de management *n.f.*	Managementleitlinie (-,n), *die*
directive européenne *n.f.*	Richtlinie, die europäische -
directoire *n.m.*	Direktorium (s,ien), *das*
discipline *n.f.*	Disziplin (-,en), *die*
discrimination *n.f.*	Diskriminierung (-,en), *die*
discriminatoire *adj.*	diskriminierend *adj*
dispense *n.f.*	Befreiungsschreiben (s,-), *das*
dispensé de cotisation *adj.*	beitragsfrei, *adj*
disponibilité à s'expatrier *n.f.*	Auslandsbereitschaft (-,en), *die*
division *n.f.*	Bereich (s,e), *der*
division du travail *n.f.*	Arbeitsteilung (-,en), *die*
divorcé *adj.*	geschieden *adj*
doctorat *n.m.*	Doktorarbeit (-,en), *die*
domaine de compétence *n.m.*	Zuständigskeitsbereich (es,e), *der*
dommages *n.m.pl.*	Schaden (s,¨en), *der*
données *n.f.pl.*	Daten (pl) *die*
donneur d'ordres *n.m.*	Auftraggeber (s,-), *der*
dossier *n.m.*	Unterlage (-,n), *die*
dossier de candidature *n.m.*	Bewerbungsunterlage (-,n), *die*
dossier individuel *n.m.*	Personalkarte (-,n), *die*
droit à congés *n.m.*	Urlaubsanspruch (s,¨e), *der*
droit à la retraite *n.m.*	Rentensanspruch (s,¨e), *der*

droit de contrôle *n.m.* .... Aufsichtsrecht (s,e), *das*
droit du travail *n.m.* .... Arbeitsrecht (s,e), *das*
droit social *n.m.* .... Sozialrecht (s,e), *das*
droit de participation *n.m.* .... Beteiligungsrechte (pl), *die*
durée du travail *n.f.* .... Arbeitsdauer (-), *die*
DUT Diplôme Universitaire
de Technologie *n.m.* .... französisches Uni-Diplom

E

échec *n.m.* .... Mißerfolg (es,e), *der*
échelle *n.f.* .... Skala (-,en), *die*
échelle des salaires *n.f.* .... Lohnskala (-,en), *die*
échelon *n.m.* .... Dienstgrad (es,e), *der*
échelonnement des salaires *n.m.* ...... Abstufung (-,en), *die*
école de pensée *n.f.* .... Denkschule (-,n), *die*
école supérieure de commerce *n.f.* .... Wirtschaftshochschule (-,n), *die*
éducation *n.f.* .... Erziehung (-,en), *die*
efficace *adj.* .... leistungsfähig *adj*
efficacité *n.f.* .... Leistung (-,en), *die*
égalitarisme *n.m.* .... Egalitarismus (-,men), *der*
égalité des chances *n.f.* .... Chancengleichheit (-,en), *die*
élaboration *n.f.* .... Erarbeitung (-,en), *die*
élargissement des tâches *n.m.* .... Aufgabenerweiterung (-,en), *die*
élection au comité d'entreprise *n.f.* ..... Betriebsratswahlen (pl), *die*
élection professionnelle *n.f.* .... Arbeitnehmervertreter (-,en), *die*
élections prud'homales *n.f.pl.* .... Wahl (-,en) durch Arbeitnehmer
                                                      und-geber für das
                                                      Arbeitsgericht, *die*
embauche de personnel *n.f.* .... Personalgewinnung (-,en), *die*
empêchement *n.m.* .... Verhinderung (-,en), *die*
emploi à mi-temps (temps partiel) *n.m.* .... Halbtagsbeschäftigung
                                                      (-,en), *die*
emploi précaire *n.m.* .... Arbeitsplatz, der prekäre -
emploi saisonnier *n.m.* .... Saisonarbeit (-,en), *die*
employé(e) de bureau *n.m.,f.* .... Buröangestellte (n,n), *der*
employé(e) *n.m.,f.* .... Angestellte (n,n), *der* /
                                                      Beschäftigte (n,n), *der*
employeur *n.m.* .... Arbeitgeber (s,-), *der*
encadrement *n.m.* .... Personalführungsver-
                                                      antwortlichen (pl), *die*
enceinte *adj.* .... schwanger *adj*
énergie *n.f.* .... Energie (-,n), *die*
enjeu principal *n.m.* .... Hauptziel (s,e), *das*
enquête d'attitudes *n.f.* .... Verhaltensforschung (-,en), *die*

enrichissement des tâches *n.m.*	Aufgabenbereicherung (-,en), *die*
enseignement par correspondance *n.m.*	Fernunterricht (s,e), *der*
ensemble du personnel *n.m.*	Belegschaft (-,en), *die*
entrepreneur *n.m.*	Unternehmer (s,-), *der*
entreprise *n.f.*	Firma (-,en), *die*
entreprise de service *n.f.*	Dienstleistungsbetrieb (s,e), *der*
entretien *n.m.*	Gespräch (s,e), *das*
entretien d'appréciation *n.m.*	Beurteilungsgespräch (s,e), *das*
entretien d'embauche *n.m.*	Vorstellungsgespräch (s,e), *das*
entretien de carrière *n.m.*	Laufbahngespräch (s,e), *das*
entretien de réorientation *n.m.*	Reorientierungsgespräch (s,e), *das*
équipe *n.f.*	Team (s,s), *das*
équipe de direction *n.f.*	Führungsteam (s,s), *das*
équipe de nuit *n.f.*	Nachtschicht (-,en), *die*
équipe de travail *n.f.*	Arbeitsteam (s,s), *das*
équitable *adj.*	fair *adj*
équité *n.f.*	Gleichbehandlung (-,en), *die*
équité interne *n.f.*	Gerechtigkeit, die interne -
ergonomie *n.f.*	Ergonomie (-), *die*
ergonomique *adj.*	ergonomisch *adj*
esprit d'équipe *n.m.*	Teamgeist (es,/), *der*
esprit de compétition *n.m.*	Wettbewerbsgeist (es,e), *der*
essai *n.m.*	Probe (-,n), *die*
établissement de la grille de salaire *n.m.*	Lohneinstufung (-,en), *die*
état-major *n.m.*	Stab (s,¨e), *der*
éthique *n.f.*	Ethik (-,/), *die*
être promu *v.*	aufsteigen *v.intr.*
évaluation *n.f.*	Schätzung (-,en), *die*
évaluation de poste *n.f.*	Stellenbewertung (-,en), *die*
évaluation des aptitudes *n.f.*	Eignungsbeurteilung (-,en), *die*
éventail des salaires *n.m.*	Gehaltsspanne (-,n), *die*
évolution de carrière *n.f.*	Karriereverlauf (s,e), *der*
examen *n.m.*	Prüfung (-,en), *die*
examen d'admission *n.m.*	Zulassungsprüfung (-,en), *die*
examen d'aptitude professionnelle *n.m.*	Facharbeiterprüfung (-,en), *die*
examen de maîtrise *n.m.*	Meisterprüfung (-,en), *die*
examen du dossier *n.m.*	Aktenüberprüfung (-,en), *die*
examen médical *n.m.*	Untersuchung, die ärztliche -
exercer une fonction *v.tr.*	ausüben, *v.tr.*, ein Amt
exigences du poste *n.f.pl.*	Stellenanforderung (-,en), *die* / Arbeitsplatzprofil (s,e), *das*
exigences salariales *n.f.pl.*	Lohnforderungen (pl) *die*
expatriation *n.f.*	Auslandsentsendung (-,en), *die*
expatrié(e) *n.m.,f.*	Expatrie (s,s), *der*
expéditeur *n.m.*	Absender (s,-), *der*

expérience *n.f.* .... Erfahrung (-,en), *die*
expérience à l'étranger *n.f.* .... Auslandserfahrung (-,en), *die*
experience professionnelle *n.f.* .... Berufserfahrung (-,en), *die*
expert comptable *n.m.* .... Revisor (s,e), *der*
expertise *n.f.* .... Expertise (-,n), *die*
export *n.m.* .... Export (s,e), *der*
exposé *n.m.* .... Vortrag (es,¨e), *der*
expression des salariés *n.f.* .... Vertretung (-,en) der
                                                                                      Belegschaft, *die*
extraverti *adj.* .... extroviert *adj*
extrinsèque *adj.* .... äußerlich *adj*

F

facteur *n.m.* .... Faktor (s,e), *der*
facture *n.f.* .... Rechnung (-,en), *die*
faculté d'adaptation *n.f.* .... Anpassungsfähigkeit (-, en), *die*
faiblesse *n.f.* .... Schwäche (-,n), *die*
faillite (en) *expr.* .... bankrott *adj*
faute grave *n.f.* .... Vergehen, das schwere -
faute lourde *n.f.* .... Verschulden, das schwere -
faute professionnelle *n.f.* .... Dienstvergehen (s,-), *das*
favoritisme *n.m.* .... Bevorzugung (-,en), *die*
fédération patronale *n.f.* .... Arbeitgeberverband (es,¨e), *der*
feed-back *n.m.* .... Feed-back (s,s), *das*
femme au foyer *n.f.* .... Hausfrau (-,en), *die*
femme seule *n.f.* .... Frau, die alleinstehende -
fermeture d'une entreprise *n.f.* .... Betriebsstillegung (-,en), *die*
feuille d'évaluation *n.f.* .... Schätzungsblatt (es,¨er), *das*
fiche d'état civil *n.f.* .... Standesamtsurkunde (-,n), *die*
fiche de description de poste *n.f.* .... Stellenbeschreibungsbogen
                                                                                      (s,-), *der*
fiche de temps *n.f.* .... Stempelkarte (-,n), *die*
fichier de candidature *n.m.* .... Bewerbungskartei (-,en), *die*
fichier du personnel *n.m.* .... Personalkartei (-,en), *die*
fidélité à l'entreprise *n.f.* .... Betriebstreue (-,/), *die*
filière *n.f.* .... Fachrichtung (-,en), *die*
filière professionnelle *n.f.* .... Berufsgruppe (-,n), *die*
fin de carrière *n.f.* .... Ende der Laufbahn - *expr.*
fixation d'objectifs *n.f.* .... Zielsetzung (-,en), *die*
fixation des salaires *n.f.* .... Gehaltsfindung (-,en), *die*
fixe annuel *n.m.* .... Jahres-Fixgehalt (s,¨er), *das*
flexibilité *n.f.* .... Flexibilität (-,en), *die*
flexible *adj.* .... flexibel *adj*

FO Force Ouvrière *n.f.*	französische Gewerkschaft, *eine*
foire *n.f.*	Messe (-,n), *die*
fonction honorifique *n.f.*	Ehrenamt (s,¨er), *das*
fonction opérationnelle *n.f.*	Linienfunktion (-,en), *die*
fonction Personnel *n.f.*	Personalfunktion (-,en), *die*
fonctionnaire *n.m.f.*	Beamte (n,n), *der*
fondation *n.f.*	Gründung (-,en), *die*
fondé de pouvoir *n.m.*	Prokurist (en,en), *der*
force *n.f.*	Stärke (-,n), *die*
force de loi *expr.*	Gesetzeskraft (-,¨e), *die*
forfait *n.m.*	Akkord (es,e), *der*
formalités d'embauche *n.f.pl.*	Einstellungsformalitäten (pl), *die*
formateur(trice) *n.m.,f.*	Trainer (s,-), *der*
formation *n.f.*	Ausbildung (-,en), *die*
formation alternée *n.f.*	Ausbildung, die duale* -
formation assistée par ordinateur *n.f.*	Ausbildung, die Computer unterstützte -
formation au changement de métier *n.f.*	Umschulung (-,en), *die*
formation au management *n.f.*	Führungsschulung (-,en), *die*
formation continue *n.f.*	Weiterbildung (-,en), *die*
formation générale *n.f.*	Allgemeinbildung (-,en), *die*
formation inter-entreprise *n.f.*	Weiterbildung (-,en) außerhalb der Firma, *die*
formation professionnelle *n.f.*	Ausbildung, die berufliche -
formation spécialisée *n.f.*	Spezialausbildung (-,en), *die*
formation sur le tas *n.f.*	Vor-Ort-Schulung (-,en), *die*
formation technique professionnelle *n.f.*	Fachausbildung (-,en), *die*
formation universitaire *n.f.*	Hochschulbildung (-,en), *die*
former au métier *v.tr.*	einarbeiten *v.tr.*
formulaire *n.m.*	Formblatt (es,¨er), *das*
formulation *n.f.*	Formulierung (-,en), *die*
forum étudiant *n.m.*	Studentenforum (s,en), *das*
frais de déplacement *n.m.pl.*	Reisespesen (pl), *die*
frais de fonctionnement *n.m.pl.*	Betriebskosten (pl), *die*
frontalier *n.m.*	Grenzgänger (s,-), *der*
fusion *n.f.*	Zusammenlegung (-,en), *die*

G

gain de productivité *n.m.*	Produktivitätszuwachs (es,¨e), *der*
garantie de revenu *n.f.*	Verdienstversicherung (-,en), *die*
généraliste *n.m.f.*	Generalist (s,en), *der*
gérant(e) *n.m.,f.*	Geschäftsführer (s,-), *der*

FRANÇAIS – ALLEMAND

gérer *v.tr.* .... führen *v.tr.*
gestion *n.f.* .... Leitung (-,en), *die*
gestion d'entreprise *n.f.* .... Betriebsführung (-,en), *die*
gestion de carrière *n.f.* .... Laufbahngestaltung (-,en), *die*
gestion des hommes *n.f.* .... Menschenführung (-,en), *die*
gestion des ressources humaines *n.f.* .... Personalwirtschaft (-,/), *die*
gestion du personnel *n.f.* .... Personalverwaltung (-,en), *die*
gestion prévisionnelle des ressources
humaines *n.f.* .... Personalplanung (-,en), *die*
graphologie *n.f.* .... Graphologie (-,n), *die*
gravir les échelons de la hiérarchie *v.tr.* .... emporklettern, *v.tr.*, die Stufen
der Hierarchie -
grève *n.f.* .... Streik* (s,s), *der*
grève du zèle *n.f.* .... Arbeit (-,en) nach
Dienstvorschrift, *die*
grève sauvage *n.f.* .... Streik, der wilde -
grief *n.m.* .... Vorwurf (s,¨e), *der*
grille d'analyse *n.f.* .... Analysetabelle (-,n), *die*
grille d'évaluation *n.f.* .... Schätzungstabelle (-,n), *die*
grille salariale *n.f.* .... Entgelttabelle (-,n), *die*
groupe *ad hoc n.m.* .... Gruppe (-,n), die *ad hoc* -
groupe d'âge *n.m.* .... Altersgruppe (-,n), *die*
groupe de référence *n.m.* .... Bezugsgruppe (-,n), *die*
groupe de travail autonome *n.m.* .... Arbeitsgruppe, die autonome -
guide d'entretien *n.m.* .... Richtlinien (pl) für
Vorstellungsgespräche, *die*

H

handicapé(e) *n.m.,f.* .... Schwerbehinderte (n,n), *der*
harcèlement sexuel *n.m.* .... Belästigung, die sexuale -
hebdomadaire *adj.* .... wöchenlich *adj*
heure récupérable *n.f.* .... Stunde, die nachzuholende -
heure supplémentaire *n.f.* .... Überstunde (-,n), *die*
heures de bureau *n.f.pl.* .... Dienstzeit (-,en), *die*
heures de travail *n.f.pl.* .... Arbeitsstunde (-,n), *die*
heures de travail non effectuées *n.f.pl.* .... Ausfallzeit (-,en), *die*
hiérarchie *n.f.* .... Linien (pl), *die*
hiérarchie des besoins *n.f.* .... Bedürfnisskala (/), *die*
hiérarchisation *n.f.* .... Ranggliederung (-,en), *die*
hiérarchiser *v.tr.* .... einordnen, *v.tr.* , in einer
Hierarchie
honoraire *n.m.* .... Honorar (s,e), *das*

horaire flexible *n.m.*..................... Gleitzeit (-,en), *die*
hypothèque *n.f.*........................... Hypothek (-,en), *die*

I

IAE Institut d'Administration
des Entreprises *n.m.*.................... Institut für Betriebswirtschafts-
lehre (in französischen
Universitäten), *ein*
identité *n.f.*................................ Identität (-,en), *die*
IFOP (Institut Français
d'Opinion Publique) *n.m.*................ französisches Institut für
Meinungsforschung
imagination *n.f.*........................... Phantasie (-,n), *die*
immigrant *n.m.*............................ Einwanderer (s,-), *der*
implantation *n.f.*.......................... Standort (es,e), *der*
implication *n.f.*........................... Engagement (s,-), *das*
imposable *adj.*............................ steuerpflichtig *adj*
imposition *n.f.*............................ Besteuerung (-,en), *die*
imposition forfaitaire *n.f.*................ Pauschalbesteuerung (-,en), *die*
impôt sur les salaires *n.m.*.............. Lohnsteuer (-,n), *die*
inapproprié *adj.*.......................... ungeeignet *adj*
incapacité de travail *n.f.*................ Arbeitsunfähigkeit (-,en), *die*
incapacité partielle *n.f.*.................. Arbeitsfähigkeit, die
verminderte -
incident technique *n.m.*.................. Störung, die technische -
incitation *n.f.*............................. Anregung (-,en), *die*
incompatibilité *n.f.*....................... Unvereinbarkeit (-, en), *die*
incompétence *n.f.*........................ Inkompetenz (-,en), *die*
incompétent *adj.*......................... zuständig (nicht) , *adj*
incorporation dans l'armée *n.f.*.......... Einberufung (-,en) (bezogen
auf den Wehrdienst), *die*
indemnisation *n.f.*........................ Entschädigung (-,en), *die*
indemnité *n.f.*............................. Abfindungssumme (-,en), *die*
indemnité compensatrice *n.f.*............ Ausgleichsentschädigung
(-,en), *die*
indemnité d'apprentissage *n.f.*........... Lehrlingsvergütung (-,en), *die*
indemnité de licenciement *n.f.*........... Entlassungsabfindung (-,en), *die*
indemnité de séjour *n.f.*................. Aufenthaltsentschädigung
(-,en), *die*
indemnité forfaitaire *n.f.*................ Pauschalabfindung (-,en), *die*
indemnité kilométrique *n.f.* .... Kilometergeld (es, er), *das*
indemnité maladie *n.f.*................... Krankengeld (es,er), *das*
indemnité pour frais professionnels *n.f.*......... Arbeitsaufwandsentschädigung
(-,en), *die*

indemnité pour perte de salaire *n.f.* .... Ausfallvergütung (-,en), *die*
indexation *n.f.* .... Indexierung (-,en), *die*
indicateur *n.m.* .... Indikator (s,en), *der*
indice *n.m.* .... Index (es,e), *der*
industrie *n.f.* .... Industrie (-,n), *die*
industrie à domicile *n.f.* .... Heimindustrie (-,n), *die*
inefficace *adj.* .... unwirksam *adj*
inefficacité *n.f.* .... Unwirksamkeit (-,en), *die*
inexpérience *n.f.* .... Unerfahrenheit (-, en), *die*
influence *n.f.* .... Einfluß (es,¨e), *der*
informaticien(ne) *n.m.,f.* .... Informatiker (s, -), *der*
information *n.f.* .... Information (-,en), *die*
information ascendante *n.f.* .... Information (-,en), die von unten nach oben -
information descendante *n.f.* .... Information (-,en), die von oben nach unten -
information horizontale *n.f.* .... Information, die horizontale -
information judiciaire *n.f.* .... Information, die gerichtliche -
informatique *n.f.* .... Informatik (/), *die*
informatisation *n.f.* .... Informatisierung /), *die*
ingénierie *n.f.* .... Engineering (-,/), *das*
ingénieur *n.m.f.* .... Ingenieur (s,e), *der*
ingénieur-conseil *n.m.f.* .... Ingenieur, der beratende -
initiation *n.f.* .... Einarbeitung (-,en), *die*
initiative *n.f.* .... Initiative (-,n), *die*
innovation *n.f.* .... Neuerung (-,en), *die*
innover *v.intr.* .... erfinden *v.tr.*
inscription *n.f.* .... Anmeldung (-,en), *die*
inscription au chômage *n.f.* .... Meldung (-,en) als Arbeitsloser, *die*
INSEE (Institut National de la Statistique et des Études economiques) *n.m.* .... französisches Institut für Statistik und Wirtschaftstudien
inspecteur du travail* *n.m.* .... Arbeitsinspektor (s,e), *der*
inspection *n.f.* .... Inspektion (-,en), *die*
inspection du travail *n.f.* .... Gewerbeaufsichtsamt(s,¨er), *das*
institutionnel *adj.* .... institutionell *adj*
instructeur *n.m.* .... Ausbilder (s,-), *der*
instruction *n.f.* .... Arbeitsanweisung (-,en), *die*
instruction judiciaire *n.f.* .... Untersuchung (-,en), *die*
intégration *n.f.* .... Integration (-,en), *die*
interaction *n.f.* .... Interaktion (-,en), *die*
interdiction d'exercer une profession *n.f.* .... Berufsverbot (es,e), *das*
interdiction de séjour *n.f.* .... Aufenthaltsverbot (s,e), *das*
interdiction de travailler la nuit *n.f.* .... Nachtarbeitsverbot (es,e), *das*
intéressement* *n.m.* .... Gewinnbeteiligung (-,en), *die*
intérim *n.m.* .... Zwischenzeit (-,en), *die*

intérimaire *n.m.f.*	Leiharbeitnehmer (s,-), *der*
interlocuteur en affaires *n.m.*	Geschäftspartner (s,-), *der*
interprète *n.m.f.*	Dolmetscher (s,-), *der*
interprofessionnel *adj.*	überfachlich *adj*
interview d'embauche *n.f.*	Einstellungsgespräch (s,e), *das*
intitulé du poste *n.m.*	Stellenbezeichnung (-,en), *die*
introduction *n.f.*	Einführung (-,en), *die*
introverti *adj.*	introviert *adj*
inventaire de la personnalité *n.m.*	Persönlichkeitsinventar (s,e), *das*
inventaire des compétences *n.m.*	Bestandsverzeichnis (ses,se) der Kompetenzen, *das*

J

jeu de rôle *n.m.*	Rollenspiel (s,e), *das*
JO Journal Officiel *n.m.*	Amtsblatt (es,¨er), *das*
jour de congé *n.m.*	Tag, der freie -
jour de la paie *n.m.*	Lohntag (es,e), *der*
jour férié *n.m.*	Feiertag (es,e), *der*
jour ouvrable *n.m.*	Arbeitstag (es,e), *der*
journal d'entreprise *n.m.*	Werkzeitung (-,en), *die*
juge d'un tribunal de travail *n.m.*	Arbeitsrichter (s,-), *der*
juriste *n.m.f.*	Jurist (en,en), *der*

L

land *n.m.*	Land (es,länder), *das*
langage informatique *n.m.*	Programmiersprache (-,n), *die*
langue étrangère *n.f.*	Fremdsprache (-,n), *die*
leader *n.m.*	Chef (s,s), *der*
leader syndical *n.m.*	Gewerkschaftsführer (s,-), *der*
leadership *n.m.*	Leadership, *das*
learning by doing *n.m.*	Vor-Ort Schulung (/), *die*
lecteur de badge *n.m.*	Stempeluhr (-,en), *die*
lettre d'avertissement *n.f.*	Mahnbrief (s,e), *der*
lettre d'embauche *n.f.*	Einstellungsbrief (s,e), *der*
lettre de candidature *n.f.*	Bewerbungsschreiben (s,-), *das*
lettre de convocation *n.f.*	Einberufungsschreiben (s,-), *das*
lettre de démission *n.f.*	Kündigungsbrief (s,e), *der*
lettre de félicitations *n.f.*	Glückwunschschreiben (s,-), *das*
lettre de licenciement *n.f.*	Entlassungsbrief (s,e), *der*

lettre de remerciements *n.f.* .... Dankesschreiben (s,-), *das*
lettre manuscrite *n.f.* .... Brief, der handgeschriebene -
libéré des obligations militaires *adj.* .... von der Wehrpflicht befreit, *adj*
liberté syndicale *n.f.* .... Recht, das gewerkschaftliche -
licence *n.f.* .... französisches Uni-Diplom
licenciement *n.m.* .... Kündigung (-,en), *die*
licenciement abusif *n.m.* .... Kündigung, die
                                                                           ungerechtfertigte -
licenciement collectif *n.m.* .... Massenentlassung (-,en), *die*
licenciement immédiat *n.m.* .... Kündigung, die fristlose -
                                                                           Dienstentlassung (-,en), *die*
licenciement pour cause économique *n.m.* .... Kündigung, die
                                                                           betriebsbedingte -
licenciement pour faute grave *n.m.* .... Kündigung (-,en) aus triftigem
                                                                           Grund, *die*
lié à la performance *adj.* .... leistungsabhängig *adj*
lien de dépendance *n.m.* .... Anhängigkeitverhältnis
                                                                           (ses,sse), *das*
lieu de formation *n.m.* .... Ausbildungsort (-), *der*
lieu de naissance *n.m.* .... Geburtsort (s,e), *der*
lieu de production *n.m.* .... Produktionsort (es,e), *der*
lieu de travail *n.m.* .... Arbeitsstelle (-,n), *die*
liste *n.f.* .... Liste (-,n), *die*
liste des salaires *n.f.* .... Gehaltsliste (-,n), *die*
local reservé au service *n.m.* .... Dienstraum (es,ˮe), *der*
logement de fonction *n.m.* .... Dienstwohnung (-,en), *die*
logiciel *n.m.* .... Software (-), *die*
logistique *n.f.* .... Logistik (/), *die*
loi *n.f.* .... Gesetz (es,e), *das*
loisirs (proposés par
le comité d'entreprise) *n.m.pl.* .... Freizeitangebot (s,e), *das*
lycée *n.m.* .... Gymnasium (s,ien), *das*

M

macro-économie *n.f.* .... Makroökonomie (-), *die*
main-d'œuvre *n.f.* .... Arbeitskräfte (pl), *die*
main-d'œuvre qualifiée *n.f.* .... Facharbeitskräfte (pl), *die*
maintien du salaire *n.m.* .... Lohnfortzahlung (-,en), *die*
maître de stage *n.m.* .... Ausbildungsleiter (s,-), *der*
maîtrise (catégorie professionnelle) *n.f.* .... Meisterschaft (-,en), *die*
maîtrise (diplôme) *n.f.* .... Magister (s,-), *der*
maîtriser *v.tr.* .... meistern *v.tr.*
majoration salariale *n.f.* .... Lohnzuwachs (es,ˮe), *der*

maladie *n.f.*	Krankheit (-,en), *die*
maladie professionnelle *n.f.*	Berufskrankeit (-,en), *die*
management *n.m.*	Management (s,/), *das*
management autoritaire *n.m.*	Führung, die autoritäre -
management coopératif *n.m.*	Führung, die kooperative -
management par objectifs *n.m.*	Führung, die zielorientierte -
management participatif *n.m.*	partnerschaftliche Management, *das*
manager *n.m.*	Manager (s,-), *der*
manager *v.tr.*	leiten *v.tr.*
manager opérationnel *n.m.*	Linienmanager (s,-), *der*
managérial *adj.*	Management bezogen *adj*
manifestation *n.f.*	Demonstration (-,en), *die*
manque de personnel *n.m.*	Personalmangel (s,¨), *der*
manuel *n.m.*	Lehrbuch (s, ¨er), *das*
manuscrit *adj.*	handgeschrieben *adj*
marché de référence *n.m.*	Vergleichmarkt (es,¨e), *der*
marché du travail *n.m.*	Arbeitsmarkt (es,¨e), *der*
marché du travail local *n.m.*	Arbeitsmarkt, der lokale -
marché intérieur *n.m.*	Binnenmarkt (es, e), *der*
marge de négociation *n.f.*	Verhandlungsspielraum (es,¨e), *der*
marié *adj.*	verheiratet *adj*
marketing *n.m.*	Marketing (s,/), *das*
masse salariale *n.f.*	Lohnsumme (-,n), *die*
MBA Master of Business Administration *n.m.*	MBA (/), *der*
mécontentement *n.m.*	Unzufriedenheit (-,en), *die*
médaille du travail *n.f.*	Arbeitsmedaille (-,n), *die*
médecine du travail *n.f.*	Arbeitsmedizin (-), *die*
médiation *n.f.*	Vermittlung (-,en), *die*
membre du directoire *n.m.*	Vorstandsmitglied (s,er), *das*
membre du personnel *n.m.*	Personalmitglied (s,er), *das*
membre du personnel d'une entreprise *n.m.*	Betriebsangehörige (n,n), *der*
mensualisation de l'impôt *n.f.*	Steuerabzahlung, die monatliche -
mensualisation des salaires *n.f.*	Entlohnung, die monatliche -
mensualité *n.f.*	Monatsrate (-,n), *die*
mentor *n.m.*	Mentor (s,en), *der*
mesure discriminatoire *n.f.*	Maßnahmen (pl), die diskriminierende -
mesure pour l'emploi *n.f.*	Beschaffungsmaßnahme (-,n), *die*
mesure pour la création d'emploi *n.f.*	ABM Arbeitsbeschaffungs- maßnahme (-,n), *die*
méta-analyse *n.f.*	Metaanalyse (-,n), *die*
méthode d'apprentissage *n.f.*	Lehrmethode (-,n), *die*
méthode de formation *n.f.*	Schulungsmethode (-,n), *die*

méthode de sélection *n.f.*	Auswahlmethode (-,n), *die*
méthode de travail *n.f.*	Arbeitsmethode (-,n), *die*
méthode des cas *n.f.*	Fallmethode (-,n), *die*
méthode des incidents critiques *n.f.*	Methode (-,n) der kritische Zwischenfälle, *die*
mettre en œuvre *v.tr.*	durchführen *v.tr.*
mettre une question en délibération *v.tr.*	stellen *v.tr.*, eine Frage zur Beratung
micro-économie *n.f.*	Mikro-ökonomie (/), *die*
ministère du Travail et de l'Emploi *n.m.*	Arbeitsministerium (s, ien), *das*
minorité ethnique *n.f.*	Minorität, die ethnische -
mise en œuvre *n.f.*	Durchführung (-,en), *die*
mission *n.f.*	Auftrag (s,¨e), *der*
mobilité *n.f.*	Beweglichkeit (-,en), *die*
mobilité fonctionnelle *n.f.*	Mobilität, die funktionnelle -
mobilité professionnelle *n.f.*	Mobilität, die berufliche -
mois de salaire *n.m.*	Monatsgehalt (s,¨er), *das*
monde du travail *n.m.*	Arbeitswelt (-,en), *die*
montant *n.m.*	Betrag (es,¨e), *der*
montant compensatoire *n.m.*	Ausgleichsbetrag (es,¨e), *der*
monter en grade *v.intr.*	aufrücken *v.intr.*
morphopsychologie *n.f.*	Gestaltpsychologie (-,n), *die*
motif de licenciement *n.m.*	Kündigunsgrund (s,¨e), *der*
motivation *n.f.*	Motivation (-,en), *die*
motivation professionnelle *n.f.*	Berufsmotivation (-,en), *die*
motivé *adj.*	leistungswillig *adj*
motiver *v.tr.*	motivieren *v.tr.*
mouvement de personnel *n.m.*	Personalbewegung (-,en), *die*
mouvement de succession *n.m.*	Nachfolgebewegung (-,en), *die*
mouvement syndical *n.m.*	Gewerkschaftsbewegung (-,en), *die*
moyenne d'âge *n.f.*	Altersdurchschnitt (s,e), *der*
multinationale *n.f.*	Multinationale (-,n), *die*
mutation *n.f.*	Versetzung (-,en), *die*
mutilé du travail *n.m.*	Arbeitsinvalide (n,n), *der*

N

nationalité *n.f.*	Staatsangehörigkeit (-,en), *die*
naturaliser *v.tr.*	einbürgen *v.tr.*
négociation *n.f.*	Verhandlung (-,en), *die*
négociation collective *n.f.*	Tarifverhandlung (-,en), *die*
négociation collective sur les salaires *n.f.*	Lohntarifverhandlungen (pl), *die*
négociation d'objectifs *n.f.*	Zielvereinbarung (-,en), *die*

négociation salariale *n.f.* .... Lohnrunde (-,n), *die*
niveau de direction *n.m.* .... Führungsstufe (-,n), *die*
niveau de formation *n.m.* .... Ausbildungsstand (s,¨e), *der*
niveau de rendement *n.m.* .... Leistungsniveau (s,s), *das*
niveau de vie *n.m.* .... Lebensstandard (s,e), *der*
niveau des salaires *n.m.* .... Lohnniveau (s,s), *das*
niveau hiérarchique *n.m.* .... Staffelung (-,en), *die*
nivellement *n.m.* .... Schlichtung (-,en), *die*
nom de famille *n.m.* .... Familienname (s,n), *der*
nombre de points *n.m.* .... Punktezahl (-,en), *die*
nombre de sans-emploi *n.m.* .... Arbeitslosenzahl (-,en), *die*
nomination *n.f.* .... Ernennung (-,en), *die*
nommer *v.tr.* .... berufen *v.tr.*
non-actifs *n.m.pl.* .... Bevölkerung, die nicht
                                                                          erwerbstätige -
notation *n.f.* .... Bewertung (-,en), *die*
note manuscrite *n.f.* .... Vermerk, der handschriftliche -
notification de vacance de poste *n.f.* .... Stellenausschreibung (-,en), *die*
notifier *v.tr.* .... bekanntmachen *v.tr.*
numéro de Sécurité sociale *n.m.* .... Sozialversicherungsnummer
                                                                          (-,n), *die*

O

objectif *n.m.* .... Objektiv (es,e), *das*
objectif de carrière *n.m.* .... Laufbahnziel (es,e), *das*
objectif de formation *n.m.* .... Schulungsziel (s,e), *das*
objectif de rendement *n.m.* .... Leistungsprogramm (s,e), *das*
obligation contractuelle *n.f.* .... Verpflichtung, die vertragliche -
obtenir un emploi *v.tr.* .... erlangen *v.tr.*, einen Posten
obtention d'un visa *n.f.* .... Visabeschaffung (-,en), *die*
office de conciliation *n.m.* .... Einigungsstelle* (-,en), *die*
officiel *adj.* .... offiziell *adj*
offre d'emploi *n.f.* .... Arbeitsangebot (s,e), *das*
OIT Organisation Internationale du Travail *n.f.*.... IAO Internationale
                                                                          Arbeitsorganisation (-,en), *die*
opportunité *n.f.* .... Gelegenheit (-,en), *die*
opportunité de carrière *n.f.* .... Karriereangebot (s,e), *das*
optimiser *v.tr.* .... optimieren *v.tr.*
ordinateur *n.m.* .... Computer (s,-), *der*
ordre *n.m.* .... Weisung (-,en), *die*
ordre du jour *n.m.* .... Tagesordnung (-,en), *die*
ordre hiérarchique *n.m.* .... Ordnung, die hierarchische -

FRANÇAIS – ALLEMAND

organe de direction *n.m.*	Leitungsorgan (es,e), *das*
organigramme *n.m.*	Stellenplan (s,¨e), *der*
organigramme de remplacement *n.m.*	Nachfolgeplan (s,¨e), *der*
organisation *n.f.*	Organisation (-,en), *die*
organisation centrale *n.f.*	Dachorganisation (-,en), *die*
organisation du travail *n.f.*	Arbeitsorganisation (-,en), *die*
organisation professionnelle *n.f.*	Berufsverband (es,¨e), *der*
organisation scientifique du travail *n.f.*	Arbeitsgestaltung, die wissenschaftliche -
organisation syndicale *n.f.*	Arbeitnehmerverband (es,¨e),*der*
organisme *n.m.*	Organisation (-,en), *die*
orientation *n.f.*	Orientierung (-,en), *die*
orientation professionnelle *n.f.*	Berufsberatung (-,en), *die*
OS Ouvrier Spécialisé *n.m.*	Arbeiter, der angelernte -
outil de management *n.m.*	Führungsinstrument (s,en), *das*
outplacement *n.m.*	Outplacement (s,-), *das*
ouvrier(ère) *n.m.,f.*	Arbeiter (s,-), *der*
ouvrier(ère) non qualifié(e) *n.m.,f.*	Arbeiter, der ungelernte -
ouvrier(ère) qualifié(e) *n.m.,f.*	Facharbeiter (s,-), *der*

P

paiement à la commission *n.m.*	Bezahlung (-,en), *die*
paix sociale *n.f.*	Arbeitsfriede (ns,n), *der*
par la voie hiérarchique *expr.*	adD auf dem Dienstweg, *expr.*
par tête *expr.*	je Kopf, *expr.*
parcours professionnel *n.m.*	Berufsweg (s,e), *der*
parrainage *n.m.*	Betreuung (-,en), *die*
part variable du salaire *n.f.*	Gehaltsanteil, der variable -
partager *v.tr.*	teilen *v.tr.*
partenaire *n.m.f.*	Partner (s,-), *der*
partenaires sociaux *n.m.pl.*	Tarifpartner (s,-), *der*
participant(e) *n.m.,f.*	Teilnehmer (s,-), *der*
participation* aux résultats *n.f.*	Erfolgsbeteiligung (-,en), *die*
participation des employés *n.f.*	Beteiligung (-,en) der Mitarbeiter, *die*
passage cadre *n.m.*	Umstufung (-,en), zum Führungskräfte-Statut, *die*
passeport *n.m.*	Reisepaß (sses,¨e), *der*
passer à l'ordre du jour *v.tr.*	übergehen, *v.tr.*, zur Tagesordnung
patronat *n.m.*	Arbeitgeberschaft (-,en), *die*

pause de récupération *n.f.*	Erholungspause (-,n), *die*
pause repos *n.f.*	Ruhepause (-,n), *die*
payable en mensualités *adj.*	zahlbar, in Monatsraten *expr.*
paye *n.f.*	Lohn (s, ¨e), *der*
pays d'origine *n.m.*	Ursprungsland (es,¨er), *das*
pédagogique *adj.*	pädagogisch *adj*
pension de retraite *n.f.*	Altersrente (-,n), *die*
pénurie de main-d'œuvre *n.f.*	Arbeitskräftemangel (s,¨n), *der*
période d'essai *n.f.*	Probezeit (-,en), *die*
permission *n.f.*	Erlaubnis (-,se), *die*
personnalité du candidat *n.f.*	Persönlichkeit (-,en) des Bewerbers, *die*
personne handicapée *n.f.*	Behinderte (n,n), *der*
personne morale *n.f.*	Person (-,en), die juristische -
personne physique *n.f.*	Person (-,en), die natürliche -
personnel *n.m.*	Personal (s,/), *das*
personnel auxiliaire *n.m.*	Aushilfspersonal (s,e), *das*
personnel de l'entreprise *n.m.*	Betriebspersonal (s), *das*
personnel de surveillance *n.m.*	Aufsichtpersonal (s,/), *das*
personnel employé à mi-temps *n.m.*	Halbtagskraft (-,¨e), *die*
personnel permanent *n.m.*	Personal, das ständige -
personnel qualifié *n.m.*	Fachpersonal (s), *das*
perspective d'évolution *n.f.*	Entwicklungsaussicht (-,en), *die*
perspective de carrière *n.f.*	Aufstiegserwartung (-,en), *die*
perspective de promotion *n.f.*	Beförderungsaussicht (-,en), *die*
perte de travail *n.f.*	Arbeitsausfall (s,¨e), *die*
philosophie de l'entreprise *n.f.*	Unternehmensphilosophie (-,n), *die*
pilotage de carrière *n.m.*	Karrieresteuerung (-,en), *die*
piquet de grève *n.m.*	Streikposten (pl), *die*
piston *n.m.*	Vitamin B (/), *das*
place stable *n.f.*	Dauerstellung (-,en), *die*
plafond *n.m.*	Höchstgrenze (-,n), *die*
plafond d'assujettissement *n.m.*	Versicherungspflichtgrenze (-,n), *die*
plafond de rémunération *n.m.*	Höchstlohn (s,-), *der*
plan d'épargne *n.m.*	Sparplan (es,¨e), *der*
plan de carrière *n.m.*	Karriereplan (s,¨e), *der*
plan de formation* *n.m.*	Ausbildungsplanung (-,en), *die*
plan de remplacement *n.m.*	Nachfolgeplanung (-,en), *die*
plan social *n.m.*	Sozialplan (s,¨e), *der*
planification *n.f.*	Planung (-,en), *die*
planification dans l'entreprise *n.f.*	Unternehmensplanung (- ,en), *die*
planification de carrières *n.f.*	Laufbahnplanung (-,en), *die*
planification de la production *n.f.*	Produktionsplanung (-,en), *die*
planification stratégique *n.f.*	Planung, die strategische -

plein temps *expr.*	Vollzeit (-,en), *die*
pluralisme syndical *n.m.*	Vertretung (-,en) der Arbeitsnehmer durch mehrere Gewerkschaften, *die*
PME Petites et Moyennes Entreprises *n.f.pl.*	Klein- u. Mittelbetriebe (pl), *die*
PMI Petites et Moyennes Industries *n.f.pl.*	Industrie, die mittelständische -
point mort *n.m.*	Stillstand (es,¨e), *der*
pointeuse *n.f.*	Stechuhr (-,en), *die*
politique *n.f.*	Politik (-,en), *die*
politique collective des salaires *n.f.*	Tarifpolitik (-,/), *die*
politique d'égalité des chances *n.f.*	Politik (-,en) der Chancengleichheit , *die*
politique de l'entreprise *n.f.*	Betriebspolitik (-,en), *die*
politique du personnel *n.f.*	Personalpolitik (-,en), *die*
politique en matière de santé *n.f.*	Gesundheitspolitik (-,en), *die*
politique salariale *n.f.*	Gehaltpolitik (-,en), *die*
population active *n.f.*	Erwerbstätigen (pl), *die*
poser sa candidature *v.tr.*	bewerben (sich) *v.pr.*
position de management *n.f.*	Führungsposition (-,en), *die*
possibilité *n.f.*	Möglichkeit (-,en), *die*
poste *n.m.*	Stelle (-,n), *die*
poste à pourvoir *n.m.*	Stelle (-,n), die offene -
poste cible *n.m.*	Zielstelle (-,n), *die*
poste d'assistant *n.m.*	Assistentenstelle (-,n), *die*
poste d'encadrement *n.m.*	Führungsposition (-,en), *die*
poste de confiance *n.m.*	Vertrauensstellung (-,en), *die*
poste de fin de carrière *n.m.*	Position (-,en), die End-Laufbahn -
poste de travail *n.m.*	Arbeitsplatz (es,¨e), *der*
poste évolutif *n.m.*	Aufstiegsposition (-,en), *die*
poste tremplin *n.m.*	Entwicklungsstelle (-,n), *die*
poste vacant *n.m.*	Vakanz (-,en), *die*
potentiel *n.m.*	Potential (s,e), *das*
potentiel de développement *n.m.*	Aufstiegspotential (s,e), *das*
pourcentage *n.m.*	Prozent (es,e), *das*
pouvoir *n.m.*	Macht (-,¨e), *der*
pouvoir de décision *n.m.*	Entscheidungsbefugnis (-,se), *die*
pratique *n.f.*	Praxis (-,xen), *die*
préavis *n.m.*	Frist (-,en), *die*
préavis de grève *n.m.*	Streikankündigung (-,en), *die*
préavis de licenciement *n.m.*	Kündigungsfrist (-,en), *die*
prénom *n.m.*	Vorname (s,n), *der*
préséance *n.f.*	Vorrang (s,/), *der*
présélection *n.f.*	Vorauswahl (-,en), *die*
présélectionner *v.tr.*	vorwählen *v.tr.*
présence *n.f.*	Anwesenheit (-,en), *die*

président *n.m.*	Präsident (en,en), *der*
président du conseil d'administration *n.m.*	Verwaltungsratsvorsitzende (n,n), *der*
prétention salariale *n.f.*	Gehaltsvorstellung (-,en), *die*
prévention des accidents *n.f.*	Unfallverhütung (-,en), *die*
prévision *n.f.*	Prognose (-,n), *die*
prévision de l'offre *n.f.*	Angebotsvoraussage (-,n), *die*
prévision de la demande *n.f.*	Nachfragevoraussage (-,n), *die*
prévision de la main-d'œuvre *n.f.*	Personalbedarfsplanung (-,en), *die*
prime *n.f.*	Prämie (-,n), *die* / Bonus (ses,i), *der*
prime au rendement *n.f.*	Akkordzuschlag (es,ˤe), *der*
prime d'ancienneté *n.f.*	Dienstalterszulage (-,n), *die*
prime d'encouragement *n.f.*	Anreizprämie (-,n), *die*
prime de productivité *n.f.*	Leistungsprämie (-,n), *die*
principe d'autonomie *n.m.*	Autonomieprinzip (s,ien), *das*
principe d'équivalence *n.m.*	Äquivalenzprinzip (s,ien), *das*
principe de Peter *n.m.*	Peter-Prinzip (/), *das*
prise de décision *n.f.*	Beschlußfassung (-,en), *die*
prise de fonction *n.f.*	Amtsantritt (s,e), *der*
problème d'organisation *n.m.*	Organisationsproblem (-,e), *das*
procédé technique *n.m.*	Verfahrenstechnik (-,en), *die*
procédure *n.f.*	Verfahren (s,-), *das*
procédure de sélection *n.f.*	Auswahlverfahren (s,-), *das*
procédure disciplinaire *n.f.*	Disziplinarverfahren (s,-), *das*
processus de décision *n.m.*	Entscheidungsprozeß (ses,se), *der*
processus *n.m.*	Prozeß (sses,sse), *der*
processus de recrutement *n.m.*	Anstellungsverfahren (s,/), *das*
proche de la pratique *expr.*	praxisnah *adj*
procuration *n.f.*	Prokura (-,en), *die*
production *n.f.*	Produktion (-,en), *die*
productivité *n.f.*	Produktivität (-,/), *die*
professionnalisation *n.f.*	Professionalisierung (-,en), *die*
professionnel *adj.*	beruflich, *adj*
professionnel de GRH *n.m.*	Personalprofi (s,s), *der*
profil *n.m.*	Profil (s,e), *das*
profil de personnalité *n.m.*	Persönlichkeitsprofil (s,e), *das*
profil de recrutement *n.m.*	Anforderungsprofil (s,e), *das*
profil du candidat *n.m.*	Bewerberprofil (s,e), *das*
programme d'apprentissage *n.m.*	Lehrgang (es,ˤe), *der*
programme de formation *n.m.*	Ausbildungsprogramm (s,e), *das*
programme informatique *n.m.*	EDV Programm (s,e), *das*
progression des salaires *n.f.*	Lohnsteigerung (-,en), *die*
projet *n.m.*	Projekt (es,e), *das*
projet de l'entreprise *n.m.*	Leitbild (es,er), *das*

projet professionnel *n.m.* .... Ziel, das berufliche -
prolonger un délai *v.tr.* .... verlängern, *v.tr.*, einen Frist
promotion *n.f.* .... Aufstieg (s,e), *der*
promotion à l'ancienneté *n.f.* .... Beförderung (-,en) nach dem
                                                                                          Dienstalter, *die*
proportionnel *adj.* .... proportional *adj*
proposition *n.f.* .... Vorschlag (es,¨e), *der*
proposition de formation *n.f.* .... Bildungsangebot (s,e), *das*
propriété *n.f.* .... Eigentum (s,¨er), *das*
protection du travail *n.f.* .... Arbeiterschutz (es,/), *der*
Prud'hommes* *n.m.pl.* .... Arbeitsgericht (s,e), *das*
psychologie organisationnelle *n.f.* .... Psychologie, die
                                                                                          organisatorische -
psychologue *n.m.f.* .... Psychologe (n,n), *der*
psychométrie *n.f.* .... Psychometrie (-,n), *die*
public visé *n.m.* .... Zielpublikum (s,e), *das*
publication *n.f.* .... Verröffentlichung (-,en), *die*
publicité *n.f.* .... Werbung (-,en), *die*
publicité en interne *n.f.* .... Stellenausschreibung (-,en), *die*
psychotechnique *adj.* .... psycho-technisch, *adj.*
pyramide des âges *n.f.* .... Alterspyramide (-,n), *die*
pyramide des salaires *n.f.* .... Lohnpyramide (-,n), *die*

Q

QI quotient intellectuel *n.m.* .... IQ Intelligenzquotient (s,s), *der*
qualification *n.f.* .... Qualifikation (-,en), *die*
qualification du travail *n.f.* .... Arbeitsbewertung (-,en), *die*
qualification professionnelle *n.f.* .... Berufsqualifikation (-,en), *die*
qualitatif *adj.* .... qualitativ *adj*
qualité *n.f.* .... Eigenschaft (-,en), *die*
qualité de la vie *n.f.* .... Lebensqualität (-,/), *die*
quantitatif *adj.* .... quantitativ *adj*
quantité de travail *n.f.* .... Arbeitsmenge (-,n), *die*
question fermée *n.f.* .... Frage, die geschlossene -
question ouverte *n.f.* .... Frage, die offene -
questionnaire d'évaluation *n.m.* .... Beurteilungsbogen (s,-), *der*
quitter des fonctions *v.tr.* .... ausscheiden *v.tr.*
quotidien *adj.* .... täglich *adj*

R

R&D Recherche et Développement *n.f.*	F&E Forschung und Entwicklung, *die*
raison sociale *n.f.*	Firmenname (s,n), *der*
rappel sur salaire *n.m.*	Lohnnachzahlung (-,en), *die*
rapport *n.m.*	Bericht (s,e), *der*
rapport d'activité *n.m.*	Geschäftsbericht (es,e), *der*
rapport entre employeur et employé *n.m.*	Arbeitsverhältnis (ses,se), *das*
rapporter *v.tr.*	berichten *v.tr.*
rationalisation du travail *n.f.*	Arbeitseinsparung (-,en), *die*
réalisation de soi *n.f.*	Selbsverwirklichung (-,en), *die*
recensement des postes vacants *n.m.*	Beschreibung (-,en) der offenen Stellen, *die*
recherche d'emploi *n.f.*	Arbeitssuche (-,/), *die*
reclassement *n.m.*	Umgruppierung (-,en), *die*
récompense *n.f.*	Belohnung (-,en), *die*
reconversion *n.f.*	Umgestaltung (-,en), *die*
recours à la main-d'œuvre *n.m.*	Arbeitseinsatz (es, ¨e), *der*
recruter *v.tr.*	einstellen *v.tr.*
recrutement *n.m.*	Einstellung (-,en), *die* / Rekrutierung (-,en), *die*
recrutement externe *n.m.*	Personalbeschaffung, die ausserbetriebliche -
recrutement interne *n.m.*	Personalbeschaffung, die innerbetriebliche -
recruteur *n.m.*	Interviewer (s,-), *der*
rédaction d'un contrat *n.f.*	Ausfertigung eines Vertrags, *die*
réduction de personnel *n.f.*	Personalabbau (s,/), *der*
réduction des effectifs *n.f.*	Personalabbau (s,/), *der*
réduction du temps de travail *n.f.*	Arbeitszeitverkürzung (-,en), *die*
référence du dossier *n.f.*	Aktenzeichen (s,-), *das*
règle de sécurité *n.f.*	Sicherheitsregel (-,n), *die*
règle du jeu *n.f.*	Spielregel (-,n), *die*
règlement intérieur de l'entreprise *n.m.*	Betriebsordnung (-,en), *die*
réglementation *n.f.*	Regelung (-,en), *die*
réglementation contractuelle tarifaire *n.f.*	Regelung, die tarifvertragliche -
réglementation du travail *n.f.*	Arbeitsregelung (-,en), *die*
réintégration *n.f.*	Wiedereingliederung (-,en), *die*
rejeter une demande *v.tr.*	ablehnen *v.tr.*
relation de parrainage *n.f.*	Mentor-Beziehung (-,en), *die*
relations avec les employés *n.f.pl.*	Beziehungen (pl) mit den Mitarbeitern, *die*
relations de travail *n.f.pl.*	Arbeitsbeziehungen (pl), *die*
relations fonctionnelles *n.f.pl.*	Stabsbeziehungen (pl), *die*
relations hiérarchiques *n.f.pl.*	Linienbeziehungen (pl), *die*

relations humaines *n.f.pl.*	Menschenbeziehungen (pl), *die*
relations opérationnelles *n.f.pl.*	Unternehmungsbeziehungen (pl), *die*
relève de l'équipe *n.f.*	Schichtwechsel (s,-), *der*
relevé des absences *n.m.*	Abwesenheitsliste (-,n), *die*
relèvement des salaires *n.m.*	Lohnerhöhung (-,en), *die*
remboursement de frais *n.m.*	Kostenerstattung (-,en), *die*
remplaçant potentiel *n.m.*	Nachfolgekandidat (s,e), *der*
remplacement *n.m.*	Ersatz (es,/), *der*
remplir un formulaire *v.tr.*	ausfüllen, *v.tr.*, ein Formular
rémunération *n.f.*	Entlohnung (-,en), *die*
rendement *n.m.*	Arbeitsleistung (-,en), *die*
rendement réel *n.m.*	Leistung, die effektive -
rendez-vous *n.m.*	Verabredung (-,en), *die*
renseignement *n.m.*	Angabe (-,n), *die*
renseignements biographiques *n.m.pl.*	Daten (pl), die biographischen -
rentabilité *n.f.*	Rentabilität (-,en), *die*
réorganisation *n.f.*	Reorganisation (-,en), *die*
répartition des rôles *n.f.*	Rollenverteilung (-,en), *die*
répartition des tâches *n.f.*	Job-sharing (s,-), *das*
répartition du travail *n.f.*	Arbeitseinteilung (-,en), *die*
répondeur téléphonique *n.m.*	Anrufbeantworter (s,-), *der*
reporting *n.m.*	Reporting (s,-), *das*
représentant des salariés *n.m.*	Arbeitnehmervertreter (s,-), *der*
représentant du patronat *n.m.*	Arbeitgeberseite (-,n), *die*
représentant légal *n.m.*	Vertreter, der gesetztliche -
réputation *n.f.*	Ansehen (s,/), *das*
réseau *n.m.*	Netz (es,e), *das*
résilier un contrat *v.tr.*	zurücktreten, *v.intr.*, von einem Vertrag
respecter les délais *v.tr.*	einhalten *v.tr.*, Fristen
responsabiliser *v.tr.*	machen *v.tr.*, haftbar
responsabilité *n.f.*	Verantwortung (-,en), *die*
responsabilité civile *n.f.*	Haftpflicht (-,en), *die*
responsabilité de l'employeur *n.f.*	Verantwortung (-,en) des Arbeitgebers, *die*
responsabilité personnelle *n.f.*	Haftung, die persönliche -
responsable des jeunes cadres *n.m.f.*	Nachwuchsbetreuer (s,-), *der*
responsable hiérarchique *n.m.f.*	Linienmann (es, ¨er), *der*
ressort d'activité *n.m.*	Aufgabengebiet (es,e), *das*
ressources humaines *n.f.pl.*	Personalressourcen (pl), *die*
restaurant d'entreprise *n.m.*	Kantine (-,n), *die*
restructuration *n.f.*	Umstrukturierung (-,en), *die*
résultat *n.m.*	Ergebnis (ses,se), *das*
résumé de carrière *n.m.*	Laufbahnresumee (s,s), *das*
retard *n.m.*	Verspätung (-,en), *die*
retenue sur salaire *n.f.*	Lohnabzug (s,¨e), *der*

retraite *n.f.* .... Pension (-,en), *die* / Rente (-,n), *die*
retraite (en) *expr.* .... i.R. im Ruhestand, *expr.*
retraite anticipée *n.f.* .... Frühpensionierung (-,en), *die*
retraite indexée sur l'inflation *n.f.* .... Rente, die gleitende -
retraité(e) *n.m.,f.* .... Rentner (s,-), *der*
rétrogradation *n.f.* .... Degradierung (-,en), *die*
réunification *n.f.* .... Wiedervereinigung (-,en), *die*
réunion *n.f.* .... Besprechung (-,en), *die*
réunion d'information avec les salariés *n.f.* .... Mitarbeiterversammlung (-,en), *die*
réunion syndicale *n.f.* .... Gewerkschaftsversammlung (-,en), *die*
revaloriser les salaires et les traitements *v.tr.* .... erhöhen *v.tr.*, Löhne und Gehälter
revendication salariale *n.f.* .... Lohnforderung (-,en), *die*
revendications en matière de traitements et de salaires *n.f.pl.* .... Lohn-und Gehaltsforderungen (pl), *die*
risque *n.m.* .... Risiko (-,en), *das*
risque professionnel *n.m.* .... Berufsrisiko (-,en), *das*
rôle *n.m.* .... Rolle (-,n), *die*
rotation des postes de travail *n.f.* .... Mehrstellenarbeit (-,en), *die*
rotation du personnel *n.f.* .... Personalwechsel (s,n), *der*
RSVP Répondez S'il Vous Plaît *expr.* .... mit der Bitte um Rückantwort, *expr.*
rumeur *n.f.* .... Gerücht (s,e), *das*
rupture de contrat *n.f.* .... Vertragsbruch (s,¨e), *der*
rythme de travail *n.m.* .... Arbeitsrhythmus (-,men), *der*

S

SA Société Anonyme *n.f.* .... AG (/), *die*
saisonnier *adj.* .... Saisonarbeiter (s,-), *der*
salaire annuel *n.m.* .... Jahresgehalt (s,¨er), *das*
salaire aux pièces *n.m.* .... Akkordlohn (s,¨e), *der*
salaire brut *n.m.* .... Bruttoverdienst (es,e), *der*
salaire d'appoint *n.m.* .... Nebenverdienst (es, e), *der*
salaire de base *n.m.* .... Ecklohn (s,¨e), *der*
salaire effectif *n.m.* .... Effektivlohn (s,¨e), *der*
salaire fixe *n.m.* .... Grundgehalt (s,¨er), *das*
salaire indexé *n.m.* .... Gehalt, das sich am Lebenshaltungskostenindex entwickelt

salaire *n.m.*	Lohn (s,¨e), *der*
salaire lié à la performance *n.m.*	Gehalt, das leistungsabhängige -
salaire lié aux bénéfices *n.m.*	Gehalt, das ergebnisabhängige -
salaire lors du congé maternité *n.m.*	Mutterschaftsgeld (es,er), *das*
salaire nominal *n.m.*	Nominallohn (s,¨e), *der*
salarié(e) *n.m.,f.*	Lohnempfänger (s,-), *der*
sanction *n.f.*	Bestätigung (-,en), *die*
SARL Société à Responsabilité Limitée *n.f.*	GmbH (/), *die*
satisfaction au travail *n.f.*	Zufriedenheit (-,en), bei der Arbeit, *die*
satisfaction des besoins *n.f.*	Bedürfnisbefriedigung (-,en), *die*
savoir *n.m.*	Wissen (s,/), *das*
savoir-faire *n.m.*	Know-how (/), *das*
sciences économiques *n.f.pl.*	Wirtschaftswissenschaften (pl), *die*
sciences sociales *n.f.pl.*	Sozialwissenschaft (pl), *die*
secrétaire *n.m.f.*	Sekretärin (-,en), *die*
secrétaire de direction *n.m.f.*	Chefsekretärin (-,en), *die*
secteur d'activité *n.m.*	Arbeitsbereich (s,e), *der*
secteur privé *n.m.*	Privatsektor (s,en), *der*
secteur public *n.m.*	Sektor, der öffentliche -
secteur-clé *n.m.*	Schlüsselsektor (s,en), *der*
sécurité de l'emploi *n.f.*	Arbeitsplatzsicherung (-,en), *die*
Sécurité sociale *n.f.*	Sozialversicherung (-,/), *die*
sélection *n.f.*	Auswahl (-), *die*
séminaire de formation *n.m.*	Arbeitstagung (-,en), *die*
séminaire *n.m.*	Seminar (s,e), *das*
senior *n.m.f.*	Senior (s,s), *der*
service *n.m.*	Dienstleistung (-,en), *die*
service achats *n.m.*	Einkauf-Abteilung (-,en), *die*
service administratif *n.m.*	Verwaltungsabteilung (-,en), *die*
service approvisionnement *n.m.*	Einkauf-Abteilung (-,en), *die*
service après-vente *n.m.*	Kundenservice (s,-), *der*
service commercial *n.m.*	Verkaufsabteilung (-,en), *die*
service comptabilité *n.m.*	Rechnungswesen (s,-), *das*
service contrôle de gestion *n.m.*	Betriebswirtschaft-Abteilung (-,en), *die*
service de sécurité *n.m.*	Sicherheitsabteilung (-,en), *die*
service des carrières *n.m.*	Karrieredienst (es,e), *der*
service des expéditions *n.m.*	Logistik-Abteilung (-,en), *die*
service des ventes *n.m.*	Verkauf-Abteilung (-,en), *die*
service du personnel *n.m.*	Personalabteilung (-,en), *die*
service du recrutement *n.m.*	Personalbeschaffungsabteilung (-,en), *die*

service entretien *n.m.*	Instandhaltungsabteilung (-,en), *die*
service export *n.m.*	Export-Abteilung (-,en), *die*
service fabrication *n.m.*	Fabrikation-Abteilung (-,en), *die*
service financier *n.m.*	Finanzen (pl) *die*
service informatique *n.m.*	Informatik-Abteilung (-,en), *die*
service juridique *n.m.*	Rechtsabteilung (-,en), *die*
service marketing *n.m.*	Marketing-Abteilung (-,en), *die*
service paye *n.m.*	Gehaltsabrechnung-Abteilung (-,en), *die*
service qualité *n.m.*	Qualitätswesen (s,-), *das*
service social *n.m.*	Sozial-Abteilung (-,en), *die*
siège de la société *n.m.*	Gesellschaftssitz (es,e), *der*
siège social *n.m.*	Firmensitz (es,e), *der*
signature *n.f.*	Unterschrift (-,en), *die*
signer *v.tr.*	unterschreiben *v.tr.*
simulation d'emploi *n.f.*	Arbeitsstellensimulation (-,en), *die*
situation familiale *n.f.*	Familienstand (s,/), *der*
SMIC Salaire Minimum Interprofessionnel de Croissance *n.m.*	französischer Mindestlohn
smicard *n.m.*	Mindestlohnempfänger (s,-), *der*
SMIG Salaire Minimum Interprofessionnel Garanti *n.m.*	französischer Mindestlohn
sociétal *adj.*	gesellschaftlich *adj*
société commerciale *n.f.*	Handelsgesellschaft (-, en), *die*
société de contrôle *n.f.*	Dachgesellschaft (-,en), *die*
société en commandite par actions *n.f.*	Kommanditgesellschaft (-,en) auf Aktien, *die*
société en commandite simple *n.f.*	Kommanditgesellschaft (-,en), *die*
société en nom collectif *n.f.*	Handelsgesellschaft, die offene -
société mère *n.f.*	Muttergesellschaft (-,en), *die*
socio-économique *adj.*	sozio-ökonomisch *adj*
socio-technique *adj.*	sozio-technisch *adj*
SOFRES Société Française d'Études par Sondages *n.f.*	französische Meinungs-forschungsinstitut, *das*
solvabilité *n.f.*	Zahlungsfähigkeit (-,en), *die*
sondage *n.m.*	Meinungsumfrage (-,n), *die*
sortie *n.f.*	Ausgang (es,¨e), *der*
sous la direction de *expr.*	unter der Leitung von, *expr.*
sous-effectif *n.m.*	Personalknappheit (-,en), *die*
sous-emploi *n.m.*	Unterbeschäftigung (-,en), *die*
sous-estimation *n.f.*	Unterbewertung (-,en), *die*
sous-estimer *v.tr.*	unterbewerten *v.tr.*
sous-payer *v.tr.*	unterbezahlen *v.tr.*

sous-qualification *n.f.* .... Unterqualifikation (-,en), *die*
sous-traitance *n.f.* .... Zulieferung (-,en), *die*
sous-traitant *n.m.* .... Zulieferant (en,en), *der*
spécialiste *n.m.f.* .... Fachmann (es, leute), *der*
spécialiste du personnel *n.m.f.* .... Personalspezialist (en,en), *der*
spécificité *n.f.* .... Besonderheit (-,en), *die*
stabilité *n.f.* .... Stabilität (-,en), *die*
stabilité du personnel *n.f.* .... Stabilität (-), des
                                                                                   Personalstandes *die*
staff de direction *n.m.* .... Leitungsstab (es,¨e), *der*
stage de formation *n.m.* .... Ausbildungspraktikum
                                                                                   (s,en), *das*
stage étudiant *n.m.* .... Praktikum (s,-), *das*
stagiaire *n.m.f.* .... Praktikant (es,en), *der*
statisticien(ne) *n.m.,f.* .... Statistiker (s,-), *der*
statistiques *n.f.pl.* .... Statistiken (pl) *die*
statistiques sociales *n.f.pl.* .... Personalstatistiken (pl), *die*
statut des cadres *n.m.* .... Leitender-Statut (-), *der*
statuts de l'entreprise *n.m.pl.* .... Betriebsatzung (-,en), *die*
stratégie de l'entreprise *n.f.* .... Unternehmensstrategie (-,n), *die*
stress *n.m.* .... Stress (-), *der*
structure de management *n.f.* .... Managementstruktur (-,en), *die*
structure de représentation *n.f.* .... Belegschaftsvertretung
                                                                                   (-,en), *die*
structure matricielle *n.f.* .... Matrixorganisation (-,en), *die*
structure par âge *n.f.* .... Altersaufbau (s,/), *der*
structurel *adj.* .... strukturell *adj*
style de management *n.m.* .... Führungsstil (s,e), *der*
subordonné(e) *n.m.,f.* .... Untergebene (n,n), *der*
succession *n.f.* .... Nachschub (s,e), *der*
suggestion d'amélioration *n.f.* .... Verbesserungsvorschlag
                                                                                   (s,¨e), *der*
supérieur fonctionnel *n.m.* .... Fachvorgesetzte (n,n), *der*
supérieur hiérarchique *n.m.* .... Vorgesetze (n,n), *der*
suppléant *n.m.* .... Ersatzkandidat (en,en), *der*
surcroît de travail *n.m.* .... Mehrarbeit (-,n), *die*
suremploi *n.m.* .... Überbeschäftigung (-,en), *die*
surmenage *n.m.* .... Überarbeitung (-,en), *die*
surplus de main-d'œuvre *n.m.* .... Personalüberschuß
                                                                                   (sses,¨e), *der*
surpopulation *n.f.* .... Überbevölkerung (-,en), *die*
surprime *n.f.* .... Zuschlagsprämie (-,n), *die*
surqualification *n.f.* .... Überqualifikation (-,en), *die*
sursalaire *n.m.* .... Lohnzulage (-,n), *die*
surveillance *n.f.* .... Überwachung (-,en), *die*

suspension de contrat *n.f.*	Aufhebung (-,en) eines Vertrags, *die*
syndical *adj.*	gewerkschaftlich *adj*
syndicaliste n.	Gewerkschaftler (s,-), *der*
syndicat* *n.m.*	Gewerkschaft* (-,en), *die*
syndicat industriel *n.m.*	IG Industrie Gewerkschaft, *die*
syndicat ouvrier *n.m.*	Arbeitnehmerverband (es, ¨e), *der*
syndiqué *adj.*	organisiert *adj*
syndiqué(e) *n.m.,f.*	Gewerkschaftsmitglied (es,er), *das*
syndrome du prince héritier *n.m.*	Kronprinzsyndrom (s,e), *das*
synergie *n.f.*	Synergie (-,n), *die*
système d'évaluation *n.m.*	Beurteilungssystem (s,e), *das*
système de classification par rang hiérarchique *n.m.*	Rangordnungssystem (s,e), *das*
système de planification *n.m.*	Planungssystem (s,e), *das*
système de primes *n.m.*	Prämiensystem (s,e), *das*
système de travail en équipes (3/8) *n.m.*	Dreischichtsystem (s,e), *das*
système dual de formation *n.m.*	Ausbildungssystem*, das duale -
système éducatif* *n.m.*	Ausbildungssystem* (s,-), *das*
système salarial *n.m.*	Gehaltssystem (s,e), *das*

T

tableau de bord *n.m.*	Indikatoren, *die* (pl)
tableau de service *n.m.*	Dienstplan (s,¨e), *der*
tâche *n.f.*	Aufgabe (-,n), *die*
tâche de direction *n.f.*	Führungsaufgabe (-,n), *die*
taille de l'entreprise *n.f.*	Betriebsgröße (-,n), *die*
tarif collectif *n.m.*	Manteltarif (s,e), *der*
taux d'incapacité de travail *n.m.*	Erwerbsminderungsgrad (es,e), *der*
taux de chômage *n.m.*	Arbeitslosenquote (-,n), *die*
taux de cotisation *n.m.*	Beitragssatz (es,¨e), *der*
taux de maladie *n.m.*	Krankenstand (es, ¨e), *der*
taxe d'apprentissage *n.f.*	Lehrlingsabgabe (-,n), *die*
technicien(ne) *n.m.,f.*	Techniker (s,-), *der*
technique *n.f.*	Technik (-,en), *die*
technique de négociation *n.f.*	Verhandlungstechnik (-,en), *die*
téléconférence *n.f.*	Telekonferenz (-,en), *die*
télématique *n.f.*	Datenfernverarbeitung (-,en), *die*
télétravail *n.m.*	Fernabeit (/), *die*
tempérament *n.m.*	Temperament (s,e), *das*
temps de travail *n.m.*	Arbeitszeit (-,en), *die*

temps partiel *n.m.*	Teilzeit (-,en), *die*
termes du contrat *n.m.pl.*	Vertragsbedingungen (pl), *die*
test *n.m.*	Test (s,s), *der*
test "in basket" *n.m.*	Test (s,s), der in basket -
test clinique *n.m.*	Test, der klinische -
test d'aptitude *n.m.*	Eignungstest (s,e), *der*
test d'intelligence *n.m.*	Intelligenztest (s,s), *der*
test de personnalité *n.m.*	Persönlichkeitstest (s,s), *der*
test en situation *n.m.*	Situationstest (s,s), *der*
test projectif *n.m.*	Test, der projektive -
test psychologique *n.m.*	Test, der psychologische -
test psychométrique *n.m.*	Test, der psychometrische -
titulaire d'un poste *n.m.f.*	Stelleninhaber (s,-), *der*
trait de personnalité *n.m.*	Persönlichkeitszug (es,¨e), *der*
traitement informatique des données *n.m.*	Datenverarbeitung (-,en), *die*
transfert d'effectifs *n.m.*	Personalversetzung (-,en), *die*
transfert de savoir *n.m.*	Qualifikationstransfer (s,e), *der*
transfert *n.m.*	Verschiebung (-,en), *die*
travail *n.m.*	Arbeit (-,en), *die*
travail à distance *n.m.*	Heimarbeit (-,en), *die*
travail à domicile *n.m.*	Heimarbeit (-,en), *die*
travail à forfait *n.m.*	Akkordarbeit (-,en), *die*
travail à la chaîne *n.m.*	Fliessbandarbeit (-,en), *die*
travail à temps complet *n.m.*	Vollzeitarbeit (-,en), *die*
travail à temps partiel *n.m.*	Teilzeitarbeit (-,en), *die*
travail clandestin *n.m.*	Schwarzarbeit (-,en), *die*
travail de groupe *n.m.*	Teamarbeit (-,en), *die*
travail de nuit *n.m.*	Nachtarbeit (-,en), *die*
travail en commun *n.m.*	Zusammenarbeit (-,en), *die*
travail en équipe *n.m.*	Schichtarbeit (-,en), *die*
travail en usine *n.m.*	Fabrikarbeit (-,en), *die*
travail épisodique *n.m.*	Zeitarbeit (-,en), *die*
travail hebdomadaire *n.m.*	Wochenarbeitszeit (-,en), *die*
travail intérimaire *n.m.*	Leiharbeit (-,en), *die*
travail pendant les jours fériés *n.m.*	Feiertagsarbeit (-,en), *die*
travail salarié *n.m.*	Lohnarbeit (-,en), *die*
travail temporaire *n.m.*	Zeitarbeit (-,en), *die*
travailler *v.intr.*	arbeiten *v.intr.*
travailleur à domicile *n.m.*	Heimarbeiter (s,-), *der*
travailleur immigré *n.m.*	Gastarbeiter (s,-), *der*
tribunal d'arbitrage *n.m.*	Schiedsgericht (s,e), *das*
trois-huit *n.m.pl.*	Dreischicht (-,en), *die*
tuer au travail (se) *v.pr.*	abplagen (sich) *v.pr.*
turn over *n.m.*	Turn-over (s,/), *der*
TVA Taxe à la Valeur Ajoutée *n.f.*	MWSt Mehrwertsteuer (-,n), *die*

U

1% formation* *n.m.*	Übernahme (-,n) von Ausbildungskosten durch die Unternehmen, *die*
UNICE Union des Industries de la CEE *n.f.*	UNICE (/), *die*
unité *n.f.*	Einheit (-,en), *die*
unité centrale *n.f.*	Zentraleinheit (-,en), *die*
université *n.f.*	Universität (-,en), *die*
usage illicite des informations *n.m.*	Datenverletzung (-,en), *die*
usine *n.f.*	Betrieb (s,e), *der* / Fabrik (-,en), *die*
utilisation *n.f.*	Benutzung (-,en), *die*
utilitaire *adj.*	gebräuchlich *adj*

V

vacant *adj.*	unbesetzt *adj*
vacataire *n.m.f.*	Mitarbeiter, der freie -
valeur *n.f.*	Wert (s,e), *der*
valeur ajoutée *n.f.*	Mehrwert (s,e), *der*
validation *n.f.*	Freigabe (-,n), *die*
vendeur(euse) spécialisé(e) *n.m.,f.*	Fachverkäufer (s,-), *der*
vente *n.f.*	Verkauf (s,¨e), *der*
veuf *adj.*	verwitwet *adj*
Veuillez agréer l'expression de mes sentiments distingués *expr.*	mit freundlichen Grüßen, *expr.*
vice-président *n.m.*	Vize-Präsident (en,en), *der*
vie privée *n.f.*	Privatleben (s,-), *das*
vie professionnelle *n.f.*	Berufsleben (s,-), *das*
visite d'usine *n.f.*	Werkbesichtigung (-,en), *die*
voiture de fonction *n.f.*	Dienstwagen (s,-), *der*
volant de main-d'œuvre disponible *n.m.*	Arbeitsreserve (-,n), *die*
vote à bulletins secrets *n.m.*	Geheimwahl (-,en), *die*
voyage annuel du personnel d'une entreprise *n.m.*	Betriebsausflug (s,¨e), *der*

3

ANGLAIS — FRANÇAIS

A

A levels *n.pl.*	baccalauréat *n.m.*
ability *n.*	aptitude *n.f.*
ability evaluation *n.*	évaluation des aptitudes *n.f.*
ability to perform an activity *n.*	capable d'exercer une activité professionnelle *adj.*
ability to work effectively *n.*	capacité à travailler efficacement *n.f.*
absence *n.*	absence *n.f.*
absence recording *n.*	relevé des absences *n.m.*
absence without leave *n.*	absence non motivée *n.f.*
absenteeism *n.*	absentéisme *n.m.*
academic reference *n.*	référence académique *n.f.*
ACAS Advisory Conciliation and Arbitration Service* *n.*	organisme de conseil pour employeurs/employés en matière de résolution de conflits *n.m.*
accident on the way to work *n.*	accident de trajet *n.m.*
accountability *n.*	responsabilité *n.f.*
accountancy *n.*	comptabilité *n.f.*
accountant *n.*	comptable *n.m.f.*
accounts department *n.*	service comptabilité *n.m.*
acknowledgement of receipt *n.*	accusé de réception *n.m.*
activity *n.*	activité professionnelle *n.f.*

ad hoc group *n.* .... groupe *ad hoc n.m.*

adaptability *n.* .... faculté d'adaptation *n.f.*

added value *n.* .... valeur ajoutée *n.f.*

additional bonus *n.* .... surprime *n.f.*

addressee *n.* .... destinataire *n.m.f.*

administration *n.* .... administration *n.f.*

administrative department *n.* .... service administratif *n.m.*

advance on salary *n.* .... avance sur salaire *n.f.*

advertisement *n.* .... petite annonce *n.f.*

advertising *n.* .... publicité *n.f.*

advertising of a post *n.* .... notification de vacance de poste *n.f.*

adviser *n.* .... conseiller(ère) *n.m.,f.*

AEEU Amalgamated Engineering and Electrical Union *n.* .... syndicat britannique *n.m.*

after-sales department *n.* .... service après-vente *n.m.*

age bracket *n.* .... classe d'âge *n.f.*

age discrimination *n.* .... discrimination sur l'âge *n.f.*

age group *n.* .... groupe d'âge *n.m.*

age pyramid *n.* .... pyramide des âges *n.f.*

age structure *n.* .... structure par âge *n.f.*

agenda *n.* .... ordre du jour *n.m.*

agreement on what to do about a breach of contract *n.* .... convention de rupture du contrat de travail *n.f.*

allowance for expense accounts *n.* .... indemnité pour frais professionnels *n.f.*

Alumni Association *n.* .... association des anciens élèves *n.f.*

amount *n.* .... montant *n.m.*

analysis grid *n.* .... grille d'analyse *n.f.*

annotation *n.* .... annotation *n.f.*

annual hours agreement *n.* .... accord sur un nombre d'heures annuel *n.m.*

annual report *n.* .... rapport d'activité *n.m.*

annual salary *n.* .... salaire annuel *n.m.*

answerphone *n.* .... répondeur téléphonique *n.m.*

applicant *n.* .... candidat(e) *n.m.,f.*

applicant's personality *n.* .... personnalité du candidat *n.f.*

applicants' file *n.* .... fichier de candidature *n.m.*

application *n.* .... candidature *n.f.*

application form *n.* .... dossier de candidature *n.m.*

apply for *v.intr* .... poser sa candidature *v.tr.*

appoint *v.tr.* .... nommer *v.tr.*

appointment to a job *n.* .... nomination *n.f.*

appointment with somebody *n.* .... rendez-vous *n.m.*

appraisal criterion *n.* .... critère d'évaluation *n.m.*

appraisal interview *n.*	entretien d'appréciation *n.m.*
appraisal questionnaire *n.*	questionnaire d'évaluation *n.m.*
appraisal system *n.*	système d'appréciation *n.m.*
apprentice *n.*	apprenti(e) *n.m.,f.*
apprenticeship *n.*	apprentissage *n.m.*
apprenticeship contract *n.*	contrat d'apprentissage *n.m.*
apprenticeship grant *n.*	bourse d'apprentissage *n.f.*
apprenticeship indemnity *n.*	indemnité d'apprentissage *n.f.*
apprenticeship method *n.*	méthode d'apprentissage *n.f.*
apprenticeship tax *n.*	taxe d'apprentissage *n.f.*
apprenticeship scheme *n.*	programme d'apprentissage *n.m.*
approval *n.*	agrément *n.m.*
aptitude test *n.*	test d'aptitude *n.m.*
arbitrating authority *n.*	office de conciliation *n.m.*
arbitration *n.*	arbitrage *n.m.*
arbitration clause *n.*	clause d'arbitrage *n.f.*
aspiration *n.*	aspiration *n.f.*
assembly-line work *n.*	travail à la chaîne *n.m.*
assessment *n.*	évaluation *n.f.*
assessment centre *n.*	centre d'évaluation *n.m.*
assistance *n.*	assistance *n.f.*
assistant *n.*	adjoint (de qqn) *adj.*
assistant job *n.*	poste d'assistant *n.m.*
association *n.*	association *n.f.*
association for workers' solidarity *n.*	association de solidarité ouvrière *n.f.*
attempt *n.*	essai *n.m.*
attendance *n.*	présence *n.f.*
attitude survey *n.*	étude de comportement *n.f.*
attractive pay offers *n.pl.*	conditions salariales attirantes *n.f.pl.*
audit *n.*	audit *n.m.*
auditor *n.*	auditeur / commissaire aux comptes *n.m.*
authoritarian management *n.*	management autoritaire *n.m.*
authorized representative *n.*	fondé de pouvoir *n.m.*
authorized to sign *adj.*	autorisé à signer *adj.*
automation *n.*	automatisation *n.f.*
autonomous *adj.*	autonome *adj.*
autonomous working group *n.*	groupe de travail autonome *n.m.*
autonomy *n.*	autonomie *n.f.*
autonomy principle *n.*	principe d'autonomie *n.m.*
auxiliary staff *n.*	personnel auxiliaire *n.m.*
availability to go abroad *n.*	disponibilité à s'expatrier *n.f.*
available *adj.*	disponible *adj*
average age *n.*	moyenne d'âge *n.f.*

ANGLAIS – FRANÇAIS

B

bachelor's degree *n.* .... licence *n.f.*
balance sheet *n.* .... bilan financier *n.m.*
bank holiday *n.* .... jour férié *n.m.*
bankrupt *adj.* .... faillite (en) *expr.*
bargaining leeway *n.* .... marge de négociation *n.f.*
bargaining technique *n.* .... technique de négociation *n.f.*
BARS behaviourally-anchored rating
scales *n.pl.* .... échelles d'appréciation fondée
sur les études du
comportement *n.f.pl.*
basic wage *n.* .... salaire de base *n.m.*
be promoted *v.* .... monter en grade *v.intr.*
beginner *n.* .... débutant(e) *n.m.,f.*
belonging to a union *adj.* .... syndiqué *adj.*
benefits *n.pl.* .... avantages *n.m.pl.*
bill *n.* .... facture *n.f.*
biographical information* *n.* .... renseignements
biographiques *n.m.pl.*
birth and marriage certificate *n.* .... fiche d'état civil *n.f.*
birth certificate *n.* .... acte de naissance *n.m.*
board of directors *n.* .... comité de direction* /
conseil d'administration * /
directoire *n.m.*
body *n.* .... organisme *n.m.*
bonus *n.* .... prime *n.f.*
bounded rationality *n.* .... rationalité limitée *n.f.*
branch agreement *n.* .... accord de branche *n.m.*
branch of industry *n.* .... branche d'industrie *n.f.*
breach of trust *n.* .... abus de confiance *n.m.*
break *n.* .... pause *n.f.*
break-even point *n.* .... point mort *n.m.*
breach of contract *n.* .... rupture / suspension
de contrat *n.f.*
BSI British Standards Institute *n.* .... AFNOR Association Française
de Normalisation *n.f.*
BUPA British United Provident Association *n.* ..... mutuelle anglaise
très connue *n.f.*
bureaucratic *adj.* .... bureaucratique *adj.*
business administration *n.* .... gestion d'entreprise *n.f.*
business company *n.* .... société commerciale *n.f.*
business contact *n.* .... interlocuteur en affaires *n.m.*
business reference *n.* .... référence commerciale *n.f.*
business school *n.* .... école supérieure
de commerce *n.f.*

ANGLAIS – FRANÇAIS

business sector *n.* .... secteur d'activité *n.m.*
business travel *n.* .... déplacement professionnel *n.m.*

C

call for tenders *n.* .... appel d'offres *n.m.*
cancel a contract *v.tr.* .... résilier un contrat *v.tr.*
candidate specifications *n.pl.* .... profil du candidat *n.m.*
canteen *n.* .... restaurant d'entreprise *n.m.*
career *n.* .... carrière *n.f.*
career counselling *n.* .... conseil de carrière *n.m.*
career curve *n.* .... courbe de carrière *n.f.*
career development *n.* .... évolution de carrière *n.f.*
career interview *n.* .... entretien de carrière *n.m.*
career management *n.* .... gestion de carrière *n.f.* /
pilotage de carrière *n.m.*
career objective *n.* .... objectif de carrière *n.m.*
career opportunity *n.* .... opportunité de carrière *n.f.*
career path *n.* .... parcours professionnel *n.m.*
career plan *n.* .... plan de carrière *n.m.*
career planning *n.* .... planification de carrières *n.f.*
career prospect *n.* .... perspective de carrière *n.f.*
career résumé *n.* .... résumé de carrière *n.m.*
career service *n.* .... service des carrières *n.m.*
careerist *n.* .... carriériste *n.m.f.*
careers committee *n.* .... comité de carrière *n.m.*
carry out an obligation *v.tr.* .... s'acquitter
d'une obligation *v.pr.*
case method *n.* .... méthode des cas *n.f.*
casual work *n.* .... travail épisodique *n.m.*
cause *n.* .... cause *n.f.*
CBI Confederation of British Industry *n.* .... Confédération Nationale du
Patronat Britannique *n.f.*
ceiling *n.* .... plafond *n.m.*
central organization *n.* .... organisation centrale *n.f.*
central processing unit *n.* .... unité centrale *n.f.*
centralisation *n.* .... centralisation *n.f.*
centres of interest *n.pl.* .... centres d'intérêt *n.m.pl.*
chairman *n.* .... président *n.m.*
chairman of the board *n.* .... président du conseil
d'administration *n.m.*
chamber of commerce and industry *n.* .... CCI Chambre de Commerce et
d'Industrie *n.f.*

change of job *n.* .... changement de poste
de travail *n.m.*

chartered accountant *n.* .... expert-comptable *n.m.*

check-list *n.* .... check-list *n.f.*

circular *n.* .... circulaire *n.f.*

circumstance *n.* .... circonstance *n.f.*

civil code *n.* .... code civil *n.m.*

civil liability *n.* .... responsabilité civile *n.f.*

civil servant *n.* .... fonctionnaire *n.m.f.*

claim for damages *n.* .... demande de dommages et
intérêts *n.f.*

claim recording *n.* .... cahier de revendications *n.m.*

classification *n.* .... classification* *n.f.*

clerk *n.* .... employé(e) de bureau *n.m.,f.*

clinical test *n.* .... test clinique *n.m.*

clock card *n.* .... carte de pointage *n.f.*

closed question *n.* .... question fermée *n.f.*

closed shop* *n.* .... entreprise où il existe un
monopole syndical de
l'embauche *n.f.*

closing date *n.* .... date de clôture *n.f.*

closing date for application *n.* .... délai de dépôt
de candidature *n.m.*

co-contracting *n.* .... cotraitance *n.f.*

co-determination *n.* .... cogestion *n.f.*

co-member *n.* .... cosociétaire *n.m.f.*

coaching *n.* .... coaching *n.m.*

colleague *n.* .... collègue *n.m.f.*

collective agreement *n.* .... convention collective* *n.f.*

collective bargaining *n.* .... négociation collective *n.f.*

collective policy on wages *n.* .... politique collective
des salaires *n.f.*

collective rate *n.* .... tarif collectif *n.m.*

collective wage negotiation *n.* .... négociation collective sur les
salaires *n.f.*

commercial agency *n.* .... agence commerciale *n.f.*

commission payment *n.* .... paiement à la commission *n.m.*

communication *n.* .... communication *n.f.*

communication audit *n.* .... audit de communication *n.m.*

company *n.* .... entreprise *n.f.*

company car *n.* .... voiture de fonction *n.f.*

company close-down *n.* .... fermeture d'une entreprise *n.f.*

company contribution to training expenses *n.*..... 1% formation* *n.m.*

company development *n.* .... développement
de l'entreprise *n.m.*

company flat *n.* .... logement de fonction *n.m.*

company management *n.* .... direction d'une société *n.f.*

company manager *n.*	chef d'entreprise *n.m.f.*
company member *n.*	membre du personnel d'une entreprise *n.m.*
company policy *n.*	politique de l'entreprise *n.f.*
company rules *n.pl.*	règlement intérieur de l'entreprise *n.m.*
company size *n.*	taille de l'entreprise *n.f.*
company staff *n.*	personnel de l'entreprise *n.m.*
company's assets *n.pl.*	actif social *n.m.*
compatibility *n.*	compatibilité *n.f.*
compensation *n.*	indemnisation *n.f.*
compensation for wage loss *n.*	indemnité pour perte de salaire *n.f.*
compensatory amount *n.*	montant compensatoire *n.m.*
compensatory indemnity *n.*	indemnité compensatrice *n.f.*
competencies inventory *n.*	bilan de compétences *n.m.*
competition *n.*	concurrence *n.f.*
competitiveness *n.*	compétitivité *n.f.*
competitive spirit *n.*	esprit de compétition *n.m.*
complementary income *n.*	salaire d'appoint *n.m.*
complexity *n.*	complexité *n.f.*
comptroller *n.*	contrôleur de gestion *n.m.*
compulsory contribution *n.*	cotisation obligatoire *n.f.*
computer *n.*	ordinateur *n.m.*
computer aided design *n.*	conception assistée par ordinateur (CAO) *n.f.*
computer based training *n.*	formation assistée par ordinateur *n.f.*
computer programme *n.*	programme informatique *n.m.*
computer science *n.*	informatique *n.f.*
computer scientist *n.*	informaticien(ne) *n.m.,f.*
computerization *n.*	informatisation *n.f.*
concurrent drawing of salaries *n.*	cumul de salaires *n.m.*
confide *v.tr.*	confier *v.tr.*
confidential *adj.*	confidentiel *adj.*
conflict of interests *n.*	conflit d'intérêts *n.m.*
conflict of targets *n.*	conflit d'objectifs *n.m.*
conformity *n.*	conformité *n.f.*
consensus / agreement *n*	consensus *n.m.*
consult each other *v.tr.*	se concerter *v.pr.*
consultant *n.*	consultant(e) *n.m.,f.*
consultation *n.*	consultation *n.f.*
consulting firm *n.*	cabinet de conseil *n.m.*
contact *v.tr.*	contacter *v.tr.*
contingency *n.*	contingence *n.f.*
contract without term *n.*	contrat à durée indéterminée *n.m.*

contract work *n.* .... travail à forfait *n.m.*

contractor *n.* .... donneur d'ordres *n.m.*

contractual *adj.* .... contractuel *adj.*

contractual obligation *n.* .... obligation contractuelle *n.f.*

contractual regulation on tariffs *n.* .... réglementation contractuelle tarifaire *n.f.*

contribution *n.* .... contribution *n.f.*

contribution accounting *n.* .... comptabilité des contributions respectives *n.f.*

contribution assessment *n.* .... calcul du montant de la cotisation *n.m.*

contribution rate *n.* .... taux de cotisation *n.m.*

contributor *n.* .... cotisant *n.m.*

control *n.* .... contrôle *n.m.*

control *v.tr.* .... contrôler *v.tr.*

control company *n.* .... société de contrôle *n.f.*

control entitlement *n.* .... droit de contrôle *n.m.*

convention *n.* .... convention *n.f.*

cooperation *n.* .... coopération *n.f.*

cooperative management *n.* .... management coopératif *n.m.*

coordinate *v.tr.* .... coordonner *v.tr.*

coordination *n.* .... coordination *n.f.*

core time (within a flexible system) *n.* .... temps travaillé par tous (dans un système flexible) *n.m.*

core workers* *n.pl.* .... travailleurs principaux (permanents) *n.m.pl.*

corporate culture *n.* .... culture d'entreprise *n.f.*

corporate headquarters *n.pl.* .... siège de la société *n.m.*

corporate philosophy *n.* .... philosophie de l'entreprise *n.f.*

corporate planning *n.* .... planification dans l'entreprise *n.f.*

corporate strategy *n.* .... stratégie de l'entreprise *n.f.*

cosignatory *n.* .... cosignataire *n.m.f.*

cost of living *n.* .... coût de la vie *n.m.*

Council for Hygiene, Security and Working Conditions *n.* .... CHSCT Comité d'Hygiène, de Sécurité et des Conditions de Travail* *n.m.*

counter-order *n.* .... contrordre *n.m.*

country of origin *n.* .... pays d'origine *n.m.*

court of arbitration *n.* .... tribunal d'arbitrage *n.f.*

CPIS Computerized Personnel Information System *n.* .... système de gestion informatisée du personnel *n.m.*

crèche *n.* .... crèche *n.f.*

criterion based interview *n.* .... entretien mené en s'appuyant sur des critères *n.m.*

ANGLAIS – FRANÇAIS

critical incident method *n.* .... méthode des incidents critiques *n.f.*

crown prince syndrom *n.* .... syndrome du prince héritier *n.m.*

curriculum vitae *n.* .... CV curriculum vitae *n.m.*

customer technical assistance *n.* .... assistance technique clientèle *n.f.*

D

daily *adj.* .... quotidien *adj.*

damages *n.pl.* .... dommages *n.m.pl.*

data *n.pl.* .... données *n.f.pl.*

data bank *n.* .... banque de données *n.f.*

data processing department *n.* .... service informatique *n.m.*

data processing *n.* .... traitement informatique des données *n.m.*

data protection Act *n.* .... loi visant à protéger les données relatives aux personnes *n.f.*

data-input *n.* .... entrée des données *n.f.*

date of appointment *n.* .... date d'embauche *n.f.*

date of birth *n.* .... date de naissance *n.f.*

date of termination *n.* .... date d'expiration *n.f.*

day off *n.* .... jour de congé *n.m.*

debate on wages *n.* .... débat sur les rémunérations *n.m.*

decentralisation *n.* .... décentralisation *n.f.*

decision *n.* .... décision *n.f.*

decision-making *n.* .... prise de décision *n.f.*

decision-making power *n.* .... pouvoir de décision *n.m.*

decision-making process *n.* .... processus de décision *n.m.*

decruitment *n.* .... décrutement *n.m.*

dedicated training *n.* .... formation spécialisée *n.f.*

definition of the pay policy *n.* .... définition de la politique salariale *n.f.*

degree *n.* .... diplôme *n.m.*

delay *n.* .... retard *n.m.*

delegation *n.* .... délégation *n.f.*

deliberate *v.intr.* .... délibérer *v.intr.*

demand forecast *n.* .... prévision de la demande *n.f.*

demonstration *n.* .... manifestation *n.f.*

demotion *n.* .... rétrogradation *n.f.*

department *n.* .... département *n.m.*

Department of Employment *n.* .... Ministère du Travail et de l'Emploi *n.m.*

dependence relationship *n.* .... lien de dépendance *n.m.*

deputy *n.* .... suppléant *n.m.*

deputy manager *n.* .... directeur adjoint *n.m.*

deputy-chairman *n.* .... vice-président *n.m.*

determination of needs *n.* .... détermination des besoins *n.f.*

determination of vacancies *n.* .... recensement des postes vacants *n.m.*

development *n.* .... développement *n.m.*

development centre *n.* .... centre d'évaluation utilisé pour les promotions *n.m.*

development of junior managers *n.* .... développement des jeunes cadres *n.m.*

development potential *n.* .... potentiel de développement *n.m.*

development prospect *n.* .... perspective d'évolution *n.f.*

devolution *n.* .... délégation *n.f.*

devolution of responsibilities *n.* .... délégation de responsabilités *n.f.*

diagnosis *n.* .... diagnostic *n.m.*

dialogue *n.* .... concertation *n.f.*

differentiation *n.* .... différenciation *n.f.*

diploma awarded after the first two years of university education *n.* .... DEUG Diplôme d'Études Universitaires Générales *n.m.*

direct cost *n.* .... coût direct *n.m.*

direct labour *n.* .... travailleurs affectés à la production *n.m.pl.*

director *n.* .... directeur *n.m.*

disability rate *n.* .... taux d'incapacité de travail *n.m.*

disabled *n.* .... handicapé(e) *n.m.,f.*

disabled person *n.* .... personne handicapée *n.f.*

disabled worker *n.* .... mutilé du travail *n.m.*

disciplinary action *n.* .... action disciplinaire *n.f.*

discipline *n.* .... discipline *n.f.*

discrimination *n.* .... discrimination *n.f.*

discrimination against disabled people *n.* .... discrimination envers les personnes handicapées *n.f.*

discriminatory *adj.* .... discriminatoire *adj.*

discriminatory measure *n.* .... mesure discriminatoire *n.f.*

dismiss a claim *v.tr.* .... rejeter une demande *v.tr.*

dismissal *n.* .... licenciement *n.m.*

dismissal for professional misconduct *n.* .... licenciement pour faute grave *n.m.*

dismissal without notice *n.* .... licenciement immédiat *n.m.*

dispute *n.* .... conflit *n.m.*

dissatisfaction *n.* .... mécontentement *n.m.*

division *n.* .... division *n.f.*

division manager *n.* .... chef de division *n.m.f.*

divorced *adj.*	divorcé *adj.*
doctorate *n.*	doctorat *n.m.*
down-to-earth *adj.*	proche de la pratique *expr.*
downsizing *n.*	réduction des effectifs *n.f.*
downward information *n.*	information descendante *n.f.*
drafting of a contract *n.*	rédaction d'un contrat *n.f.*
dual training system *n.*	système dual de formation *n.m.*
duty roster *n.*	tableau de service *n.m.*

E

early retirement *n.*	retraite anticipée *n.f.*
economics *n.pl.*	sciences économiques *n.f.pl.*
education *n.*	éducation *n.f.*
educational level *n.*	niveau de formation *n.m.*
educational system* *n.*	système éducatif* *n.m.*
EEC European Economic Community *n.*	CEE Communauté Économique Européenne *n.f.*
effective *adj.*	efficace *adj.*
effectiveness *n.*	efficacité *n.f.*
effective performance *n.*	rendement réel *n.m.*
egalitarianism *n.*	égalitarisme *n.m.*
elaboration *n.*	élaboration *n.f.*
elder care scheme *n.*	plan d'aide aux employés pour qu'ils puissent soigner leurs parents âgés *n.m.*
elected board of industrialists *n.*	chambre patronale *n.f.*
emolument *n.*	appointements *n.m.pl.*
employee *n.*	employé(e) *n.m.,f.*
employee participation *n.*	participation des employés *n.f.*
employee profit-sharing *n.*	participation* aux résultats *n.f.*
employee relations *n.pl.*	relations avec les employés *n.f.pl.*
employee right to have an individual skills audit every five years *n.*	bilan professionnel *n.m.*
employee section for company voting purposes *n.*	collège *n.m.*
employer *n.*	employeur *n.m.*
employer's liability *n.*	responsabilité de l'employeur *n.f.*
employers *n.pl.*	patronat *n.m.*
employers' association *n.*	fédération patronale *n.f.*
employers' confederation *n.*	confédération patronale *n.f.*
employers' contribution *n.*	cotisation patronale *n.f.*

employers' federation *n.* .... chambre syndicale *n.f.*
employers' representative *n.* .... représentant du patronat *n.m.*
employment bureau / agency *n.* .... bureau de placement *n.m.*
employment contract *n.* .... contrat de travail *n.m.*
employment interview *n.* .... entretien d'embauche *n.m.*
employment measure *n.* .... mesure pour l'emploi *n.f.*
end of career *n.* .... fin de carrière *n.f.*
end of career job *n.* .... poste de fin de carrière *n.m.*
energy *n.* .... énergie *n.f.*
engineer *n.* .... ingénieur *n.m.f.*
engineering *n.* .... ingénierie *n.f.*
engineering consultant *n.* .... ingénieur-conseil *n.m.f.*
enlistment *n.* .... incorporation dans l'armée *n.f.*
enquiry *n.* .... renseignement *n.m.*
entrepreneur *n.* .... entrepreneur *n.m.*
entry examination *n.* .... examen d'admission *n.m.*
equal opportunities* *n.pl.* .... égalité des chances *n.f.*
equal opportunity policy *n.* .... politique d'égalité
des chances *n.f.*
equal pay *n.* .... salaire égal *n.m.*
equal treatment *n.* .... équité *n.f.*
equivalence principle *n.* .... principe d'équivalence *n.m.*
ergonomic *adj.* .... ergonomique *adj.*
ergonomics *n.pl.* .... ergonomie *n.f.*
ethics *n.pl.* .... éthique *n.f.*
ethnic minority *n.* .... minorité ethnique *n.f.*
ETUC European Trade Union Congress *n.* .... CES Confédération Européenne
des Syndicats *n.f.*
European directive *n.* .... directive européenne *n.f.*
evaluation grid *n.* .... grille d'évaluation *n.f.*
evaluation sheet *n.* .... feuille d'évaluation *n.f.*
examination *n.* .... examen *n.m.*
examination of a file *n.* .... examen du dossier *n.m.*
executive *n.* .... cadre* *n.m.*
executive board *n.* .... conseil de direction *n.m.*
executive secretary *n.* .... secrétaire de direction *n.m.f.*
exempted from contribution *adj.* .... dispensé de cotisation *adj.*
exemption *n.* .... dispense *n.f.*
expatriate *n.* .... expatrié(e) *n.m.,f.*
expatriation *n.* .... expatriation *n.f.*
experience *n.* .... expérience *n.f.*
experience abroad *n.* .... expérience à l'étranger *n.f.*
experienced *adj.* .... confirmé *adj.*
expert appraisal *n.* .... expertise *n.f.*
experts' committee *n.* .... comité d'experts *n.m.*
export *n.* .... export *n.m.*
export department *n.* .... service export *n.m.*

extend a deadline *v.tr.* .... prolonger un délai *v.tr.*
external communication *n.* .... communication externe *n.f.*
external recruitment *n.* .... recrutement externe *n.m.*
extra pay *n.* .... sursalaire *n.m.*
extra work *n.* .... surcroît de travail *n.m.*
extravert *adj.* .... extraverti *adj.*
extrinsic *adj.* .... extrinsèque *adj.*

F

factor *n.* .... facteur *n.m.*
factory *n.* .... usine *n.f.*
factory manager *n.* .... directeur d'usine *n.m.*
factory tour *n.* .... visite d'usine *n.f.*
factory work *n.* .... travail en usine *n.m.*
faculty *n.* .... corps enseignant *n.m.*
failure *n.* .... échec *n.m.*
fair *adj.* .... équitable *adj.*
family allowance fund *n.* .... caisse d'allocations
familiales *n.f.*
family name *n.* .... nom de famille *n.m.*
favouritism *n.* .... favoritisme *n.m.*
fee *n.* .... honoraire *n.m.*
feed-back *n.* .... feed-back *n.m.*
field of competence *n.* .... domaine de compétence *n.m.*
file *n.* .... dossier *n.m.*
file reference *n.* .... référence du dossier *n.f.*
fill in a form *v.tr.* .... remplir un formulaire *v.tr.*
finance department *n.* .... service financier *n.m.*
financial audit *n.* .... audit financier *n.m.*
fire *v.tr.* .... débaucher *v.tr.*
firm *n.* .... entreprise *n.f.*
fixed term contract *n.* .... contrat à durée déterminée *n.m.*
fixed wage *n.* .... salaire fixe *n.m.*
fixed wage on a yearly basis *n.* .... fixe annuel *n.m.*
flat-rate taxation *n.* .... imposition forfaitaire *n.f.*
flexibility *n.* .... flexibilité *n.f.*
flexible *adj.* .... flexible *adj.*
flexible manning *n.* .... affectation flexible
du personnel *n.f.*
flexible time management *n.* .... aménagement du temps de
travail *n.m.*
flexible working hours *n.pl.* .... horaire flexible *n.m.*
force of law *n.* .... force de loi *n.f.*

forecast *n.* .... prévision *n.f.*
foreign language *n.* .... langue étrangère *n.f.*
foreman *n.* .... contremaître *n.m.*
forename *n.* .... prénom *n.m.*
forewoman *n.* .... contremaîtresse *n.f.*
form *n.* .... formulaire *n.m.*
formulation *n.* .... formulation *n.f.*
forwarding department *n.* .... service des expéditions *n.m.*
foundation *n.* .... fondation *n.f.*
free from military obligations *adj.* .... libéré des obligations
militaires *adj.*
free movement of workers *n.* .... circulation des travailleurs *n.f.*,
libre
French association for industrial and
commercial employment *n.* .... ASSEDIC Association pour
l'Emploi dans l'Industrie
et le Commerce *n.f.*
French institute for public opinion surveys *n.* ...... IFOP Institut Français
d'Opinion Publique *n.m.*
French national agency for the improvement
of working conditions *n.* .... ANACT Agence Nationale pour
l'Amélioration des Conditions
de Travail *n.f.*
French national centre for scientific research *n.* .. CNRS Centre National de la
Recherche Scientifique *n.m.*
French national employers' union *n.* .... CNPF Conseil National
du Patronat Français *n.m.*
French national institute of statistics and
economic surveys *n.* .... INSEE Institut National
de la Statistique et des Études
Économiques *n.m.*
French Personnel Managers Association *n.* .... ANDCP Association Nationale
des Directeurs et Cadres de la
Fonction Personnel *n.f.*
French public opinion polling institute *n.* .... SOFRES Société Française
d'Études par Sondages *n.f.*
French research centre on jobs and
qualifications *n.* .... CEREQ Centre de Recherche
sur les Emplois et les
Qualifications *n.m.*
French trade unions *n.pl.* .... CFDT Confédération Française
et Démocratique du Travail *n.f.*
CFTC Confédération Française
des Travailleurs Chrétiens *n.f.*
CGC Confédération Générale
des Cadres *n.f.*

ANGLAIS – FRANÇAIS

French trade unions *n.pl.*	CGT Confédération Générale du Travail *n.f.* FO Force Ouvrière *n.f.*
French two-year university technical diploma *n.*	DUT Diplôme Universitaire de Technologie *n.m.*
fulfil a job *v.tr.*	exercer une fonction *v.tr.*
full time *n.*	plein temps *expr.*
full time job *n.*	travail à temps complet *n.m.*
functional analysis *n.*	analyse fonctionnelle *n.f.*
functional mobility *n.*	mobilité fonctionnelle *n.f.*

G

game rule *n.*	règle du jeu *n.f.*
general collective agreement *n.*	convention collective générale *n.f.*
general training *n.*	formation générale *n.f.*
generalist *n.*	généraliste *n.m.f.*
get a job *v.tr.*	obtenir un emploi *v.tr.*
get a visa *v.tr.*	obtenir un visa *v.tr.*
get promoted *v.*	être promu *v.*
GMB General and Municipal Boiler Makers Union *n.*	syndicat britannique *n.m.*
goal setting *n.*	fixation d'objectifs *n.f.*
golden handshake payment *n.*	pont en or lors d'un licenciement *n.m.*
golden hello payment *n.*	bonus versé lors d'un recrutement *n.m.*
golden parachute payment *n.*	argent versé lors d'un licenciement *n.m.*
grade *n.*	échelon *n.m.*
grade *v.tr.*	hiérarchiser *v.tr.*
grading *n.*	notation *n.f.*
graduate *n.*	diplômé(e) de l'enseignement supérieur *n.m.,f.*
grande école graduate *n.*	diplômé(e) de grande école *n.m.,f.*
grapevine *n.*	rumeur *n.f.*
graphology *n.*	graphologie *n.f.*
grievance *n.*	grief *n.m.*
grievance committee *n.*	commission d'arbitrage *n.f.*
grievance procedure *n.*	procédure disciplinaire *n.f.*
gross wage *n.*	salaire brut *n.m.*
ground for dismissal *n.*	motif de licenciement *n.m.*

growth *n.* .... croissance *n.f.*

guidance *n.* .... orientation *n.f.*

guideline *n.* .... directive *n.f.*

guidelines for interviews *n.pl.* .... guide d'entretien *n.m.*

H

handbook *n.* .... manuel *n.m.*

handwritten *adj.* .... manuscrit *adj.*

handwritten letter *n.* .... lettre manuscrite *n.f.*

handwritten note *n.* .... note manuscrite *n.f.*

head of department *n.* .... chef de service *n.m.f.*

head office *n.* .... siège de la société *n.m.*

headhunter *n.* .... chasseur de têtes *n.m.*

headquarters *n.pl.* .... siège social *n.m.*

health and safety *n.* .... santé et sécurité *n.f.*

health insurance fund *n.* ...... caisse d'assurance maladie *n.f.*

health policy *n.* .... politique en matière de santé *n.f.*

hierarchical level *n.* .... niveau hiérarchique *n.m.*

hierarchical order *n.* .... ordre hiérarchique *n.m.*

hierarchy *n.* .... hiérarchie *n.f.*

higher technical diploma *n.* .... BTS Brevet de Technicien Supérieur *n.m.*

hiring formalities *n.pl.* .... formalités d'embauche *n.f.pl.*

holiday *n.* .... congé *n.m.*

home industry *n.* .... industrie à domicile *n.f.*

homework *n.* .... travail à domicile *n.m.*

homeworker *n.* .... travailleur à domicile *n.m.*

homeworking *n.* .... télétravail *n.m.*

honorary function *n.* .... fonction honorifique *n.f.*

honours degree *n.* .... diplôme obtenu avec mention *n.m.*

house journal *n.* .... journal d'entreprise *n.m.*

housewife *n.* .... femme au foyer *n.f.*

housing benefit *n.* .... allocation logement *n.f.*

human relations *n.pl.* .... relations humaines *n.f.pl.*

human resources *n.pl.* .... ressources humaines *n.f.pl.*

human resources management *n.* .... gestion des ressources humaines *n.f.*

human resources development *n.* .... développement social *n.m.*

human resources manager *n.* .... directeur des resssources humaines *n.m.*

I

ideal candidate *n.*	candidat(e) idéal(e) *n.m.,f.*
identikit *n.*	portrait-robot *n.m.*
identity *n.*	identité *n.f.*
identity card *n.*	carte d'identité *n.f.*
idle *adj.*	chômé *adj.*
illicit use of information *n.*	usage illicite des informations *n.m.*
illness *n.*	maladie *n.f.*
ILO International Labour Organization *n.*	OIT Organisation Internationale du Travail *n.f.*
imagination *n.*	imagination *n.f.*
immigrant *n.*	immigrant *n.m.*
immigrant worker *n.*	travailleur immigré *n.m.*
implement *v.tr.*	mettre en œuvre *v.tr.*
implementation *n.*	mise en œuvre *n.f.*
improvement of working conditions *n.*	amélioration des conditions de travail *n.f.*
improvement suggestion *n.*	suggestion d'amélioration *n.f.*
in-basket exercise *n.*	test "in basket" *n.m.*
in-company period *n.*	stage étudiant *n.m.*
in-house advertising *n.*	publicité en interne *n.f.*
in-house equity *n.*	équité interne *n.f.*
inadequate *adj.*	inapproprié *adj.*
incentive *n.*	incitation *n.f.*
incentive pay *n.*	prime d'encouragement *n.f.*
income group *n.*	catégorie salariale *n.f.*
income security *n.*	garantie de revenu *n.f.*
incompatibility *n.*	incompatibilité *n.f.*
incompetence *n.*	incompétence *n.f.*
incompetent *adj.*	incompétent *adj.*
increase *n.*	augmentation *n.f.*
indemnity *n.*	indemnité *n.f.*
index *n.*	indice *n.m.*
index-linked minimum growth wage in France *n.*	SMIC Salaire Minimum Interprofessionnel de Croissance *n.m.*
index-linked minimum guaranteed wage in France *n.*	SMIG Salaire Minimum Interprofessionnel Garanti *n.m.*
index-linked pay *n.*	salaire indexé *n.m.*
index-linked pension *n.*	retraite indexée sur l'inflation *n.f.*
indexation *n.*	indexation *n.f.*
indicator *n.*	indicateur *n.m.*
indirect cost *n.*	coût indirect *n.m.*

induction course *n.* .... stage d'accueil
et d'orientation *n.m.*

industrial disability *n.* .... incapacité de travail *n.f.*

industrial injury *n.* .... accident du travail *n.m.*

industrial pool *n.* .... syndicat industriel *n.m.*

industrial relations* *n.pl.* .... relations industrielles *n.f.pl.*

industrial safety *n.* .... prévention des accidents *n.f.*

industrial tribunal *n.* .... Prud'hommes* *n.m.pl.*

industrial tribunal elections *n.pl.* .... élections prud'homales *n.f.pl.*

industry *n.* .... industrie *n.f.*

inefficiency *n.* .... inefficacité *n.f.*

inefficient *adj.* .... inefficace *adj.*

influence *n.* .... influence *n.f.*

information *n.* .... information *n.f.*

information flows *n.pl.* .... circulation de l'information *n.f.*

information meeting with personnel *n.* .... réunion d'information
avec les salariés *n.f.*

inhabitant of the frontier zone *n.* .... frontalier *n.m.*

initiation *n.* .... initiation *n.f.*

initiative *n.* .... initiative *n.f.*

innovate *v.intr.* .... innover *v.tr.*

innovation *n.* .... innovation *n.f.*

innovative ability *n.* .... capacité d'innovation *n.f.*

inspection *n.* .... inspection *n.f.*

Institute of Business Administration
(in French universities) *n.* .... IAE Institut d'Administration des
Entreprises *n.m.*

institutional *adj.* .... institutionnel *adj.*

instruction *n.* .... instruction *n.f.*

integration *n.* .... intégration *n.f.*

integration cost *n.* .... coût d'intégration *n.m.*

intelligence test *n.* .... test d'intelligence *n.m.*

interaction *n.* .... interaction *n.f.*

interdiction to practice *n.* .... interdiction d'exercer une
profession *n.f.*

internal communication *n.* .... communication interne *n.f.*

internal market *n.* .... marché intérieur *n.m.*

internal recruitment *n.* .... recrutement interne *n.m.*

interpreter *n.* .... interprète *n.m.f.*

interprofessional *adj.* .... interprofessionnel *adj.*

interview *n.* .... entretien *n.m.*

introduction *n.* .... introduction *n.f.*

introvert *adj.* .... introverti *adj.*

investigation *n.* .... instruction judiciaire *n.f.*

IPM Institute of Personnel Management *n.* .... association des directeurs du
personnel britanniques *n.f.*

IPM qualified *adj.* .... ayant la qualification IPM *expr.*

IQ intelligence quotient *n.* .... QI quotient intellectuel *n.m.*

ANGLAIS – FRANÇAIS

J

job centre *n.*	bureau de l'Agence Nationale Pour l'Emploi *n.m.*
job classification *n.*	classification des postes *n.f.*
job consciousness *n.*	conscience professionnelle *n.f.*
job creation *n.*	création de poste *n.f.*
job description *n.*	description de poste *n.f.*
job description form *n.*	fiche de description de poste *n.f.*
job development training *n.*	formation au changement de métier *n.f.*
job enlargement *n.*	élargissement des tâches *n.m.*
job enrichment *n.*	enrichissement des tâches *n.m.*
job evaluation *n.*	cotation de poste *n.f.*
job evaluation committee *n.*	comité d'évaluation *n.m.*
job holder *n.*	titulaire d'un poste *n.m.f.*
job interview *n.*	interview d'embauche *n.f.*
job involvement *n.*	implication dans le poste *n.f.*
job loss *n.*	perte de travail *n.f.*
job motivation *n.*	motivation professionnelle *n.f.*
job offer *n.*	offre d'emploi *n.f.*
job protection *n.*	protection du travail *n.f.*
job requirements *n.pl.*	exigences du poste *n.f.pl.*
job rotation *n.*	rotation des postes de travail *n.f.*
job satisfaction *n.*	satisfaction au travail *n.f.*
job search *n.*	recherche d'emploi *n.f.*
job security *n.*	sécurité de l'emploi *n.f.*
job seeker *n.*	demandeur d'emploi *n.m.*
job sharing *n.*	répartition des tâches *n.f.*
job shop *n.*	atelier polyvalent *n.m.*
job simulation *n.*	simulation d'emploi *n.f.*
job specifications *n.pl.*	exigences du poste *n.f.pl.*
job title *n.*	intitulé du poste *n.m.*
job with career prospects *n.*	poste évolutif *n.m.*
job-training agreement *n.*	contrat emploi-formation *n.m.*
joint committee *n.*	commission paritaire *n.f.*
joint consultation *n.*	consultation paritaire *n.f.*
judge of an industrial tribunal *n.*	juge d'un tribunal de travail *n.m.*
junior managers *n.pl.*	jeunes cadres *n.m.pl.*
jurisdiction *n.*	ressort d'activité *n.m.*
jurist *n.*	juriste *n.m.f.*

K

key business indicators *n.pl.* .... tableau de bord *n.m.*
key issue *n.* .... enjeu principal *n.m.*
key sector *n.* .... secteur-clé *n.m.*
kill oneself with work *v.pr.* .... se tuer au travail *v.pr.*
know-how *n.* .... savoir-faire *n.m.*
knowledge *n.* .... savoir *n.m.*
knowledge of the human being *n.* .... connaissance des hommes *n.f.*
knowledge transfer *n.* .... transfert de savoir *n.m.*

L

labour and management *n.* .... partenaires sociaux *n.m.pl.*
labour cost *n.* .... coût de la main-d'œuvre *n.m.*
labour force *n.* .... main-d'œuvre *n.f.*
labour force shortage *n.* .... pénurie de main-d'œuvre *n.f.*
labour inspector *n.* .... inspecteur du travail* *n.m.*
labour inspectorate *n.* .... inspection du travail *n.f.*
labour law *n.* .... droit du travail /
                                                                      droit social *n.m.*
labour legislation *n.* .... code du travail *n.m.*
labour market *n.* .... marché du travail *n.m.*
labour need *n.* .... besoin en main-d'œuvre *n.m.*
labour qualification *n.* .... qualification du travail *n.f.*
labour regulations *n.pl.* .... réglementation du travail *n.f.*
labour relations *n.pl.* .... relations du travail *n.f.pl.*
labour reserve *n.* .... volant de main-d'œuvre
                                                                      disponible *n.m.*
labour shortage *n.* .... manque de personnel *n.m.*
labour stability *n.* .... stabilité du personnel *n.f.*
labour surplus *n.* .... surplus de main-d'œuvre *n.m.*
labour turnover *n.* .... rotation du personnel *n.f.* /
                                                                      turnover *n.m.*
labour union *n.* .... syndicat ouvrier *n.m.*
labour-management relations *n.pl.* .... rapport entre employeur et
                                                                      employé *n.m.*
lack of experience *n.* .... inexpérience *n.f.*
ladder position *n.* .... poste tremplin *n.m.*
law *n.* .... loi *n.f.*
law department *n.* .... service juridique *n.m.*
law enforcement *n.* .... application de la loi *n.f.*

lead time before payment *n.*	délai de carence *n.m.*
leader *n.*	leader *n.m.*
leadership *n.*	leadership *n.m.*
learning by doing *n.*	learning by doing *n.m.*
leave *n.*	arrêt de travail *n.m.*
leave a job *v.tr.*	quitter des fonctions *v.tr.*
leave entitlement *n.*	droit à congés *n.m.*
legal action *n.*	action en justice *n.f.*
legal adviser *n.*	conseiller(ère) juridique *n.m.,f.*
legal framework *n.*	cadre légal *n.m.*
legal information *n.*	information judiciaire *n.f.*
legal person *n.*	personne morale *n.f.*
legal representative *n.*	représentant légal *n.m.*
leisure offer *n.*	loisirs (proposés par le comité d'entreprise) *n.m.pl.*
length of service *n.*	années de service *n.f.pl.*
letter fixing an appointment *n.*	lettre de convocation *n.f.*
letter of application *n.*	lettre de candidature *n.f.*
letter of appointment *n.*	lettre d'embauche *n.f.*
letter of congratulation *n.*	lettre de félicitations *n.f.*
letter of dismissal *n.*	lettre de licenciement *n.f.*
letter of resignation *n.*	lettre de démission *n.f.*
levelling out *n.*	nivellement *n.m.*
liability ceiling *n.*	plafond d'assujettissement *n.m.*
liable to contribution *adj.*	assujetti à la cotisation *adj.*
liable to income tax *adj.*	assujetti à l'impôt sur le revenu *adj.*
liable to social security tax *adj.*	assujetti à la sécurité sociale *adj.*
liable to value added tax *adj.*	assujetti à la TVA *adj.*
life insurance *n.*	assurance décès *n.f.*
limited partnership *n.*	société en commandite simple *n.f.*
line function *n.*	fonction opérationnelle *n.f.*
line management *n.*	encadrement *n.m.*
line manager *n.*	cadre opérationnel *n.m.* / responsable hiérarchique *n.m.f.*
line relations *n.pl.*	relations hiérarchiques *n.f.pl.*
list *n.*	liste *n.f.*
local labour market *n.*	marché du travail local *n.m.*
logistics *n.pl.*	logistique *n.f.*
long service medal *n.*	médaille du travail *n.f.*
loyalty to the company *n.*	fidélité à l'entreprise *n.f.*
lump indemnity *n.*	indemnité forfaitaire *n.f.*
lump-sum indemnity *n.*	forfait *n.m.*
luncheon voucher *n.*	chèque restaurant *n.m.*

M

macroeconomics *n.pl.* .... macroéconomie *n.f.*

made up hour *n.* .... heure récupérable *n.f.*

magnetic card reader *n.* .... lecteur de badges *n.m.*

maintenance department *n.* .... service entretien *n.m.*

make somebody aware of his / her
responsibilities *v.tr.* .... responsabiliser *v.tr.*

manage *v.tr.* .... gérer / manager *v.tr.*

management *n.* .... gestion *n.f.* / management *n.m.*

management accounting *n.* .... contrôle de gestion *n.m.*

management accounting department *n.* ..... service contrôle de gestion *n.m.*

management audit *n.* .... audit de management *n.m.*

management body *n.* .... organe de direction *n.m.*

management by objectives *n.* .... management par objectifs *n.m.*

management development *n.* .... développement des cadres *n.m.*

management guideline *n.* .... directive de management *n.f.*

management job *n.* .... poste d'encadrement *n.m.*

management level *n.* .... niveau de direction *n.m.*

management of change *n.* .... conduite du changement *n.f.*

management position *n.* .... position de management *n.f.*

management staff *n.* .... staff de direction *n.m.*

management structure *n.* .... structure de management *n.f.*

management style *n.* .... style de management *n.m.*

management team *n.* .... équipe de direction *n.f.*

management tool *n.* .... outil de management *n.m.*

management training *n.* .... formation au management *n.f.*

manager *n.* .... gérant(e) *n.m.,f.* /
manager *n.m.* / cadre* *n.m.*

manager of junior managers *n.* .... responsable
des jeunes cadres *n.m.f.*

manager receiving a lump-sum *n.* .... cadre au forfait *n.m.*

managerial *adj.* .... managérial *adj.*

managerial task *n.* .... tâche de direction *n.f.*

managers employment agency *n.* .... APEC Association Pour l'Emploi
des Cadres *n.f.*

managers' status *n.* .... statut des cadres *n.m.*

manning *n.* .... affectation de personnel *n.f.*

manpower forecast *n.* .... prévision de la main-d'œuvre *n.f.*

manpower need *n.* .... besoin de personnel *n.m.*

marginal cost *n.* .... coût marginal *n.m.*

marital status *n.* .... situation familiale *n.f.*

market analysis *n.* .... analyse de marché *n.f.*

marketing *n.* .... marketing *n.m.*

marketing department *n.* .... service marketing *n.m.*

married *adj.* .... marié *adj.*

mass redundancy *n.*	licenciement collectif *n.m.*
master *v.tr.*	maîtriser *v.tr.*
master examination *n.*	examen de maîtrise *n.m.*
mastery *n.*	maîtrise *n.f.*
master's degree *n.*	maîtrise (diplôme) *n.f.*
maternity leave *n.*	congé maternité *n.m.*
maternity pay *n.*	salaire lors du congé maternité *n.m.*
matrix structure *n.*	structure matricielle *n.f.*
MBA Master of Business Administration *n.*	MBA Master of Business Administration *n.m.*
measure to favour job creation *n.*	mesure pour la création d'emploi *n.f.*
mediation *n.*	médiation *n.f.*
medical certificate *n.*	attestation médicale *n.f.*
medical doctor *n.*	docteur en médecine *n.m.*
medical examination *n.*	examen médical *n.m.*
meet deadlines *v.tr.*	respecter les délais *v.tr.*
meeting *n.*	réunion *n.f.*
member covered by NHS *n.*	assuré(e) social(e) *n.m.,f.*
member of the board of directors *n.*	membre du directoire *n.m.*
member of the French trade union CGT *n.*	cégétiste *n.m.f.*
membership *n.*	adhésion *n.f.*
Memorandum and Articles of Association *n.*	statuts de l'entreprise *n.m.pl.*
mentor* *n.*	mentor *n.m.*
merchandising department *n.*	service commercial *n.m.*
merger *n.*	fusion *n.f.*
meta-analysis *n.*	méta-analyse *n.f.*
microeconomics *n.pl.*	micro-économie *n.f.*
middle manager *n.*	cadre moyen *n.m.*
mileage allowance *n.*	indemnité kilométrique *n.f.*
milkround *n.*	forum étudiant *n.m.*
minimum wage earner *n.*	smicard *n.m.*
misdemeanour *n.*	faute lourde *n.f.*
mission *n.*	mission *n.f.*
mission statement *n.*	projet de l'entreprise *n.m.*
misuse of skills *n.*	mauvaise utilisation des compétences *n.f.*
mobility *n.*	mobilité *n.f.*
month's salary *n.*	mois de salaire *n.m.*
monthly payment *n.*	mensualité *n.f.*
monthly payment of tax *n.*	mensualisation de l'impôt *n.f.*
monthly payment of wages *n.*	mensualisation des salaires *n.f.*
morphopsychology *n.*	morphopsychologie *n.f.*
mortgage *n.*	hypothèque *n.f.*
motivate *v.tr.*	motiver *v.tr.*
motivated *adj.*	motivé *adj.*

motivation *n.* .... motivation *n.f.*

MSFU Manufacturing Science and Finance
Union *n.* .... syndicat britannique *n.m.*

multinational *n.* .... multinationale *n.f.*

N

NALGO National and Local Government
Officers Association *n.* .... syndicat britannique *n.m.*

national health authority *n.* .... caisse primaire d'assurance
maladie *n.f.*

National Insurance card *n.* .... carte de Sécurité sociale *n.f.*

National Insurance Payment *n.* .... remboursement de Sécurité
sociale *n.m.*

National Insurance (Social Security) *n.* .... Sécurité sociale *n.f.*

nationality *n.* .... nationalité *n.f.*

natural person *n.* .... personne physique *n.f.*

naturalize *v.tr.* .... naturaliser *v.tr.*

need for achievement *n.* .... besoin de réalisation de soi *n.m.*

needs analysis *n.* .... analyse des besoins *n.f.*

needs fulfilment *n.* .... satisfaction des besoins *n.f.*

needs hierarchy *n.* .... hiérarchie des besoins *n.f.*

negotiation *n.* .... négociation *n.f.*

network *n.* .... réseau *n.m.*

night shift *n.* .... équipe de nuit *n.f.*

night work *n.* .... travail de nuit *n.m.*

night work prohibited *n.* .... interdiction de travailler
la nuit *n.f.*

no-strike agreement* *n.* .... accord "pas de grève" *n.m.*

nominal wage *n.* .... salaire nominal *n.m.*

non-working population *n.* .... non-actifs *n.m.pl.*

notice *n.* .... préavis *n.m.*

notice of dismissal *n.* .... préavis de licenciement *n.m.*

notice of redundancy *n.* .... avis de licenciement *n.m.*

notification *n.* .... convocation *n.f.*

notify *v.tr.* .... notifier *v.tr.*

number of points *n.* .... nombre de points *n.m.*

O

O levels *n.pl.*	brevet des Collèges *n.m.*
objective *n.*	objectif *n.m.*
occupational disease *n.*	maladie professionnelle *n.f.*
occupational group *n.*	catégorie professionnelle *n.f.*
occupational hazard *n.*	risque professionnel *n.m.*
occupational health *n.*	médecine du travail *n.f.*
off-the-job training *n.*	formation à l'extérieur de l'entreprise *n.f.*
office hours *n.pl.*	heures de bureau *n.f.pl.*
official *adj.*	officiel *adj.*
official journal *n.*	JO Journal Officiel *n.m.*
old boys network *n.*	réseau des anciens élèves *n.m.*
old-age pension *n.*	allocation vieillesse *n.f.*
on behalf of *expr.*	au nom de *expr.*
on-the-job training *n.*	formation sur le tas *n.f.*
open question *n.*	question ouverte *n.f.*
open reference *n.*	référence ouverte *n.f.*
operational relations *n.pl.*	relations opérationnelles *n.f.pl.*
opportunity *n.*	opportunité *n.f.*
optimize *v.tr.*	optimiser *v.tr.*
order *n.*	ordre *n.m.*
order denying access to specified places *n.*	interdiction de séjour *n.f.*
organization *n.*	organisation *n.f.*
organization and methods department *n.*	bureau des méthodes *n.m.*
organization chart *n.*	organigramme *n.m.*
organizational analysis *n.*	analyse organisationnelle *n.f.*
organizational change *n.*	changement organisationnel *n.m.*
organizational commitment *n.*	implication pour l'organisation *n.f.*
organizational culture *n.*	culture de l'organisation *n.f.*
organizational problem *n.*	problème d'organisation *n.m.*
organizational psychology *n.*	psychologie organisationnelle *n.f.*
outline agreement *n.*	accord cadre *n.m.*
outplacement *n.*	outplacement / reclassement *n.m.*
output *n.*	sortie *n.f.*
outsourcing *n.*	sous-traitance de tout ou partie d'une activité *n.f.*
overemployment *n.*	suremploi *n.m.*
overpopulation *n.*	surpopulation *n.f.*
overqualification *n.*	surqualification *n.f.*

overt conflict *n.* .... conflit ouvert *n.m.*
overtime *n.* .... heures supplémentaires *n.f.pl.*
overworking *n.* .... surmenage *n.m.*
ownership *n.* .... propriété *n.f.*

P

paid activity *n.* .... activité rétribuée *n.f.*
paid holiday *n.* .... congé payé* *n.m.*
panel interview *n.* .... entretien avec plusieurs
personnes *n.m.*
parent company *n.* .... société mère *n.f.*
parental leave *n.* .... congé parental *n.m.*
part time *n.* .... temps partiel *n.m.*
part-time job *n.* .... travail à temps partiel /
travail à mi-temps *n.m.*
part-time staff *n.* .... personnel employé
à mi-temps *n.m.*
part-time worker *n.* .... vacataire *n.m.f.* .
partial disability *n.* .... incapacité partielle *n.f.*
participant *n.* .... participant(e) *n.m.,f.*
participating rights *n.pl.* .... droits de participation *n.m.pl.*
participative management *n.* .... management participatif *n.m.*
partner *n.* .... associé(e) *n.m.,f.* /
partenaire *n.m.f.*
partnership *n.* .... société en nom collectif *n.f.*
partnership limited by shares *n.* .... société en commandite par
actions *n.f.*
pass degree *n.* .... diplôme obtenu avec la
mention passable *n.m.*
passport *n.* .... passeport *n.m.*
paternity leave *n.* .... congé paternité *n.m.*
path *n.* .... filière *n.f.*
pay *n.* .... paye *n.f.*
pay brackets *n.pl.* .... éventail des salaires *n.m.*
pay conditions *n.pl.* .... conditions de salaire *n.f.pl.*
pay day *n.* .... jour de la paie *n.m.*
pay decrease *n.* .... baisse des salaires *n.f.*
pay department *n.* .... service paye *n.m.*
pay increase *n.* .... augmentation de salaire *n.f.*
pay list *n.* .... liste des salaires *n.f.*
pay range *n.* .... éventail des salaires *n.m.*
pay scale *n.* .... grille salariale *n.f.*
pay slip *n.* .... bulletin de paie *n.m.*

pay system *n.*	système salarial *n.m.*
payable in monthly payments *adj.*	payable en mensualités *adj.*
payment authorization *n.*	autorisation de paiement *n.f.*
payroll deduction *n.*	retenue sur salaire *n.f.*
pedagogical *adj.*	pédagogique *adj.*
peer *n.*	pair *n.m.*
people management *n.*	gestion des hommes *n.f.*
penal code *n.*	code pénal *n.m.*
pension entitlement *n.*	droit à la retraite *n.m.*
per capita *expr.*	par tête *expr.*
percentage *n.*	pourcentage *n.m.*
performance *n.*	efficacité *n.f.* / rendement *n.m.*
performance appraisal *n.*	appréciation des performances *n.f.*
performance criterion *n.*	critère de performance *n.m.*
performance objective *n.*	objectif de rendement *n.m.*
performance-related *adj.*	lié à la performance *adj.*
performance related pay *n.*	salaire lié à la performance *n.m.*
performance standard *n.*	niveau de rendement *n.m.*
peripheral workers* *n.pl.*	travailleurs périphériques *n.m.pl.*
permission *n.*	permission *n.f.*
permission to go abroad *n.*	autorisation de quitter le territoire *n.f.*
personal address and telephone number *n.*	coordonnées personnelles *n.f.pl.*
personal liability *n.*	responsabilité personnelle *n.f.*
personal record *n.*	dossier individuel *n.m.*
personality inventory *n.*	inventaire de la personnalité *n.m.*
personality profile *n.*	profil de personnalité *n.m.*
personality test *n.*	test de personnalité *n.m.*
personality trait *n.*	trait de personnalité *n.m.*
personnel audit *n.*	audit social *n.m.*
personnel department *n.*	service du personnel *n.m.*
personnel development *n.*	développement des ressources humaines *n.m.*
personnel director *n.*	directeur du personnel *n.m.*
personnel file *n.*	fichier du personnel *n.m.*
personnel flow *n.*	mouvement de personnel *n.m.*
personnel function *n.*	fonction personnel *n.f.*
personnel hiring *n.*	embauche de personnel *n.f.*
personnel management *n.*	gestion du personnel *n.f.*
personnel manager *n.*	chef du personnel *n.m.f.*
personnel manager of a factory *n.*	chef du personnel de l'usine *n.m.f.*
personnel policy *n.*	politique du personnel *n.f.*

personnel professional *n.* .... professionnel de GRH *n.m.*
personnel specialist *n.* .... spécialiste du personnel *n.m.f.*
personnel transfer *n.* .... transfert d'effectifs *n.m.*
personnel / manpower planning *n.* .... gestion prévisionnelle des ressources humaines *n.f.*
Peter principle *n.* .... principe de Peter *n.m.*
PhD *n.* .... doctorat *n.m.*
physical criterion *n.* .... critère physique *n.m.*
picketing *n.* .... constitution des piquets de grève *n.f.*
piece wage *n.* .... salaire aux pièces *n.m.*
place of birth *n.* .... lieu de naissance *n.m.*
place of production *n.* .... lieu de production *n.m.*
place of training *n.* .... lieu de formation *n.m.*
planned redundancy scheme *n.* .... plan social *n.m.*
planning *n.* .... planification *n.f.*
planning system *n.* .... système de planification *n.m.*
plant *n.* .... usine *n.f.*
policy *n.* .... politique *n.f.*
poll *n.* .... sondage *n.m.*
position of trust *n.* .... poste de confiance *n.m.*
possibility *n.* .... possibilité *n.f.*
post / job *n.* .... poste *n.m.*
postgraduate *n.* .... diplômé(e) du troisième cycle *n.m.,f.*
potential *n.* .... potentiel *n.m.*
potential substitute *n.* .... remplaçant potentiel *n.m.*
power *n.* .... pouvoir *n.m.*
practice *n.* .... pratique *n.f.*
precarious job *n.* .... emploi précaire *n.m.*
precedence *n.* .... préséance *n.f.*
pregnant *adj.* .... enceinte *adj.*
premises for service's use exclusively *n.pl.* .... local reservé au service *n.m.*
premium system *n.* .... système de primes *n.m.*
preselect *v.tr.* .... présélectionner *v.tr.*
preselection *n.* .... présélection *n.f.*
prices and wages freeze *n.* .... blocage des prix et des salaires *n.m.*
private employment agency *n.* .... bureau privé de placement *n.m.*
private life *n.* .... vie privée *n.f.*
private limited company *n.* .... SARL Société à Responsabilité Limitée *n.f.*
private sector *n.* .... secteur privé *n.m.*
probationary contract *n.* .... contrat à l'essai *n.m.*
probationary period *n.* .... période d'essai *n.f.*
procedure *n.* .... procédure *n.f.*
process *n.* .... processus *n.m.*

production *n.*	production *n.f.*
production department *n.*	service fabrication *n.m.*
production planning *n.*	planification de la production *n.f.*
productivity *n.*	productivité *n.f.*
productivity bonus *n.*	prime au rendement *n.f.*
productivity gain *n.*	gain de productivité *n.m.*
professional *adj.*	professionnel *adj.*
professional ability *n.*	aptitude professionnelle *n.f.*
professional branch *n.*	branche professionnelle *n.f.*
professional classification *n.*	classification professionnelle *n.f.*
professional election *n.*	élection professionnelle *n.f.*
professional error *n.*	faute professionnelle *n.f.*
professional experience *n.*	experience professionnelle *n.f.*
professional future *n.*	avenir professionnel *n.m.*
professional life *n.*	vie professionnelle *n.f.*
professional misconduct *n.*	faute grave *n.f.*
professional mobility *n.*	mobilité professionnelle *n.f.*
professional path *n.*	filière professionnelle *n.f.*
professional plan *n.*	projet professionnel *n.m.*
professional qualification *n.*	qualification professionnelle *n.f.*
professional trade-unionism *n.*	syndicalisme de métier *n.m.*
professionalization *n.*	professionalisation *n.f.*
profile *n.*	profil *n.m.*
profit centre *n.*	centre de profit *n.m.*
profit related pay *n.*	salaire lié aux bénéfices *n.m.*
profit-sharing *n.*	intéressement* *n.m.*
profit-sharing agreement (compulsory above ten employees) *n.*	accord de participation *n.m.*
profit-sharing agreement (contractual) *n.*	accord d'intéressement *n.m.*
profitability *n.*	rentabilité *n.f.*
programming language *n.*	langage informatique *n.m.*
project *n.*	projet *n.m.*
projective test *n.*	test projectif *n.m.*
promotion *n.*	promotion *n.f.*
promotion by seniority *n.*	promotion à l'ancienneté *n.f.*
promotion criterion *n.*	critère de promotion *n.m.*
promotion prospect *n.*	perspective de promotion *n.f.*
promotion to managerial status *n.*	passage cadre *n.m.*
proportional *adj.*	proportionnel *adj.*
proposal *n.*	proposition *n.f.*
proxy *n.*	procuration *n.f.*
psycho-sociological analysis *n.*	analyse psychosociologique *n.f.*
psychological analysis *n.*	analyse psychologique *n.f.*
psychological criterion *n.*	critère psychique *n.m.*
psychological test *n.*	test psychologique *n.m.*
psychologist *n.*	psychologue *n.m.f.*
psychometric test *n.*	test psychométrique *n.m.*

psychometrics *n.pl.* .... psychométrie *n.f.*
psychotechnic *adj.* .... psychotechnique *adj.*
public limited company *n.* .... SA Société Anonyme *n.f.*
public sector *n.* .... secteur public *n.m.*
publication *n.* .... publication *n.f.*
purchasing department *n.* .... service achats *n.m.*
put on the agenda *v.tr.* .... passer à l'ordre du jour *v.tr.*

Q

qualification *n.* .... qualification *n.f.*
qualification concept *n.* .... concept de qualification *n.m.*
qualified *adj.* .... diplômé(e) *n.m.,f.*
qualified personnel *n.* .... personnel qualifié *n.m.*
qualified workforce *n.* .... main-d'œuvre qualifiée *n.f.*
qualitative *adj.* .... qualitatif *adj.*
qualitative personnel needs *n.pl.* .... besoin qualitatif
en personnel *n.m.*
quality *n.* .... qualité *n.f.*
quality circle *n.* .... cercle de qualité *n.m.*
quality control *n.* .... contrôle qualité *n.m.*
quality department *n.* .... service qualité *n.m.*
quality insurance *n.* .... assurance qualité *n.f.*
quality of life *n.* .... qualité de la vie *n.f.*
quantitative *adj.* .... quantitatif *adj.*
quantitative personnel needs *n.pl.* .... besoin quantitatif
en personnel *n.m.*

R

R&D Research and Developement *n.* .... R&D Recherche et
Développement *n.f.*
race discrimination *n.* .... discrimination ethnique *n.f.*
racial origin *n.* .... origine raciale *n.f.*
raise of wages and salaries *n.* .... revalorisation des salaires
et des traitements *n.f.*
rate of work *n.* .... rythme de travail *n.m.*
real wage *n.* .... salaire effectif *n.m.*
recourse to the workforce *n.* .... recours à la main-d'œuvre *n.m.*
recruit *v.tr.* .... recruter *v.tr.*
recruitment *n.* .... recrutement *n.m.*
recruitment campaign *n.* .... campagne de recrutement *n.f.*
recruitment consulting firm *n.* .... cabinet de recrutement *n.m.*

ANGLAIS – FRANÇAIS

recruitment cost *n.* .... coût du recrutement *n.m.*

recruitment department *n.* .... service du recrutement *n.m.*

recruitment manager *n.* .... recruteur *n.m.*

recruitment process *n.* .... processus de recrutement *n.m.*

red circling* *n.* .... technique d'identification des salariés anormalement bien payés *n.f.*

reduction of working time *n.* .... réduction du temps de travail *n.f.*

redundancy *n.* .... licenciement *n.m.*

redundancy for economic reasons *n.* .... licenciement pour cause économique *n.m.*

redundancy payment *n.* .... indemnité de licenciement *n.f.*

reference group *n.* .... groupe de référence *n.m.*

reference market *n.* .... marché de référence *n.m.*

refund of expenses *n.* .... remboursement de frais *n.m.*

registered address *n.* .... adresse commerciale *n.f.*

registration *n.* .... inscription *n.f.*

registration for unemployment benefits *n.* .... inscription au chômage *n.f.*

regular staff *n.* .... personnel permanent *n.m.*

regulation *n.* .... réglementation *n.f.*

reintegration *n.* .... réintégration *n.f.*

remuneration *n.* .... rémunération *n.f.*

reorganisation *n.* .... réorganisation *n.f.*

replacement *n.* .... remplacement *n.m.*

reply requested *expr.* .... RSVP Répondez S'il Vous Plaît *expr.*

report *n.* .... rapport *n.m.*

report *v.tr.* .... rapporter *v.tr.*

reporting *n.* .... reporting *n.m.*

representation body *n.* .... structure de représentation *n.f.*

representative *n.* .... délégué(e) *n.m.,f.*

reprimand *n.* .... blâme *n.m.*

reputation *n.* .... réputation *n.f.*

required ability *n.* .... aptitude requise *n.f.*

research department *n.* .... service études *n.m.*

residence allowance *n.* .... indemnité de séjour *n.f.*

residence permit *n.* .... carte de séjour *n.f.*

resignation *n.* .... démission *n.f.*

resource allocation *n.* .... allocation de ressources *n.f.*

responsibility *n.* .... responsabilité *n.f.*

restructuring *n.* .... restructuration *n.f.*

result *n.* .... résultat *n.m.*

resumé *n.* .... CV curriculum vitae *n.m.*

retired *adj.* .... en retraite *expr.*

retired *n.* .... retraité(e) *n.m.,f.*

retirement *n.* .... retraite *n.f.*

retirement fund *n.* .... caisse de retraite *n.f.*

ANGLAIS – FRANÇAIS

retirement insurance *n.* .... assurance retraite *n.f.*
retirement pay *n.* .... pension de retraite *n.f.*
retraining *n.* .... reconversion *n.f.*
retrospective pay *n.* .... rappel sur salaire *n.m.*
reunification *n.* .... réunification *n.f.*
reward *n.* .... récompense *n.f.*
risk *n.* .... risque *n.m.*
role *n.* .... rôle *n.m.*
role allocation *n.* .... répartition des rôles *n.f.*
role play exercise *n.* .... jeu de rôle *n.m.*
rung on the ladder *v.intr.* .... gravir les échelons de la
                                                                                          hiérarchie *v.tr.*
running costs *n.pl.* .... frais de fonctionnement *n.m.pl.*

S

safety rule *n.* .... règle de sécurité *n.f.*
salaried work *n.* .... travail salarié *n.m.*
salary *n.* .... salaire *n.m.*
salary agreement *n.* .... accord salarial *n.m.*
salary certificate *n.* .... attestation de salaire *n.f.*
salary expectation *n.* .... prétention salariale *n.f.*
salary scale referring to job points *n.* .... échelle indiciaire *n.f.*
salary setting *n.* .... fixation des salaires *n.f.*
sales *n.pl.* .... vente *n.f.*
sales department *n.* .... service des ventes *n.m.*
sales manager *n.* .... directeur commercial *n.m.*
sanction *n.* .... sanction *n.f.*
sandwich course *n.* .... formation alternée *n.f.*
saving plan *n.* .... plan d'épargne *n.m.*
scale *n.* .... échelle *n.f.*
scholarship *n.* .... bourse d'études *n.f.*
school leavers *n.pl.* .... jeunes quittant l'école
                                                                                          à 16 ans *n.m.pl.*
school of thought *n.* .... école de pensée *n.f.*
scientific management *n.* .... organisation scientifique du
                                                                                          travail *n.f.*
seasonal *adj.* .... saisonnier *adj.*
seasonal job *n.* .... emploi saisonnier *n.m.*
second best candidate *n.* .... candidat de remplacement *n.m.*
secondary school *n.* .... lycée *n.m.*
secondment *n.* .... détachement *n.m.*
secondment abroad *n.* .... détachement à l'étranger *n.m.*
secret ballot *n.* .... vote à bulletins secrets *n.m.*

secretary *n.*	secrétaire *n.m.f.*
security department *n.*	service de sécurité *n.m.*
selection *n.*	recrutement *n.m.* / sélection *n.f.*
selection agency *n.*	cabinet de recrutement *n.m.*
selection criterion *n.*	critère de sélection *n.m.*
selection decision *n.*	décision d'embauche *n.f.*
selection method *n.*	méthode de sélection *n.f.*
selection procedure *n.*	procédure de sélection *n.f.*
selection profile *n.*	profil de recrutement *n.m.*
self-fulfilment *n.*	réalisation de soi *n.f.*
self-management *n.*	autogestion *n.f.*
seminar *n.*	exposé *n.m.*
sender *n.*	expéditeur *n.m.*
senior *n.*	senior *n.m.f.*
senior in rank *n.*	supérieur hiérarchique *n.m.*
senior in staff *n.*	supérieur fonctionnel *n.m.*
senior manager *n.*	cadre supérieur *n.m.*
seniority *n.*	ancienneté *n.f.*
seniority bonus *n.*	prime d'ancienneté *n.f.*
service *n.*	service *n.m.*
service company *n.*	entreprise de service *n.f.*
session *n.*	séminaire *n.m.*
setting up *n.*	implantation *n.f.*
setting up of a company *n.*	constitution d'une société *n.f.*
setting up of the pay scale *n.*	établissement de la grille de salaire *n.m.*
sex discrimination *n.*	discrimination homme femme *n.f.*
sexual harassment *n.*	harcèlement sexuel *n.m.*
share *v.tr.*	partager *v.tr.*
shift relief *n.*	relève de l'équipe *n.f.*
shiftwork *n.*	travail en équipe *n.m.*
shop steward* *n.*	délégué(e) syndical(e) *n.m.,f.*
short-time working *n.*	chômage partiel *n.m.*
sick leave *n.*	congé maladie *n.m.*
sick pay *n.*	indemnité maladie *n.f.*
sickness benefit *n.*	allocation maladie *n.f.*
sickness insurance *n.*	assurance maladie *n.f.*
sickness rate *n.*	taux de maladie *n.m.*
sideways communication *n.*	information horizontale *n.f.*
sign *v.tr.*	signer *v.tr.*
signature *n.*	signature *n.f.*
single *adj.*	célibataire *adj.*
situational test *n.*	test en situation *n.m.*
skilled worker *n.*	ouvrier(ère) qualifié(e) *n.m.,f.*
skills inventory *n.*	inventaire des compétences *n.m.*

small- and medium-sized firms *n.pl.*	PME Petites et Moyennes Entreprises *n.f.pl.*
small- and medium-sized industries *n.pl.*	PMI Petites et Moyennes Industries *n.f.pl.*
smoking policy *n.*	politique eu égard aux fumeurs *n.f.*
social *adj.*	social *adj.*
social behaviour *n.*	comportement en société *n.m.*
social category *n.*	catégorie sociale *n.f.*
Social Charter *n.*	Charte Sociale *n.f.*
social climate *n.*	climat social *n.m.*
social costs *n.pl.*	charges salariales *n.f.pl.*
social criterion *n.*	critère social *n.m.*
social order *n.*	paix sociale *n.f.*
social results of a company *n.pl.*	bilan social* *n.m.*
social sciences *n.pl.*	sciences sociales *n.f.pl.*
social security number *n.*	numéro de sécurité sociale *n.m.*
social statistics *n.pl.*	statistiques sociales *n.f.pl.*
social worker *n.*	assistant(e) social(e) *n.m.,f.*
societal *adj.*	sociétal *adj.*
socio-economic *adj.*	socio-économique *adj.*
socio-technical *adj.*	socio-technique *adj.*
sociogram *n.*	sociogramme *n.m.*
software *n.*	logiciel *n.m.*
solvency *n.*	solvabilité *n.f.*
special clause *n.*	clause spécifique *n.f.*
specialist *n.*	spécialiste *n.m.f.*
specialized salesperson *n.*	vendeur(euse) spécialisé(e) *n.m.,f.*
specifications *n.pl.*	cahier des charges *n.m.*
specificity *n.*	spécificité *n.f.*
sphere of activity *n.*	champ d'activité *n.m.*
sponsorship *n.*	parrainage *n.m.*
sponsorship relationship *n.*	relation de parrainage *n.f.*
spouse *n.*	conjoint(e) *n.m.,f.*
stability *n.*	stabilité *n.f.*
stable job *n.*	place stable *n.f.*
staff *n.*	personnel *n.m.*
staff cut *n.*	réduction de personnel *n.f.*
staff development *n.*	développement des salariés *n.m.*
staff member *n.*	membre du personnel *n.m.*
staff relations *n.pl.*	relations fonctionnelles *n.f.pl.*
staff representative *n.*	délégué(e) du personnel* *n.m.,f.* / représentant des salariés *n.m.*
staff restaurant *n.*	restaurant d'entreprise *n.m.*
standard of living *n.*	niveau de vie *n.m.*

state-pension scheme *n.*............................... assurance vieillesse *n.f.*

statement of income *n.*............................... déclaration de revenus *n.f.*

statement of residence *n.*........................... déclaration de résidence *n.f.*

statistician *n.*... statisticien(ne) *n.m.,f.*

statistics *n.pl.*... statistiques *n.f.pl.*

stoppage *n.*... débrayage *n.m.*

strategic planning *n.*.................................. planification stratégique *n.f.*

strength *n.*... force *n.f.*

stress *n.*.. stress *n.m.*

strike* *n.*.. grève *n.f.*

strike call *n.*... appel à la grève *n.m.*

strike notice *n.*.. préavis de grève *n.m.*

strike picket *n.*.. piquet de grève *n.m.*

string-pulling *n.*... piston *n.m.*

structural *adj.*.. structurel *adj.*

subcontracting *n.*...................................... sous-traitance *n.f.*

subcontractor *n.*.. sous-traitant *n.m.*

subjects studied *expr.*................................ domaines étudiés pendant les études *n.m.pl.*

submit an issue for discussion *v.tr.*........... mettre une question en délibération *v.tr.*

subordinate *n.*... subordonné(e) *n.m.,f.*

subordination relationship *n.*..................... relation de subordination *n.f.*

subsidiary health authority *n.*.................... caisse subsidiaire d'assurance maladie *n.f.*

success curve *n.*....................................... courbe du succès *n.f.*

succession *n.*.. succession *n.f.*

succession chart *n.*................................... organigramme de remplacement *n.m.*

succession movement *n.*........................... mouvement de succession *n.m.*

succession plan *n.*..................................... plan de remplacement *n.m.*

supervision *n.*.. surveillance *n.f.*

supervisor *n.*... maître de stage *n.m.*

supervisory board *n.*.................................. conseil de surveillance *n.m.*

supervisory staff *n.*................................... maîtrise (catégorie professionnelle) *n.f.*

supply department *n.*................................. service approvisionnement *n.m.*

supply forecast *n.*..................................... prévision de l'offre *n.f.*

synergy *n.*... synergie *n.f.*

system of classification by ranking *n.*....... système de classification par rang hiérarchique *n.m.*

T

taking up of a job *n.*	prise de fonction *n.f.*
target audience *n.*	public visé *n.m.*
target job *n.*	poste cible *n.m.*
targets bargaining *n.*	négociation d'objectifs *n.f.*
task *n.*	tâche *n.f.*
task-force *n.*	équipe de travail *n.f.*
taxable *adj.*	imposable *adj.*
taxation *n.*	imposition *n.f.*
team *n.*	équipe *n.f.*
team spirit *n.*	esprit d'équipe *n.m.*
team work *n.*	travail de groupe *n.m.*
technical assistance *n.*	assistance technique *n.f.*
technical competence *n.*	compétence technique *n.f.*
technical hitch *n.*	incident technique *n.m.*
technical manager *n.*	directeur technique *n.m.*
technical process *n.*	procédé technique *n.m.*
technical school certificate *n.*	BEP Brevet d'Études Professionnelles *n.m.*
technical vocational training *n.*	formation technique professionnelle *n.f.*
technician *n.*	technicien(ne) *n.m.,f.*
technique *n.*	technique *n.f.*
technology *n.*	technologie *n.f.*
teleconference *n.*	téléconférence *n.f.*
telematics *n.pl.*	télématique *n.f.*
teleworking *n.*	travail à distance *n.m.*
temperament *n.*	tempérament *n.m.*
temporary employment bureau *n.*	agence d'intérim *n.f.*
temporary work *n.*	travail intérimaire / travail temporaire *n.m.*
temporary worker *n.*	intérimaire *n.m.f.*
term for payment *n.*	délai de paiement *n.m.*
terms of contract *n.pl.*	termes du contrat *n.m.pl.*
test *n.*	test *n.m.*
TGWU Transport and General Workers Union *n.*	syndicat britannique des transports et des ouvriers automobiles *n.m.*
thank-you letter *n.*	lettre de remerciements *n.f.*
three eight-hour shifts *n.pl.*	trois-huit *n.m.pl.*
three-shift system *n.*	système de travail en équipes (3/8) *n.m.*
through the official channels *expr.*	par la voie hiérarchique *expr.*
time card *n.*	fiche de temps *n.f.*

time clock *n.*	pointeuse *n.f.*
time for consideration *n.*	délai de réflexion *n.m.*
timetable *n.*	calendrier *n.m.*
top executive *n.*	cadre dirigeant *n.m.*
top manager *n.*	cadre de direction *n.m.*
trade association *n.*	association professionnelle *n.f.*
trade fair *n.*	foire *n.f.*
trade name *n.*	raison sociale *n.f.*
trade union* *n.*	syndicat* *n.m.*
trade unionist *n.*	syndicaliste *n.m.f.*
trade-union activity *n.*	activité syndicale *n.f.*
trade-union *adj.*	syndical *adj.*
trade-union confederation *n.*	confédération syndicale *n.f.*
trade-union membership *n.*	appartenance à un syndicat *n.f.*
trade-union movement *n.*	mouvement syndical *n.m.*
trade-union pluralism *n.*	pluralisme syndical *n.m.*
train for a job *v.tr.*	former au métier *v.tr.*
trainee *n.*	stagiaire *n.m.f.*
trainer *n.*	instructeur *n.m.*
training *n.*	formation *n.f.*
training audit *n.*	audit de formation *n.m.*
training by correspondence *n.*	enseignement par correspondance *n.m.*
training centre *n.*	centre de formation *n.m.*
training cost *n.*	coût de formation *n.m.*
training gap *n.*	déficit de formation *n.m.*
training leave *n.*	congé formation *n.m.*
training method *n.*	méthode de formation *n.f.*
training need *n.*	besoin en formation *n.m.*
training objective *n.*	objectif de formation *n.m.*
training officer *n.*	formateur(trice) *n.m.,f.*
training process *n.*	cycle de formation *n.m.*
training programme *n.*	programme de formation *n.m.*
training proposal *n.*	proposition de formation *n.f.*
training scheme *n.*	plan de formation* *n.m.*
training session *n.*	stage de formation *n.m.*
transaction whereby payment in made in exchange for a letter of resignation *n.*	accord transactionnel *n.m.*
transactional analysis *n.*	analyse transactionnelle *n.f.*
transfer *n.*	mutation *n.f.* / transfert *n.m.*
travelling expenses *n.pl.*	frais de déplacement *n.m.pl.*
true certified *adj.*	certifié conforme *adj.*
true copy *n.*	copie conforme *expr.*
turnover *n.*	chiffre d'affaires *n.m.*
two eight-hour shifts *n.pl.*	deux-huit *n.m.pl.*
typist *n.*	dactylo *n.f.*

U

under the supervision of *expr.*	sous la direction de *expr.*
underemployment *n.*	sous-emploi *n.m.*
underestimate *v.tr.*	sous-estimer *v.tr.*
underestimation *n.*	sous-estimation *n.f.*
undermanning *n.*	sous-effectif *n.m.*
underpay *v.tr.*	sous-payer *v.tr.*
underqualification *n.*	sous-qualification *n.f.*
understanding *n.*	compréhension *n.f.*
unemployed *adj.*	au chômage *expr.*
unemployed *n.*	chômeur *n.m.*
unemployment *n.*	chômage *n.m.*
unemployment benefit *n.*	allocation chômage *n.f.*
unemployment figure *n.*	nombre de sans-emploi *n.m.*
unemployment insurance *n.*	assurance chômage *n.f.*
unemployment rate *n.*	taux de chômage *n.m.*
unemployment resulting from underactivity *n.*	chômage technique *n.m.*
unexpected difficulty *n.*	empêchement *n.m.*
unfair dismissal *n.*	licenciement abusif *n.m.*
union leader *n.*	leader syndical *n.m.*
union meeting *n.*	réunion syndicale *n.f.*
union member *n.*	syndiqué(e) *n.m.,f.*
Union of Industries in the European Community *n.*	UNICE Union des Industries de la Communauté Européenne *n.f.*
union representative *n.*	délégué(e) syndical(e)* *n.m.,f.*
union right *n.*	liberté syndicale *n.f.*
unit *n.*	unité *n.f.*
university *n.*	université *n.f.*
university business degree *n.*	diplôme universitaire de gestion et des affaires *n.m.*
university degree *n.*	diplôme universitaire *n.m.*
university education *n.*	formation universitaire *n.f.*
university post-graduate professional degree (in France) *n.*	DESS Diplôme d'Études Supérieures Spécialisées *n.m.*
university post-graduate research degree (in France) *n.*	DEA Diplôme d'Études Approfondies *n.m.*
unpaid leave *n.*	congé sans solde *n.m.*
unskilled / semi-skilled worker *n.*	OS Ouvrier Spécialisé *n.m.*
upward communication *n.*	information ascendante *n.f.*

ANGLAIS – FRANÇAIS

USDAW Union of Shop Distributive and Allied
Workers *n.* .... syndicat britannique des
personnels de la vente et de la
distribution *n.m.*
use *n.* .... utilisation *n.f.*
utilitarian *adj.* .... utilitaire *adj.*

V

vacancy *n.* .... poste à pourvoir *n.m.*
vacancy list *n.* .... bourse de l'emploi *n.f.*
vacant *adj.* .... vacant *adj.*
vacant position *n.* .... poste vacant *n.m.*
validation *n.* .... validation *n.f.*
value *n.* .... valeur *n.f.*
variable cost *n.* .... coût variable *n.m.*
variable pay *n.* .... part variable du salaire *n.f.*
VAT Value Added Tax *n.* .... TVA Taxe à la Valeur
Ajoutée *n.f.*
vested benefit *n.* .... avantage acquis *n.m.*
visiting card *n.* .... carte de visite *n.f.*
vocational ability exam *n.* .... examen d'aptitude
professionnelle *n.m.*
vocational guidance *n.* .... orientation professionnelle *n.f.*
vocational guidance interview *n.* .... entretien de réorientation *n.m.*
vocational training certificate *n.* .... CAP Certificat d'Aptitude
Professionnelle *n.m.*
vocational training *n.* .... formation professionnelle *n.f.*

W

wage *n.* .... salaire *n.m.*
wage adjustment *n.* .... ajustement des salaires *n.m.*
wage bill *n.* .... masse salariale *n.f.*
wage ceiling *n.* .... plafond de rémunération *n.m.*
wage claim *n.* .... revendication salariale *n.f.*
wage collective agreement *n.* .... convention collective
salariale *n.f.*
wage determination *n.* .... détermination des salaires *n.f.*
wage earner *n.* .... salarié(e) *n.m.,f.*
wage increase *n.* .... majoration salariale *n.f.*

wage level *n.*	niveau des salaires *n.m.*
wage maintenance *n.*	maintien du salaire *n.m.*
wage negotiation *n.*	négociation salariale *n.f.*
wage policy *n.*	politique salariale *n.f.*
wage pyramid *n.*	pyramide des salaires *n.f.*
wage spread *n.*	échelonnement des salaires *n.m.*
wage supplement *n.*	complément salarial *n.m.*
wage tax *n.*	impôt sur les salaires *n.m.*
wage-price spiral *n.*	course salaire-prix *n.f.*
wages and salaries claims *n.pl.*	revendications en matière de traitements et de salaires *n.f.pl.*
wages freeze *n.*	blocage des salaires *n.m.*
warning letter *n.*	lettre d'avertissement *n.f.*
weakness *n.*	faiblesse *n.f.*
weekly *adj.*	hebdomadaire *adj.*
weekly work *n.*	travail hebdomadaire *n.m.*
welfare *n.*	assistance sociale *n.f.*
welfare benefits *n.pl.*	avantages sociaux *n.m.pl.*
welfare department* *n.*	service social *n.m.*
white collar worker *n.*	employé(e) *n.m.,f.*
widowed *adj.*	veuf *adj.*
wildcat strike* *n.*	grève sauvage *n.f.*
woman on her own *n.*	femme seule *n.f.*
work *n.*	travail *n.m.*
work *v.intr.*	travailler *v.intr.*
work allocation *n.*	répartition du travail *n.f.*
work atmosphere *n.*	ambiance de travail *n.f.*
work certificate *n.*	certificat de travail *n.m.*
work conflict *n.*	conflit de travail *n.m.*
work division *n.*	division du travail *n.f.*
work in common *n.*	travail en commun *n.m.*
work method *n.*	méthode de travail *n.f.*
work on bank holidays *n.*	travail pendant les jours fériés *n.m.*
work organization *n.*	organisation du travail *n.f.*
work rationalization *n.*	rationalisation du travail *n.f.*
work station *n.*	poste de travail *n.m.*
work(ing) permit *n.*	autorisation de travail *n.f.*
work-to-rule strike *n.*	grève du zèle *n.f.*
workaholic *adj.*	fou du travail *adj.*
worker *n.*	ouvrier(ère) *n.m.,f.*
workers' assembly *n.*	assemblée ouvrière *n.f.*
workforce *n.*	effectif *n.m.*
working capacity *n.*	capacité de travail *n.f.*
working conditions *n.pl.*	conditions de travail *n.f.pl.*
working day *n.*	jour ouvrable *n.m.*

ANGLAIS – FRANÇAIS

working hours *n.pl.*	heures de travail *n.f.pl.*
working hours not completed *n.pl.*	heures de travail non effectuées *n.f.pl.*
working population *n.*	population active *n.f.*
working time *n.*	temps de travail *n.m.*
workload *n.*	charge de travail *n.f.*
workplace *n.*	lieu de travail *n.m.*
workplace arrangement *n.*	aménagement du cadre de travail *n.m.*
works council *n.*	comité d'entreprise* *n.m.*
works council election *n.*	élection au comité d'entreprise *n.f.*
workshop *n.*	atelier *n.m.*
world of work *n.*	monde du travail *n.m.*

Y

yearly travel of company members *n.*	voyage annuel du personnel d'une entreprise *n.m.*
yours sincerely *expr.*	Veuillez agréer l'expression de mes sentiments distingués *expr.*
youth unemployment *n.*	chômage des jeunes *n.m.*

Z

zero-sum game *n.*	jeu à somme nulle *n.m.*
zone of uncertainty *n.*	zone d'incertitude *n.f.*

4

ALLEMAND — FRANÇAIS

A

Abfindung (-,en), *die* .... accord transactionnel *n.m.*
Abfindungssumme (-,en), *die* .... indemnité *n.f.*
Abhängigkeitverhältnis (ses,sse), *das* .... lien de dépendance *n.m.*
Abitur (s,/), *das* .... baccalauréat *n.m.*
Ablaufzeit (-,en), *die* .... date d'expiration *n.f.*
ablehnen *v.tr.* .... rejeter une demande *v.tr.*
ABM Arbeitsbeschaffungsmaßnahmen
(-,n), *die* .... mesure pour la création
                                                                                      d'emploi *n.f.*
abplagen (sich) *v.pr.* .... se tuer au travail *v.pr.*
Absatz (es,¨e), *der* .... vente *n.f.*
Absender (s,-), *der* .... expéditeur *n.m.*
Absentismus (/), *der* .... absentéisme *n.m.*
Absolvent (en,en), *der* .... diplômé(e) *n.m.,f.*
Absprache (-,n), *die* .... concertation *n.f.*
abstimmen *v.tr.* .... se concerter *v.pr.*
Abstufung (-,en), *die* .... échelonnement des salaires *n.m.*
Abteilung (-,en), *die* .... département *n.m.*
Abteilungsleiter (s,-), *der* .... chef de service *n.m.f.*
abwerben *v.tr.* .... débaucher *v.tr.*
Abwerbung (-,en), *die* .... décrutement *n.m.*
Abwesenheit (-,en), *die* .... absence *n.f.*
Abwesenheitsliste (-,n), *die* .... relevé des absences *n.m.*
aD außer Dienst, *expr.* .... en retraite *expr.*

adD auf dem Dienstweg, *expr.* .... par la voie hiérarchique *expr.*
AG AktienGesellschaft (/), *die* .... SA Société Anonyme *n.f.*
Akademiker (s,-), *der* .... diplômé(e) de l'enseignement
                                                                                         supérieur *n.m.,f.*
Akkord (es,e), *der* .... forfait *n.m.*
Akkordarbeit (-,en), *die* .... travail à forfait *n.m.*
Akkordlohn (s,¨e), *der* .... salaire aux pièces *n.m.*
Akkordzuschlag (es,¨e), *der* .... prime au rendement *n.f.*
Aktenüberprüfung (-,en), *die* .... examen du dossier *n.m.*
Aktenvermerk (s,e), *der* .... annotation *n.f.*
Aktenzeichen (s,-), *das* .... référence du dossier *n.f.*
Allgemeinbildung (-,en), *die* .... formation générale *n.f.*
Altersaufbau (s,/), *der* .... structure par âge *n.f.*
Altersbeihilfe (-,n), *die* .... allocation vieillesse *n.f.*
Altersdurschschnitt (s,e), *der* .... moyenne d'âge *n.f.*
Altersgruppe (-,n), *die* .... groupe d'âge *n.m.*
Altersklasse (-,n), *die* .... classe d'âge *n.f.*
Alterspyramide (-,n), *die* .... pyramide des âges *n.f.*
Altersrente (-,n), *die* .... pension de retraite *n.f.*
Altersversorgung (-,/), *die* .... assurance vieillesse *n.f.*
Altersversorgung*, die betriebliche .... caisse de retraite
                                                                                         complémentaire d'entreprise *n.f.*
Ämterjagd (-,en), *die* .... course aux postes officiels *n.f.*
Amtsantritt (s,e), *der* .... prise de fonction *n.f.*
Amtsblatt (es,¨er), *das* .... JO Journal Officiel *n.m.*
Analyse, die funktionelle - .... analyse fonctionnelle *n.f.*
Analyse, die psycho-soziologische - .... analyse psychosociologique *n.f.*
Analyse, die psychologische - .... analyse psychologique *n.f.*
Analysetabelle (-,n), *die* .... grille d'analyse *n.f.*
Anfänger (s,-), *der* .... débutant(e) *n.m.,f.*
Anforderungsprofil (s,e), *das* .... profil de recrutement *n.m.*
Angabe (-,n), *die* .... renseignement *n.m.*
Angebotsvoraussage (-,n), *die* .... prévision de l'offre *n.f.*
Angestellte (n,n), *der* .... employé(e) *n.m.,f.*
Angestellte, der leitende .... cadre supérieur *n.m.*
Anmeldung (-,en), *die* .... inscription *n.f.*
Anpassungsfähigkeit (-, en), *die* .... faculté d'adaptation *n.f.*
Anregung (-,en), *die* .... incitation *n.f.*
Anreizprämie (-,n), *die* .... prime d'encouragement *n.f.*
Anrufbeantworter (s,-), *der* .... répondeur téléphonique *n.m.*
Ansehen (s,/), *das* .... réputation *n.f.*
Anspruch, der erworbene - .... avantage acquis *n.m.*
Anstellungsverfahren (s,/), *das* .... processus de recrutement *n.m.*
anvertrauen *v.tr.* .... confier *v.tr.*
Anweisung (-,en), *die* .... directive *n.f.*
Anwesenheit (-,en), *die* .... présence *n.f.*
Anzahl (s,-), *der* .... effectif *n.m.*

AOK Allgemeine Ortskrankenkasse, *die* .... caisse primaire d'assurance maladie *n.f.*

Äquivalenzprinzip (s,ien), *das* .... principe d'équivalence *n.m.*

Arbeit (-,en), *die* .... travail *n.m.*

Arbeit (-,en) nach Dienstvorschrift, *die* .... grève du zèle *n.f.*

arbeiten *v.intr.* .... travailler *v.intr.*

Arbeiter (s,-), *der* .... ouvrier(ère) *n.m.,f.*

Arbeiter, der angelernte - .... OS Ouvrier Spécialisé *n.m.*

Arbeiter, der ungelernte - .... ouvrier(ère) non qualifié(e) *n.m.,f.*

Arbeiterschutz (es,/), *der* .... protection du travail *n.f.*

Arbeiterselbstverwaltung (-,en), *die* .... autogestion *n.f.*

Arbeiterversammlung (-,en), *die* .... assemblée ouvrière *n.f.*

Arbeiterwohlfahrt (-,en), *die* .... association de solidarité ouvrière *n.f.*

Arbeitgeber (s,-), *der* .... employeur *n.m.*

Arbeitgeberanteil (s,e), *der* .... cotisation patronale *n.f.*

Arbeitgeberschaft (-,en), *die* .... patronat *n.m.*

Arbeitgeberseite (-,n), *die* .... représentant du patronat *n.m.*

Arbeitgeberverband (s,"e), *der* .... chambre patronale / confédération patronale *n.f.*

Arbeitnehmer (s,-), *der* .... salarié(e) *n.m.,f.*

Arbeitnehmeranteil (s,e), *der* .... cotisation salariale de l'employé *n.f.*

Arbeitnehmervertreterwahl (-,en), *die* .... élection professionnelle *n.f.*

Arbeitnehmerschaft (-,en), *die* .... salariés *n.m.pl.*

Arbeitnehmerverband (es,"e),*der* .... organisation syndicale *n.f.*

Arbeitnehmervertreter (s,-), *der* .... représentant des salariés *n.m.*

Arbeitsamt (s, "er), *das* .... bureau de l'Agence Nationale Pour l'Emploi *n.m.*

Arbeitsangebot (s,e), *das* .... offre d'emploi *n.f.*

Arbeitsantritt (s,e), *der* .... date d'embauche *n.f.*

Arbeitsanweisung (-,en), *die* .... instruction *n.f.*

Arbeitsaufsicht (-,en), *die* .... inspection du travail *n.f.*

Arbeitsaufwandsentschädigung (-,en), *die* .... indemnité pour frais professionnels *n.f.*

Arbeitsausfall (s,"e), *die* .... perte de travail *n.f.*

Arbeitsbedingung (-, en), *die* .... conditions de travail *n.f.pl.*

Arbeitsbelastung (-,en), *die* .... charge de travail *n.f.*

Arbeitsbereich (s,e), *der* .... secteur d'activité *n.m.*

Arbeitsbescheinigung (-,en), *die* .... attestation de travail *n.f.*

Arbeitsbewertung (-,en), *die* .... qualification du travail *n.f.*

Arbeitsbeziehungen (pl) *die* .... relations de travail *n.f.pl.*

Arbeitsdauer (-), *die* .... durée du travail *n.f.*

Arbeitsdirektor* (s,en), *der* .... directeur général chargé des affaires sociales *n.m.*

Arbeitseinsatz (es, "e), *der* .... recours à la main-d'œuvre *n.m.*

Arbeitseinsparung (-,en), *die* .... rationalisation du travail *n.f.*
Arbeitseinstellung (-,en), *die* .... débrayage *n.m.*
Arbeitseinteilung (-,en), *die* .... répartition du travail *n.f.*
Arbeitsentgeld (es,er), *das* .... salaire *n.m.*
Arbeitserlaubnis (-,sse), *die* .... autorisation de travail *n.f.*
Arbeitsfähigkeit, die verminderte - .... incapacité partielle *n.f.*
Arbeitsförderungsmaßnahme (-,n), *die* .... contrat emploi-formation *n.m.*
arbeitsfrei *adj.* .... chômé *adj.*
Arbeitsfriede (ns,n), *der* .... paix sociale *n.f.*
Arbeitsgericht* (s,e), *das* .... tribunal du travail *n.m.*
Arbeitsgesetzbuch (es,¨er), *das* .... Code du travail *n.m.*
Arbeitsgestaltung, die wissenschaftliche - .... organisation scientifique du travail *n.f.*
Arbeitsgruppe, die autonome - .... groupe de travail autonome *n.m.*
Arbeitsinspektor (s,e), *der* .... inspecteur du travail* *n.m.*
Arbeitsinvalide (n,n), *der* .... mutilé du travail *n.m.*
Arbeitskonflikt (s,e), *der* .... conflit de travail *n.m.*
Arbeitskräfte (pl), *die* .... main-d'œuvre *n.f.*
Arbeitskräftebedarf (s), *der* .... besoin en main-d'œuvre *n.m.*
Arbeitskräftemangel (s,¨n), *der* .... pénurie de main-d'œuvre *n.f.*
Arbeitsleistung (-,en), *die* .... rendement *n.m.*
arbeitslos *adj.* .... au chômage *expr.*
Arbeitslose (n,n), *der* .... chômeur *n.m.*
Arbeitslosenfürsorge (-,n), *die* .... assistance chômage *n.f.*
Arbeitslosengeld (/), *das* .... allocation chômage *n.f.*
Arbeitslosenhilfe (-,n), *die* .... aide sociale aux chômeurs *n.f.*
Arbeitslosenquote (-,n), *die* .... taux de chômage *n.m.*
Arbeitslosenversicherung (-,/), *die* .... assurance chômage *n.f.*
Arbeitslosenzahl (-,en), *die* .... nombre de sans-emploi *n.m.*
Arbeitslosigkeit (-,en), *die* .... chômage *n.m.*
Arbeitslosigkeit, die technisch bedingte - .... chômage technique *n.m.*
Arbeitsmarkt (es,¨e), *der* .... marché du travail *n.m.*
Arbeitsmarkt, der lokale - .... marché du travail local *n.m.*
Arbeitsmedaille (-,n), *die* .... médaille du travail *n.f.*
Arbeitsmedizin (-), *die* .... médecine du travail *n.f.*
Arbeitsmenge (-,n), *die* .... quantité de travail *n.f.*
Arbeitsmethode (-,n), *die* .... méthode de travail *n.f.*
Arbeitsministerium (s, ien), *das* .... ministère du Travail et de l'Emploi *n.m.*
Arbeitsorganisation (-,en), *die* .... bureau des méthodes *n.m.* / organisation du travail *n.f.*
Arbeitsplatz (es,¨e), *der* .... poste de travail *n.m.*
Arbeitsplatz, der prekäre - .... emploi précaire *n.m.*
Arbeitsplatzbeschaffung (-, en), *die* .... création de poste *n.f.*
Arbeitsplatzbewertung (-,en), *die* .... cotation de poste *n.f.*
Arbeitsplatzgestaltung (-,en), *die* .... aménagement du cadre de travail *n.f.*

Allemand	Français
Arbeitsplatzprofil (s,e), *das*	exigences du poste *n.f.pl.*
Arbeitsplatzsicherung (-,en), *die*	sécurité de l'emploi *n.f.*
Arbeitsplatzwechsel (s,/), *der*	changement de poste de travail *n.m.*
Arbeitsrecht (s,e), *das*	droit du travail *n.m.*
Arbeitsregelung (-,en), *die*	réglementation du travail *n.f.*
Arbeitsreserve (-,n), *die*	volant de main-d'œuvre disponible *n.m.*
Arbeitsrhythmus (-,men), *der*	rythme de travail *n.m.*
Arbeitsrichter (s,-), *der*	juge d'un tribunal de travail *n.m.*
Arbeitsstelle (-,n), *die*	lieu de travail *n.m.*
Arbeitsstellensimulation (-,en), *die*	simulation d'emploi *n.f.*
Arbeitsstunde (-,n), *die*	heures de travail *n.f.pl.*
Arbeitssuche (-,/), *die*	recherche d'emploi *n.f.*
Arbeitstag (es,e), *der*	jour ouvrable *n.m.*
Arbeitstagung (-,en), *die*	séminaire de formation *n.m.*
Arbeitsteam (s,s), *das*	équipe de travail *n.f.*
Arbeitstechnik (-,en), *die*	organisation du travail *n.f.*
Arbeitsteilung (-,en), *die*	division du travail *n.f.*
Arbeitsuchende (n,n), *der*	demandeur d'emploi *n.m.*
Arbeitsunfähigkeit (-,en), *die*	incapacité de travail *n.f.*
Arbeitsunfall (es,¨e), *der*	accident du travail *n.m.*
Arbeitsunfallversicherung (-,en), *die*	assurance contre les accidents du travail *n.f.*
Arbeitsverhältnis (ses,se), *das*	rapport entre employeur et employé *n.m.*
Arbeitsvermögen (s,-), *das*	capacité de travail *n.f.*
Arbeitsvertrag (s,¨e), *der*	contrat de travail *n.m.*
Arbeitsvertrag, der befristete -	contrat à durée déterminée *n.m.*
Arbeitsvertrag, der unbefristete -	contrat à durée indéterminée *n.m.*
Arbeitswelt (-,en), *die*	monde du travail *n.m.*
Arbeitszeit (-,en), *die*	temps de travail *n.m.*
Arbeitszeitgestaltung (-,en), *die*	aménagement du temps de travail *n.m.*
Arbeitszeitverkürzung (-,en), *die*	réduction du temps de travail *n.f.*
Arbeitszeugnis (ses,se), *das*	certificat de travail *n.m.*
Assessment Center (/) *das*	centre d'évaluation *n.m.*
Assistentenstelle (-,n), *die*	poste d'assistant *n.m.*
At-Bereich (s,e), *der*	groupe des salariés non soumis à la convention collective *n.m.*
Attest, das ärztliche -	attestation médicale *n.f.*
Aufenthaltsentschädigung (-,en), *die*	indemnité de séjour *n.f.*
Aufenthaltserlaubnis (-,sse), *die*	autorisation de séjour *n.f.*
Aufenthaltsgenehmigung (-,en), *die*	carte de séjour *n.f.*
Aufenthaltsverbot (s,e), *das*	interdiction de séjour *n.f.*

Aufgabe (-,n), *die* .... tâche *n.f.*
Aufgabenbereicherung (-,en), *die* .... enrichissement des tâches *n.f.*
Aufgabenerweiterung (-,en), *die* .... élargissement des tâches *n.m.*
Aufgabengebiet (es,e), *das* .... ressort d'activité *n.m.*
Aufhebung (-,en) eines Vertrags, *die* .... suspension de contrat *n.f.*
Aufhebungsvertrag (s,¨e), *der* .... convention de rupture du
contrat de travail *n.f.*

aufnehmen *v.tr.*, Kontakt .... contacter *v.tr.*
aufrücken *v.intr.* .... monter en grade *v.intr.*
Aufsichtpersonal (s,/), *das* .... personnel de surveillance *n.m.*
Aufsichtrat* (es,¨e), *der* .... conseil de surveillance *n.m.*
Aufsichtsrecht (s,e), *das* .... droit de contrôle *n.m.*
aufsteigen *v.intr.* .... être promu *v.*
Aufstieg (s,e), *der* .... promotion *n.f.*
Aufstiegserwartung (-,en), *die* .... perspective de carrière *n.f.*
Aufstiegsposition (-,en), *die* .... poste évolutif *n.m.*
Aufstiegspotential (s,e), *das* .... potentiel
de développement *n.m.*
Auftrag (s,¨e), *der* .... mission *n.f.*
Auftraggeber (s,-), *der* .... donneur d'ordres *n.m.*
Ausbilder (s,-), *der* .... instructeur *n.m.*
Ausbildung (-,en), *die* .... formation *n.f.*
Ausbildung, die berufliche - .... formation professionnelle *n.f.*
Ausbildung, die Computer unterstützte - .... formation assistée par
ordinateur *n.f.*
Ausbildung, die duale* - .... formation alternée *n.f.*
Ausbildungsbeihilfe (-,n), *die* .... bourse d'apprentissage *n.f.*
Ausbildungskosten (pl), *die* .... coût de formation *n.m.*
Ausbildungslehrgang (s,¨e), *der* .... cycle de formation *n.m.*
Ausbildungsleiter (s,-), *der* .... maître de stage *n.m.*
Ausbildungsplanung (-,en), *die* .... plan de formation* *n.m.*
Ausbildungspraktikum (s,en), *das* .... stage de formation *n.m.*
Ausbildungsprogramm (s,e), *das* .... programme de formation *n.m.*
Ausbildungsstand (s,¨e), *der* .... niveau de formation *n.m.*
Ausbildungsstätte (-,n), *die* .... centre de formation *n.m.*
Ausbildungssystem* (s,-), *das* .... système éducatif* *n.m.*
Ausbildungssystem*, das duale - .... système dual de formation *n.m.*
Ausfallvergütung (-,en), *die* .... indemnité pour perte
de salaire *n.f.*
Ausfallzeit (-,en), *die* .... temps de travail
non effectué *n.m.*
Ausfertigung eines Vertrags, *die* .... rédaction d'un contrat *n.f.*
ausfüllen, *v.tr.*, ein Formular .... remplir un formulaire *v.tr.*
Ausgang (es,¨e), *der* .... sortie *n.f.*
Ausgleichsbetrag (es,¨e), *der* .... montant compensatoire *n.m.*
Ausgleichsentschädigung (-,en), *die* .... indemnité compensatrice *n.f.*
Aushilfspersonal (s,e), *das* .... personnel auxiliaire *n.m.*
Auskunft (-,¨e), *die* .... information *n.f.*

auskunftberechtigt sein *v.*	être autorisé à donner des renseignements *v.*
Auslandsbereitschaft (-,en), *die*	disponibilité à s'expatrier *n.f.*
Auslandsentsendung (-,en), *die*	détachement à l'étranger *n.m.* / expatriation *n.f.*
Auslandserfahrung (-,en), *die*	expérience à l'étranger *n.f.*
Ausreisegenehmigung (-,en), *die*	autorisation de quitter le territoire *n.f.*
ausscheiden *v.tr.*	quitter des fonctions *v.tr.*
Ausschreibung (-,en), *die*	appel d'offres *n.m.*
Aussprache (-,n), *die*	entretien *n.m.*
ausüben, *v.tr.*, ein Amt	exercer une fonction *v.tr.*
Auswahl (-), *die*	sélection *n.f.*
Auswahlentscheidung (-,en), *die*	décision d'embauche *n.f.*
Auswahlkriterium (s,ien), *das*	critère de sélection *n.m.*
Auswahlmethode (-,n), *die*	méthode de sélection *n.f.*
Auswahlverfahren (s,-), *das*	procédure de sélection *n.f.*
Auszubildende (n,n), *der*	apprenti(e) *n.m.,f.*
Automatisierung (-,en), *die*	automatisation *n.f.*
Autonomieprinzip (s,ien), *das*	principe d'autonomie *n.m.*
äußerlich *adj.*	extrinsèque *adj.*
AZO Arbeitszeitordnung, *die*	ordonnance sur la durée de travail *n.f.*

B

Bafög (Bundesausbildungsförderung), *die*	bourse d'étude *n.f.*
bankrott *adj.*	en faillite *expr.*
Beamte (n,n), *der*	fonctionnaire *n.m.f.*
Beauftragte (n,n), *der*	délégué(e) *n.m.,f.*
Bedarfsanalyse (-,en), *die*	analyse des besoins *n.f.*
Bedarfsermittlung (-,en), *die*	détermination des besoins *n.f.*
Bedenkzeit (-,en), *die*	délai de réflexion *n.m.*
Bedürfnisbefriedigung (-,en), *die*	satisfaction des besoins *n.f.*
Bedürfnisskala (/), *die*	hiérarchie des besoins *n.f.*
Beförderung (-,en), *die*	promotion *n.f.*
Beförderung (-,en) nach dem Dienstalter, *die*	promotion à l'ancienneté *n.f.*
Beförderungsaussicht (-,en), *die*	perspective de promotion *n.f.*
Beförderungskriterium (s,ien), *das*	critère de promotion *n.m.*
Befreiungsschreiben (s,-), *das*	dispense *n.f.*
beglaubigt *adj.*	certifié conforme *adj.*
Behinderte (n,n), *der*	personne handicapée *n.f.*
Beitrag (s,¨e), *der*	contribution *n.f.*

Beitragsberechnung (-,en), *die*.................................... calcul du montant de la cotisation *n.m.*

beitragsfrei *adj*... dispensé de cotisation *adj.*

beitragspflichtig *adj.*... assujetti à la cotisation *adj.*

Beitragssatz (es,¨e), *der*.................................. taux de cotisation *n.m.*

Beitragszahler (s,-), *der*................................... cotisant *n.m.*

Beitritt (es,e), *der*... adhésion *n.f.*

bekanntmachen *v.tr.*....................................... notifier *v.tr.*

Belästigung, die sexuale -............................... harcèlement sexuel *n.m.*

Belegschaft (-,en), *die*..................................... ensemble du personnel *n.m.*

Belegschaftsvertreter (s,-), *der*..................... délégué(e) du personnel* *n.m.,f.*

Belegschaftsvertretung (-,en), *die*................. structure de représentation *n.f.*

Belohnung (-,en), *die*....................................... récompense *n.f.*

Benutzung (-,en), *die*.. utilisation *n.f.*

beraten *v.tr.*.. délibérer *v.intr.*

Berater (s,-), *der*... conseiller(ère) / consultant(e) *n.m.,f.*

Beratung (-,en), *die*... consultation *n.f.*

Beratungsfirma (-,en), *die*............................... cabinet de conseil *n.m.*

Bereich (s,e), *der*... division *n.f.* / domaine *n.m.*

Bereichsleiter (s,-), *der*................................... chef de division *n.m.f.*

Bericht (s,e), *der*... rapport *n.m.*

berichten *v.tr.*.. rapporter *v.tr.*

berufen *v.tr.*.. nommer *v.tr.*

beruflich *adj.*... professionnel *adj.*

Berufsaussicht (-,en), *die*................................ avenir professionnel *n.m.*

Berufsberatung (-,en), *die*............................... orientation professionnelle *n.f.*

Berufserfahrung (-,en), *die*.............................. expérience professionnelle *n.f.*

Berufsgruppe (-,n), *die*................................... filière professionnelle / catégorie professionnelle *n.f.*

Berufskrankheit (-,en), *die*.............................. maladie professionnelle *n.f.*

Berufsleben (s,-), *das*...................................... vie professionnelle *n.f.*

Berufsmotivation (-,en), *die*............................. motivation professionnelle *n.f.*

Berufsqualifikation (-,en), *die*.......................... qualification professionnelle *n.f.*

Berufsrisiko (-,en), *das*................................... risque professionnel *n.m.*

Berufsverband (es,¨e), *der*.............................. organisation professionnelle *n.f.*

Berufsverbot (es,e), *das*.................................. interdiction d'exercer une profession *n.f.*

Berufsvertretung (-,en), *die*............................. chambre syndicale *n.f.*

Berufsweg (s,e), *der*.. parcours professionnel *n.m.*

Berufszweig (es,e), *der*.................................... branche professionnelle *n.f.*

Beschaffungskosten (pl), *die*............................ coût du recrutement *n.m.*

Beschaffungsmaßnahme (-,n), *die*................... mesure pour l'emploi *n.f.*

Beschäftigte (n,n), *der*.................................... employé(e) *n.m.,f.*

Beschlußfassung (-,en), *die*............................. prise de décision *n.f.*

Beschreibung (-,en) der offenen Stellen, *die*...... recensement des postes vacants *n.m.*

Besetzung (-,en), *die*	affectation de personnel *n.f.*
Besonderheit (-,en), *die*	spécificité *n.f.*
Besprechung (-,en), *die*	réunion *n.f.*
Bestandsverzeichnis (ses,se) der Kompetenzen, *das*	inventaire des compétences *n.m.*
Bestätigung (-,en), *die*	sanction *n.f.*
Besteuerung (-,en), *die*	imposition *n.f.*
Bestrebung (-,en), *die*	aspiration *n.f.*
Beteiligung (-,en) der Mitarbeiter, *die*	participation des employés* *n.f.*
Beteiligungsrechte (pl), *die*	droits de participation *n.m.pl.*
Betrag (es,¨e), *der*	montant *n.m.*
Betreuer (s,-), *der*	coaching *n.m.*
Betreuung (-,en), *die*	parrainage *n.m.*
Betrieb (s,e), *der*	atelier *n.m.*
Betriebsangehörige (n,n), *der*	membre du personnel d'une entreprise *n.m.*
Betriebsatzung (-,en), *die*	statuts de l'entreprise *n.m.pl.*
Betriebsausflug (s,¨e), *der*	voyage annuel du personnel d'une entreprise *n.m.*
Betriebsführung (-,en), *die*	gestion d'entreprise *n.f.*
Betriebsgröße (-,n), *die*	taille de l'entreprise *n.f.*
Betriebsklima (s,-), *das*	climat social *n.m.*
Betriebskosten (pl), *die*	frais de fonctionnement *n.m.pl.*
Betriebsleiter (s,-), *der*	responsable d'atelier / d'établissement *n.m.f.*
Betriebsmanager (s,n), *der*	cadre opérationnel *n.m.*
Betriebsordnung (-,en), *die*	règlement intérieur de l'entreprise *n.m.*
Betriebspersonal (s), *das*	personnel de l'entreprise *n.m.*
Betriebspolitik (-,en), *die*	politique de l'entreprise *n.f.*
Betriebsrat (s,¨e), *der*	conseil d'établissement *n.m.*
Betriebsratswahlen (pl), *die*	élection au comité d'entreprise *n.f.*
Betriebsratvorsitzende (n,n), *der*	président du conseil d'établissement *n.m.*
Betriebsstillegung (-,en), *die*	fermeture d'une entreprise *n.f.*
Betriebstreue (-,/), *die*	fidélité à l'entreprise *n.f.*
Betriebsvereinbarung* (-,en), *die*	accord d'entreprise *n.m.*
Betriebsverfassungsgesetz* (es,e), *das*	loi sur l'organisation interne de l'entreprise *n.f.*
Betriebsversammlung* (-,en), *die*	assemblée d'entreprise *n.f.*
Betriebswirtschaft-Abteilung (-,en), *die*	service contrôle de gestion *n.m.*
Betriebszugehörigkeit (-,en), *die*	ancienneté *n.f.*
Betriebszugehörigkeitzulage (-n), *die*	prime d'ancienneté *n.f.*
Beurlaubung (-,en) im Krankeitsfall, *die*	congé maladie *n.m.*
Beurteilungsbogen (s,-), *der*	questionnaire d'évaluation *n.m.*

Beurteilungsgespräch (s,e), *das*................................ entretien d'évaluation *n.m.*
Beurteilungssystem (s,e), *das*................................ système d'évaluation *n.m.*
Bevölkerung, die nicht erwerbstätige -................... non-actifs *n.m.pl.*
Bevorzugung (-,en), *die*................................ favoritisme *n.m.*
Beweglichkeit (-,en), *die*................................ mobilité *n.f.*
bewerben (sich) *v.pr.*................................ poser sa candidature *v.tr.*
Bewerber (s,-), *der*................................ candidat(e) *n.m.,f.*
Bewerberprofil (s,e), *das*................................ profil du candidat *n.m.*
Bewerbung (-,en), *die*................................ candidature *n.f.*
Bewerbungsfrist (-,en), *die*................................ délai de dépôt
de candidature *n.m.*
Bewerbungskartei (-,en), *die*................................ fichier de candidature *n.m.*
Bewerbungsschreiben (s,-), *das*................................ lettre de candidature *n.f.*
Bewerbungsunterlage (-,n), *die*................................ dossier de candidature *n.m.*
Bewertung (-,en), *die*................................ notation *n.f.*
Bewertungskomitee (s,s), *der*................................ comité d'évaluation *n.m.*
Bewertungskriterium (s,ien), *das*................................ critère d'évaluation *n.m.*
bewirtschaften *v.tr.*................................ gérer *v.tr.*
Bewußtsein, das berufliche -................................ conscience professionnelle *n.f.*
Beziehungen (pl) mit den Mitarbeitern, *die*.......... relations avec
les employés *n.f.pl.*
Bezugsgruppe (-,n), *die*................................ groupe de référence *n.m.*
Bilanz (-,en), *die*................................ bilan *n.m.*
Bildungsangebot (s,e), *das*................................ proposition de formation *n.f.*
Bildungsbedarf (s,/), *der*................................ besoin en formation *n.m.*
Bildungsdefizit (es,e), *das*................................ déficit de formation *n.m.*
Bildungsurlaub (s,e), *der*................................ congé formation *n.m.*
Binnenmarkt (es, e), *der*................................ marché intérieur *n.m.*
Bonus (ses,i), *der*................................ prime *n.f.*
Brief, der handgeschriebene -................................ lettre manuscrite *n.f.*
Bruttoverdienst (es,e), *der*................................ salaire brut *n.m.*
Buchhalter (s,¨er), *der*................................ comptable *n.m.f.*
Buchhaltung (-,en), *die*................................ comptabilité *n.f.*
Buröangestellte (n,n), *der*................................ employé(e) de bureau *n.m.,f.*
bürokratisch *adj.*................................ bureaucratique *adj.*

C

Chancengleichheit (-,en), *die*................................ égalité des chances *n.f.*
Checkliste (-,n), *die*................................ check-list *n.f.*
Chef (s,s), *der*................................ leader *n.m.*
Chefsekretärin (-,en), *die*................................ secrétaire de direction *n.m.f.*
Computer (s,-), *der*................................ ordinateur *n.m.*
Controlling (s,/), *das*................................ contrôle de gestion *n.m.*
Controlling-Abteilung (-,en), *die*................................ département contrôle
de gestion *n.m.*

D

Dachgesellschaft (-,en), *die* .... société de contrôle *n.f.*
Dachorganisation (-,en), *die* .... organisation centrale *n.f.*
DAG Deutsche Angestellten
Gewerkschaft, *die* .... syndicat allemand
    des employés et cadres *n.m.*
Dankesschreiben (s,-), *das* .... lettre de remerciements *n.f.*
Daten (pl), *die* .... données *n.f.pl.*
Datenbank (-,en), *die* .... banque de données *n.f.*
Daten (pl), die biographischen - .... renseignements
    biographiques *n.m.pl.*
Datenfernverarbeitung (-,en), *die* .... télématique *n.f.*
Datenverarbeitung (-,en), *die* .... traitement informatique des
    données *n.f.*
Datenverletzung (-,en), *die* .... usage illicite
    des informations *n.m.*
Dauerstellung (-,en), *die* .... place stable *n.f.*
DBB Deutscher Beamter Bund, *der* .... confédération allemande
    des fonctionnaires *n.f.*
Degradierung (-,en), *die* .... rétrogradation *n.f.*
Delegation (-,en), *die* .... délégation *n.f.*
Delegation (-,en) von Verantwortung, *die* .... délégation
    de responsabilités *n.f.*
Demonstration (-,en), *die* .... manifestation *n.f.*
Denkschule (-,n), *die* .... école de pensée *n.f.*
Dezentralisierung (-,en), *die* .... décentralisation *n.f.*
DGB Deutscher Gewerkschaftsbund, *der* .... confédération syndicale
    allemande *n.f.*

DGFP Deutsche Gesellschaft
für Personalführung *die* .... Association allemande des
    directeurs de personnel, *n.f.*

Diagnose (-,n), *die* .... diagnostic *n.m.*
Dienstalterszulage (-,n), *die* .... prime d'ancienneté *n.f.*
Dienstenthebung (-,en), *die* .... suspension *n.f.*
Dienstentlassung (-,en), *die* .... licenciement *n.m.*
Dienstgrad (es,e), *der* .... échelon *n.f.*
Dienstleistung (-,en), *die* .... service *n.m.*
Dienstleistungsbetrieb (s,e), *der* .... entreprise de service *n.f.*
dienstlich *adj.* .... officiel *adj.*
Dienstplan (s,¨e), *der* .... tableau de service *n.m.*
Dienstraum (es,¨e), *der* .... local reservé au service *n.m.*
Dienstreise (-,n), *die* .... déplacement professionnel *n.m.*
Dienstunfall (es,¨e), *der* .... accident de trajet *n.m.*
Dienstvergehen (s,-), *das* .... faute professionnelle *n.f.*
Dienstwagen (s,-), *der* .... voiture de fonction *n.f.*
Dienstwohnung (-,en), *die* .... logement de fonction *n.m.*

Dienstzeit (-,en), *die* .... heures de bureau / années de service *n.f.pl.*

Differenzierung (-,en), *die* .... différenciation *n.f.*

DIN Deutsche Industrie Norm, *die* .... DIN norme industrielle allemande *n.f.*

Diplom (s,e), *das* .... diplôme *n.m.*

Diplomkaufmann (s,¨er), *der* .... diplômé universitaire de gestion et des affaires *n.m.*

Diplomvolkswirt (s,e), *der* .... diplômé universitaire d'études économiques *n.m.*

Direktor (s,en), *der* .... directeur *n.m.*

Direktor, der stellvertretende - .... directeur adjoint *n.m.*

Direktor, der technische - .... directeur technique *n.m.*

Direktorium (s,ien), *das* .... directoire *n.m.*

diskriminierend *adj* .... discriminatoire *adj.*

Diskriminierung (-,en), *die* .... discrimination *n.f.*

Disziplin (-,en), *die* .... discipline *n.f.*

Disziplinarverfahren (s,-), *das* .... procédure disciplinaire *n.f.*

Disziplinarvorgesetzter (n,e), *der* .... supérieur hiérarchique *n.m.*

DNA Deutscher Normenausschuß, *der* .... Association Allemande de Normalisation *n.f.*

Doktorarbeit (-,en), *die* .... doctorat *n.m.*

Dolmetscher (s,-), *der* .... interprète *n.m.f.*

Doppelarbeit (-,en), *die* .... double (deux) emploi *n.m.*

Doppelschicht (-,en), *die* .... deux-huit *n.m.pl.*

Dreischicht (-,en), *die* .... trois-huit *n.m.pl.*

Dreischichtsystem (s,e), *das* .... système de travail en équipes (3/8) *n.m.*

durchführen *v.tr.* .... mettre en œuvre *v.tr.*

Durchführung (-,en), *die* .... mise en œuvre *n.f.*

E

Ecklohn (s,¨e), *der* .... salaire de base *n.m.*

EDV Programm (s,e), *das* .... programme informatique *n.m.*

Effektivlohn (s,¨e), *der* .... salaire effectif *n.m.*

Egalitarismus (-,men), *der* .... égalitarisme *n.m.*

Ehegatte (n,n), *der* .... conjoint(e) *n.m.,f.*

Ehrenamt (s,¨er), *das* .... fonction honorifique *n.f.*

Eigenschaft (-,en), *die* .... qualité *n.f.*

Eigentum (s,¨er), *das* .... propriété *n.f.*

Eignung (-,en), *die* .... aptitude *n.f.*

Eignung, die berufliche - .... aptitude professionnelle *n.f.*

Eignungsbeurteilung (-,en), *die* .... évaluation des aptitudes *n.f.*

Eignungsmerkmale (s,-), *die* .... aptitude requise *n.f.*

Eignungstest (s,e), *der*................................. test d'aptitude *n.m.*
einarbeiten *v.tr.*....................................... former au métier *v.tr.*
Einarbeitung (-,en), *die*........................... initiation *n.f.*
Einarbeitungsaufwand (es,˝e), *der*........................... coût d'intégration *n.m.*
Einberufung (-,en), *die*............................ convocation *n.f.*
Einberufung (-,en) (bezogen auf den
Wehrdienst), *die*........................ incorporation dans l'armée *n.f.*
Einberufungsschreiben (s,-), *das*................... lettre de convocation *n.f.*
einbürgen *v.tr.*.. naturaliser *v.tr.*
Einfluß (es,˝e), *der*................................. influence *n.f.*
Einführung (-,en), *die*.............................. introduction *n.f.*
Eingruppierung (-,en), *die*....................... classification professionnelle *n.f.*
einhalten *v.tr.*, Fristen........................... respecter les délais *v.tr.*
Einheit (-,en), *die*................................... unité *n.f.*
Einigungsstelle* (-,en), *die* .... office de conciliation *n.m.*
Einkauf-Abteilung (-,en), *die*................... service achats *n.m.*
Einkommensteuererklärung (-,en), *die*................... déclaration de revenus *n.f.*
einkommensteuerpflichtig *adj.*....................... assujetti à l'impôt
                                                   sur le revenu *adj.*

einordnen *v.tr.* , in einer Hierarchie........................... hiérarchiser *v.tr.*
einstellen *v.tr.*....................................... recruter *v.tr.*
Einstellung (-,en), *die* .... recrutement / arrêt
                                                   de travail *n.m.*
Einstellungsagentur (-,en), *die*................... cabinet de recrutement *n.m.*
Einstellungsbrief (s,e), *der*....................... lettre d'embauche *n.f.*
Einstellungsformalitäten (pl), *die*........................... formalités d'embauche *n.f.pl.*
Einstellungsgespräch (s,e), *das*................... interview d'embauche *n.f.*
Einstufung (-,en), *die* .... classification* *n.f.*
Eintragung (-,en), *die*............................. inscription *n.f.*
Einwanderer (s,-), *der*............................. immigrant *n.m.*
Einzelrechte der Arbeitnehmer*, *die* (pl)............... droits individuels
                                                   des salariés *n.m.pl.*
Eliteschulabsolvent (en,en), *der*........................... diplômé(e) de grande école
                                                   en France *n.m.,f.*
EMNID-Institut, *das*................................ institut de sondage de l'opinion
                                                   publique *n.m.*
Empfänger (s,-), *der*.............................. destinataire *n.m.f.*
Empfangsbestätigung (-,en), *die* .... accusé de réception *n.m.*
empfehlenswert *adj.*............................... pouvant être recommandé *expr.*
emporklettern *v.tr.*, die Stufen der Hierarchie...... gravir les échelons de la
                                                   hiérarchie *v.tr.*
Ende der Laufbahn *expr.*......................... fin de carrière *n.f.*
Energie (-,n), *die*.................................... énergie *n.f.*
Engineering (-,/), *das*............................ ingénierie *n.f.*
Entgeltgespräch (s,e), *das*....................... débat sur les rémunérations *n.m.*
Entgelttabelle (-,n), *die*........................... grille salariale *n.f.*
Entlassungsabfindung (-,en), *die*............... indemnité de licenciement *n.f.*
Entlassungsbrief (s,e), *der*....................... lettre de licenciement *n.f.*

Entlohnung (-,en), *die* .... appointements *n.m.pl.* /
rémunération *n.f.* /

Entlohnung, die monatliche - .... mensualisation des salaires *n.f.*

Entschädigung (-,en), *die* .... indemnisation *n.f.*

Entscheidung (-,en), *die* .... décision *n.f.*

Entscheidungsbefugnis (-,se), *die* .... pouvoir de décision *n.m.*

Entscheidungsfähigkeit (-,en), *die* .... capacité de décision *n.f.*

Entscheidungsprozeß (ses,se), *der* .... processus de décision *n.m.*

Entsendung (-,en), *die* .... détachement *n.m.*

Entwicklung (-,en) von Nachwuchskräften, *die* .. développement des jeunes
cadres *n.m.*

Entwicklungsaussicht (-,en), *die* .... perspective d'évolution *n.f.*

Entwicklungsstelle (-,n), *die* .... poste tremplin *n.m.*

Erarbeitung (-,en), *die* .... élaboration *n.f.*

erfahren *adj.* .... confirmé *adj.*

Erfahrung (-,en), *die* .... expérience *n.f.*

erfinden *v.tr.* .... innover *v.tr.*

Erfolgsbeteiligung (-,en), *die* .... participation aux résultats *n.f.*

Erfolgskurve (-,n), *die* .... courbe du succès *n.f.*

Ergebnis (ses,se), *das* .... résultat *n.m.*

Ergonomie (-), *die* .... ergonomie *n.f.*

ergonomisch *adj.* .... ergonomique *adj.*

erhöhen *v.tr.*, Löhne und Gehälter .... revaloriser les salaires et les
traitements *v.tr.*

Erhöhung (-,en), *die* .... augmentation *n.f.*

Erholungspause (-,n), *die* .... pause de récupération *n.f.*

erlangen *v.tr.*, einen Posten .... obtenir un emploi *v.tr.*

Erlaubnis (-,se), *die* .... permission *n.f.*

Ernennung (-,en), *die* .... nomination *n.f.*

Ersatz (es,/), *der* .... remplacement *n.m.*

Ersatzkandidat (en,en), *der* .... candidat de remplacement *n.m.*
/ suppléant(e) *n.m.,f.*

Ersatzkasse (-,n), *die* .... caisse subsidiaire d'assurance
maladie *n.f.*

erwerbsfähig, *adj.* .... capable d'exercer une activité
professionnelle *adj.*

Erwerbsminderungsgrad (es,e), *der* .... taux d'incapacité de travail *n.m.*

Erwerbstätigen (pl) *die* .... population active *n.f.*

Erwerbstätigkeit (-,en), *die* .... activité rétribuée *n.f.*

Erziehung (-,en), *die* .... éducation *n.f.*

Erziehungsurlaub (s,e) für Väter, *der* .... congé de paternité *n.m.*

Erziehungsurlaub (s,e), *der* .... congé parental *n.m.*

Ethik (-,/), *die* .... éthique *n.f.*

EWG Europäische
Wirtschaftsgemeinschaft, *die* .... CEE Communauté Économique
Européenne *n.f.*

Expatrie (s,s), *der* .... expatrié(e) *n.m.,f.*

Expertise (-,n), *die*............................ expertise *n.f.*
Export (s,e), *der*............................ export *n.m.*
Export-Abteilung (-,en), *die*.................. service export *n.m.*
extroviert *adj.*............................ extraverti *adj.*

F

F&E Forschung und Entwicklung, *die*............ R&D Recherche et
Développement *n.f.*

f.d.R. für die Richtigkeit der Abschrift, *expr.*........ copie conforme *expr.*
Fabrik (-,en), *die*............................ usine *n.f.*
Fabrikarbeit (-,en), *die*...................... travail en usine *n.m.*
Fabrikation-Abteilung (-,en), *die*............. service fabrication *n.m.*
Fabrikleiter (s,-), *der*....................... directeur d'usine *n.m.*
Facharbeiter (s,-), *der*....................... ouvrier(ère) qualifié(e) *n.m.,f.*
Facharbeiterprüfung (-,en), *die*.............. examen d'aptitude
professionnelle *n.m.*

Facharbeitskräfte (pl), *die*.................. main d'œuvre qualifiée *n.f.*
Fachausbildung (-,en), *die*.................. formation technique
professionnelle *n.f.*

Fachausschuß (es,¨sse), *der*.................. comité d'experts *n.m.*
Fachhochschule (-,n), *die*.................. école supérieure commerciale
ou technique *n.f.*

Fachkompetenz (-,en), *die*.................. compétence technique *n.f.*
fachlich, *adj.*............................ professionnel *adj.*
Fachmann (es, leute), *der*.................. spécialiste *n.m.f.* /
professionnel(le) *n.m.,f.*

Fachpersonal (s), *das*....................... personnel qualifié *n.m.*
Fachrichtung (-,en), *die*.................... filière *n.f.*
Fachverband (s,¨e), *der*.................... association professionnelle *n.f.*
Fachverkäufer (s,-), *der*.................... vendeur(euse)
spécialisé(e) *n.m.,f.*

Fachvorgesetzte (n,n), *der*.................. supérieur fonctionnel *n.m.*
fair *adj.*............................ équitable *adj.*
Faktor (s,e), *der*............................ facteur *n.m.*
Fallmethode (-,n), *die*....................... méthode des cas *n.f.*
Familienausgleichskasse (-,n), *die*............ caisse d'allocations
familiales *n.f.*

Familienname (s,n), *der*..................... nom de famille *n.m.*
Familienstand (s,/), *der*.................... situation familiale *n.f.*
Feed -back (s,s), *das*....................... feed-back *n.m.*
Fehlbesetzung (-,en), *die*................... mauvaise affectation *n.f.*
Fehlen, das unentschuldigte -................. absence non motivée *n.f.*
Fehlentscheidung (-,en), *die*................. mauvaise décision *n.f.*

Feiertag (es,e), *der* .... jour férié *n.m.*
Feiertagsarbeit (-,en), *die* .... travail pendant les jours
  fériés *n.m.*
Feiertagszuschlag (es, ¨e), *der* .... indemnité de salaire pour jour
  férié non chômé *n.f.*
Fernunterricht (s,e), *der* .... enseignement par
  correspondance *n.m.*
Finanzen (pl), *die* .... service financier *n.m.*
Firma (-,en), *die* .... entreprise *n.f.*
Firmenchef (s,s), *der* .... chef d'entreprise *n.m.f.*
Firmenname (s,n), *der* .... raison sociale *n.f.*
Firmensitz (es,e), *der* .... siège social *n.m.*
flexibel *adj.* .... flexible *adj.*
Flexibilität (-,en), *die* .... flexibilité *n.f.*
Fliessbandarbeit (-,en), *die* .... travail à la chaîne *n.m.*
Fördergespräch (es,e), *das* .... entretien de carrière *n.m.*
Forderungskatalog (es,e), *der* .... cahier de revendications *n.m.*
Formblatt (es,¨er), *das* .... formulaire *n.m.*
Formulierung (-,en) der Gehaltspolitik, *die* .... définition de la politique
  salariale *n.f.*
Formulierung (-,en), *die* .... formulation *n.f.*
Fortbildung (-,en), *die* .... formation continue *n.f.*
Frage, die geschlossene - .... question fermée *n.f.*
Frage, die offene - .... question ouverte *n.f.*
französische Gesellschaft für die
Entwicklung der Arbeitsbedingungen .... ANACT Agence Nationale pour
  l'Amélioration des Conditions
  de Travail *n.f.*
französische Gesellschaft für Personalleute, *die*. ANDCP Association Nationale
  des Directeurs et Cadres de la
  Fonction Personnel *n.f.*
französische Gewerkschaften .... CFDT Confédération Française
  et Démocratique du Travail *n.f.*
  CFTC Confédération Française
  des Travailleurs Chrétiens *n.f.*
  CGC Confédération Générale
  des Cadres *n.f.*
  CGT Confédération Générale
  du Travail *n.f.*
  FO Force Ouvrière *n.f.*
französische Meinungsforschungsinstitut, *das* SOFRES Société Française
  d'Etudes par Sondages *n.f.*
französischer Arbeitgeberverband .... CNPF Conseil National
  du Patronat Français *n.m.*
französischer Betriebsrat .... comité d'entreprise* *n.m.*
französischer Mindestlohn .... SMIG Salaire Minimum
  Interprofessionnel Garanti *n.m.*

französischer Verband für die Beschäftigung in der Industrie	ASSEDIC Association pour l'Emploi dans l'Industrie et le Commerce *n.f.*
französisches Ausbildungsdiplom	BEP Brevet d'Études Professionnelles *n.m.* CAP Certificat d'Aptitude Professionnelle *n.m.*
französisches Fachschuldiplom	BTS Brevet de Technicien Supérieur *n.m.*
französisches Forschungsamt	CNRS Centre National de la Recherche Scientifique *n.m.*
französisches Forschungszentrum über die Berufsqualifikationen	CEREQ Centre de Recherche sur les Emplois et les Qualifications *n.m.*
französisches Institut für Meinungsforschung	IFOP Institut Français d'Opinion Publique *n.m.*
französisches Institut für Statistik und Wirtschaftstudien	INSEE Institut National de la Statistique et des Études Économiques *n.m.*
französisches Schuldiplom	brevet des Collèges *n.m.*
französisches Uni-Diplom	DEA Diplôme d'Études Approfondies *n.m.* DESS Diplôme d'Études Supérieures Spécialisées *n.m.* DEUG Diplôme d'Études Universitaires Générales *n.m.* DUT Diplôme Universitaire de Technologie *n.m.* licence *n.f.*
Frau, die alleinstehende -	femme seule *n.f.*
Freigabe (-,n), *die*	validation *n.f.*
Freizeitangebot (s,e), *das*	loisirs (proposés par le comité d'entreprise) *n.m.pl.*
Freizügigkeit (-,en) der Arbeitskräfte, *die*	libre circulation des travailleurs *n.f.*
Fremdsprache (-,n), *die*	langue étrangère *n.f.*
Frist (-,en), *die*	préavis *n.m.*
Frühpensionierung (-,en), *die*	retraite anticipée *n.f.*
führen *v.tr.*	gérer *v.tr.*
Führung, die autoritäre -	management autoritaire *n.m.*
Führung, die kooperative -	management coopératif *n.m.*
Führung, die zielorientierte -	management par objectifs *n.m.*
Führungsaufgabe (-,n), *die*	tâche de direction *n.f.*
Führungsbegabung (-,en), *die*	aptitude à diriger *n.f.*

Führungsinstrument (s,en), *das* .... outil de management *n.m.*
Führungskraft (-,¨e), *die* .... cadre / cadre supérieur *n.m.*
Führungskraft, die leitende - .... cadre dirigeant *n.m.*
Führungskraft, die mittlere - .... cadre moyen *n.m.*
Führungskräfte (pl), die nicht dem Tarif unter-
liegen .... cadre au forfait *n.m.*
Führungskräfteentwicklung (-,en), *die* .... développement des cadres *n.m.*
Führungskreis (es,e), *der* .... comité de direction* *n.m.*
Führungsnnachwuchskraft (-,¨e), *die* .... jeune cadre à potentiel *n.m.*
Führungsposition (-,en), *die* .... poste d'encadrement *n.m.*
Führungsschulung (-,en), *die* .... formation au management *n.f.*
Führungsspitze (-,n), *die* .... cadre de direction *n.m.*
Führungsstufe (-,n), *die* .... niveau de direction *n.m.*
Führungsteam (s,s), *das* .... équipe de direction *n.f.*
Führungsstil (s,e), *der* .... style de management *n.m.*
Fürsorge (-,n), *die* .... assistance *n.f.*

G

Gastarbeiter (s,-), *der* .... travailleur immigré *n.m.*
gebräuchlich *adj.* .... utilitaire *adj.*
Geburtsdatum (s,en), *das* .... date de naissance *n.f.*
Geburtsort (s,e), *der* .... lieu de naissance *n.m.*
Geburtsurkunde (-,n), *die* .... acte de naissance *n.m.*
Gegenbefehl (es,e), *der* .... contrordre *n.m.*
Gehalt, das ergebnisabhängige - .... salaire lié aux bénéfices *n.m.*
Gehalt, das leistungsabhängige - .... salaire lié à la performance *n.m.*
Gehalt, das sich am
Lebenshaltungskostenindex entwickelt .... salaire indexé *n.m.*
Gehaltsabrechnung-Abteilung (-,en), *die* .... service paye *n.m.*
Gehaltsanteil, der variable - .... part variable du salaire *n.f.*
Gehaltsaufbesserung (-,en), *die* .... augmentation de salaire *n.f.*
Gehaltsbandbreite (-,n), *die* .... éventail des salaires *n.f.*
Gehaltsfindung (-,en), *die* .... fixation des salaires *n.f.*
Gehaltskonditionen (pl), die attraktiven - .... conditions salariales
                                                                                 attractives *n.f.pl.*
Gehaltsliste (-,n), *die* .... liste des salaires *n.f.*
Gehaltsnachweis (es,e), *der* .... fiche de paie *n.f.*
Gehaltpolitik (-,en), *die* .... politique salariale *n.f.*
Gehaltsspanne (-,n), *die* .... éventail des salaires *n.m.*
Gehaltssystem (s,e), *das* .... système salarial *n.m.*
Gehaltsumme (-,n), *die* .... masse salariale *n.f.*
Gehaltsvorschuß (sses,üsse), *der* .... avance sur salaire *n.f.*
Gehaltsvorstellung (-,en), *die* .... prétention salariale *n.f.*

Geheimwahl (-,en), *die*........... vote à bulletins secrets *n.m.*

Gelegenheit (-,en), *die*........... opportunité *n.f.*

Generalist (s,en), *der*........... généraliste *n.m.f.*

Gerechtigkeit, die interne -........... équité interne *n.f.*

Gerücht (s,e), *das*........... rumeur *n.f.*

Gesamtbetriebsrat* (es,˝er), *der*........... comité central d'entreprise *n.m.*

Geschäftsadresse (-,n), *die*........... adresse commerciale *n.f.*

Geschäftsagentur (-,en), *die*........... agence commerciale *n.f.*

Geschäftsbereich (es,e), *der*........... champ d'activité *n.m.*

Geschäftsbericht (es,e), *der*........... rapport d'activité *n.m.*

Geschäftsführer (s,-), *der*........... gérant(e) *n.m.,f.*

Geschäftsleitung (-,en), *die*........... direction d'une société *n.f.*

Geschäftspartner (s,-), *der*........... interlocuteur en affaires *n.m.*

geschieden *adj.*........... divorcé *adj.*

gesellschaftlich *adj.*........... sociétal *adj.*

Gesellschaftssitz (es,e), *der*........... siège de la société *n.m.*

Gesellschaftsvermögen (s,-), *das*........... actif social *n.m.*

Gesetz (es,e), *das*........... loi *n.f.*

Gesetzesanwendung (-,en), *die*........... application de la loi *n.f.*

Gesetzbuch, das bürgerliche -........... Code civil *n.m.*

Gesetzeskraft (-,˝e), *die*........... force de loi *n.f.*

Gespräch (s,e), *das*........... entretien *n.m.*

Gestaltpsychologie (-,n), *die*........... morphopsychologie *n.f.*

Gesundheitspolitik (-,en), *die*........... politique en matière de santé *n.f.*

Gewerbeaufsichtsamt (s,˝er), *das*........... inspection du travail *n.f.*

Gewerkschaft* (-,en), *die*........... syndicat* *n.m.*

Gewerkschaftler (s,-), *der*........... syndicaliste *n.m.f.*

gewerkschaftlich *adj.*........... syndical *adj.*

Gewerkschaftsbewegung (-,en), *die*........... mouvement syndical *n.m.*

Gewerkschaftsbund (s), *der*........... confédération syndicale *n.f.*

Gewerkschaftsführer (s,-), *der*........... leader syndical *n.m.*

Gewerkschaftsmitglied (es,er), *das*........... syndiqué(e) *n.m.,f.*

Gewerkschaftätigkeit (-,en), *die*........... activité syndicale *n.f.*

Gewerkschaftsversammlung (-,en), *die*........... réunion syndicale *n.f.*

Gewerkschaftsvertreter (s,-), *der*........... délégué(e) syndical(e)* *n.m.,f.*

Gewerkschaftszugehörigkeit (-,en), *die*........... appartenance à un syndicat *n.f.*

Gewinnbeteiligung (-,en), *die*........... intéressement* *n.m.*

Gleichbehandlung (-,en), *die*........... équité *n.f.*

Gleitzeit (-,en), *die*........... horaire flexible *n.m.*

Glückwunschschreiben (s,-), *das*........... lettre de félicitations *n.f.*

GmbH (/), *die*........... SARL Société à Responsabilité Limitée *n.f.*

Graphologie (-,n), *die*........... graphologie *n.f.*

Grenzgänger (s,-), *der*........... frontalier *n.m.*

Grundgehalt (s,˝er), *das*........... salaire fixe *n.m.*

Gründung (-,en), *die*........... fondation *n.f.*

Gründung (-,en) einer Gesellschaft, *die*............... constitution d'une société *n.f.*
Gruppe (-,n), die *ad hoc* -........................... groupe *ad hoc n.m.*
Gymnasium (s,ien), *das*............................ lycée *n.m.*

H

Haftpflicht (-,en), *die*........................... responsabilité civile *n.f.*
Haftung, die persönliche -......................... responsabilité personnelle *n.f.*
Halbtagsbeschäftigung (-,en), *die*............... emploi à mi-temps *n.m.*
Halbtagskraft (-,¨e), *die*......................... personnel employé
à mi-temps *n.m.*
Handelsdirektor (s,en), *der*...................... directeur commercial *n.m.*
Handelsgesellschaft (-, en), *die*................ société commerciale *n.f.*
Handelsgesellschaft, die offene -................ société en nom collectif *n.f.*
handgeschrieben *adj.*............................ manuscrit *adj.*
Harzburger Modell (s), *das*...................... modèle de management de
Harzburg *n.m.*
Hauptziel (s,e), *das*............................ enjeu principal *n.m.*
Hausfrau (-,en), *die*........................... femme au foyer *n.f.*
Head hunter (s,/), *der*.......................... chasseur de têtes *n.m.*
Heimarbeit (-,en), *die*.......................... travail à domicile / travail à
distance *n.m.*
Heimarbeiter (s,-), *der*......................... travailleur à domicile *n.m.*
Heimindustrie (-,n), *die*........................ industrie à domicile *n.f.*
Hilfe, die technische -........................... assistance technique *n.f.*
Hochschulbildung (-,en), *die*................... formation universitaire *n.f.*
Hochschuldiplom (s,e), *das*..................... diplôme universitaire *n.m.*
Höchstgrenze (-,n), *die*........................ plafond *n.m.*
Höchstlohn (s,-), *der*........................... plafond de rémunération *n.m.*
Honorar (s,e), *das*............................. honoraire *n.m.*
Hypothek (-,en), *die*........................... hypothèque *n.f.*

I

i.A. im Auftrag *expr.*........................... au nom de *expr.*
i.R. im Ruhestand *expr.*......................... en retraite *expr.*
IAO Internationale Arbeitsorganisation
(-,en), *die*.................................... OIT Organisation Internationale
du Travail *n.f.*
Idealkandidat (en,en), *der*...................... candidat(e) idéal(e) *n.m.,f.*

Identität (-,en), *die*	identité *n.f.*
IG Industrie Gewerkschaft, *die*	syndicat industriel *n.m.*
IHK Industrie und Handelskammer (-,n), *die*	CCI Chambre de Commerce et d'Industrie *n.f.*
"in basket" Test (s,s), *der*	test "in basket" *n.m.*
Index (es,e), *der*	indice *n.m.*
Indexierung (-,en), *die*	indexation *n.f.*
Indikator (s,en), *der*	indicateur *n.m.*
Indikatoren, *die* (pl)	tableau de bord *n.m.*
Industrie (-,n), *die*	industrie *n.f.*
Industrie, die mittelständische -	PMI Petites et Moyennes Industries *n.f.pl.*
Industriezweig (es,e), *der*	branche d'industrie *n.f.*
Informatik (/), *die*	informatique *n.f.*
Informatik-Abteilung (-,en), *die*	service informatique *n.m.*
Informatiker (s, -), *der*	informaticien(ne) *n.m.,f.*
Information (-,en), *die*	information *n.f.*
Information (-,en), die von oben nach unten -	information descendante *n.f.*
Information (-,en), die von unten nach oben -	information ascendante *n.f.*
Information, die gerichtliche -	information judiciaire *n.f.*
Information, die horizontale -	information horizontale *n.f.*
Informationsfluß (sses,/), *der*	circulation de l'information *n.f.*
Informatisierung (/), *die*	informatisation *n.f.*
Ingenieur (s,e), *der*	ingénieur *n.m.f.*
Ingenieur, der beratende -	ingénieur-conseil *n.m.f.*
Initiative (-,n), *die*	initiative *n.f.*
Inkompetenz (-,en), *die*	incompétence *n.f.*
Innovationsfähigkeit (-,en), *die*	capacité d'innovation *n.f.*
Inspektion (-,en), *die*	inspection *n.f.*
Instandhaltungsabteilung (-,en), *die*	service entretien *n.m.*
Institut für Betriebswirtschaftslehre (in französischen Universitäten), *ein*	IAE Institut d'Administration des Entreprises *n.m.*
institutionell *adj.*	institutionnel *adj.*
Integration (-,en), *die*	intégration *n.f.*
Intelligenztest (s,s), *der*	test d'intelligence *n.m.*
Interaktion (-,en), *die*	interaction *n.f.*
Interessen (pl), *die*	centres d'intérêt *n.m.pl.*
Interessenkonflikt (s,e), *der*	conflit d'intérêt *n.m.*
Interviewer (s,-), *der*	recruteur *n.m.*
introviert *adj.*	introverti *adj.*
IQ Intelligenzquotient (s,s), *der*	QI quotient intellectuel *n.m.*

J

Jahres-Fixgehalt (s,¨er), *das* .... fixe annuel *n.m.*
Jahresgehalt (s,¨er), *das* .... salaire annuel *n.m.*
je Kopf, *expr.* .... par tête *expr.*
Job-sharing (s,-), *das* .... répartition des tâches *n.f.*
Jobkiller (-), *der* .... suppresseur d'emplois *n.m.*
Jugendarbeitslosigkeit (-,en), *die* .... chômage des jeunes *n.m.*
Jugendvertretung* (-,en), *die* .... commission représentative des jeunes *n.f.*
Jungunternehmer (s,-), *der* .... jeune chef d'entreprise *n.m.f.*
Jurist (en,en), *der* .... juriste *n.m.f.*

K

Kantine (-,n), *die* .... restaurant d'entreprise *n.m.*
Karenzzeit (-,en), *die* .... délai de carence *n.m.*
Karriere (-,n), *die* .... carrière *n.f.*
Karriereangebot (s,e), *das* .... opportunité de carrière *n.f.*
Karrieredienst (es,e), *der* .... service des carrières *n.m.*
Karrieremacher (s,-), *der* .... carriériste *n.m.f.*
Karriereplan (s,¨e), *der* .... plan de carrière *n.m.*
Karrieresteuerung (-,en), *die* .... pilotage de carrière *n.m.*
Karriereverlauf (s,e), *der* .... évolution de carrière *n.f.*
Kilometergeld (es, er), *das* .... indemnité kilométrique *n.f.*
Kinderkrippe (-,n), *die* .... crèche *n.f.*
Klage (-,n), *die* .... action en justice *n.f.*
Klein-u. Mittelbetriebe (pl), *die* .... PME Petites et Moyennes Entreprises *n.f.pl.*
Kleinanzeige (-,n), *die* .... petite annonce *n.f.*
Klima, das soziale - .... climat social *n.m.*
Know-how (/), *das* .... savoir-faire *n.m.*
Kollege (n,n), *der* .... collègue *n.m.f.*
Kommanditgesellschaft (-,en), *die* .... société en commandite simple *n.f.*
Kommanditgesellschaft (-,en) auf Aktien, *die* ..... société en commandite par actions *n.f.*
Kommunikation (/), *die* .... communication *n.f.*
Kommunikation, die externe - .... communication externe *n.f.*
Kommunikation, die innerbetriebliche - .... communication interne *n.f.*
Kommunikationsaudit (s,-), *der* .... audit de communication *n.m.*
Kommunikationsfähigkeit (-,en), *die* .... capacité de communication *n.f.*
Kompetenzenbilanz (-,en), *die* .... bilan de compétences *n.m.*
Konflikt (es,e), *der* .... conflit *n.m.*

ALLEMAND – FRANÇAIS

Konflikt, der offene - .... conflit ouvert *n.m.*
Konformität (-,en), *die* .... conformité *n.f.*
Konstruktion, die computergestützte - .... conception assistée par
                                                    ordinateur (CAO) *n.f.*
Kontingenz (-,en), *die* .... contingence *n.f.*
Kontrolle (-,n), *die* .... contrôle *n.m.*
kontrollieren *v.tr.* .... contrôler *v.tr.*
Konzentrationsfähigkeit (-,en), *die* .... capacité de concentration *n.f.*
Konzernbetriebsrat (es,¨e), *der* .... comité de groupe *n.m.*
Kooperation (-,en), *die* .... coopération *n.f.*
koordinieren *v.tr.* .... coordonner *v.tr.*
Koordinierung (-,en), *die* .... coordination *n.f.*
Kosten (pl), die direkten - .... coût direct *n.m.*
Kosten (pl), die indirekten - .... coût indirect *n.m.*
Kostenerstattung (-,en), *die* .... remboursement de frais *n.m.*
Krankenbeihilfe (-,n), *die* .... allocation maladie *n.f.*
Krankengeld (es,er), *das* .... indemnité maladie *n.f.*
Krankenkasse (-,n), *die* .... caisse d'assurance maladie *n.f.*
Krankenstand (es, ¨e), *der* .... taux de maladie *n.m.*
Krankenversicherung (-,/), *die* .... assurance maladie *n.f.*
Krankheit (-,en), *die* .... maladie *n.f.*
Kriterium, das physische - .... critère physique *n.m.*
Kriterium, das psychische - .... critère psychique *n.m.*
Kriterium, das soziale - .... critère social *n.m.*
Kronprinzsyndrom (s,e), *das* .... syndrome du prince héritier *n.m.*
Kundenbetreuung (-,en), *die* .... assistance technique
                                                    clientèle *n.f.*
Kundenservice (s,-), *der* .... service après-vente *n.m.*
Kündigung (-,en) aus triftigem Grund, *die* .... licenciement pour faute
                                                    grave *n.m.*
Kündigung* (-,en), *die* .... licenciement *n.m.*
Kündigung, die betriebsbedingte - .... licenciement pour cause
                                                    économique *n.m.*
Kündigung, die fristlose - .... licenciement immédiat *n.m.*
Kündigung, die ungerechtfertigte - .... licenciement abusif *n.m.*
Kündigungsbrief (s,e), *der* .... lettre de démission *n.f.*
Kündigungschreiben (s,-), *das* .... avis de licenciement *n.m.*
Kündigungsfrist (-,en), *die* .... préavis de licenciement *n.m.*
Kündigunsgrund (s,¨e), *der* .... motif de licenciement *n.m.*
Kurzarbeit (-,en), *die* .... chômage partiel *n.m.*

L

Laufbahn (-,en), *die*	carrière *n.f.*
Laufbahnberatung (-,en), *die*	conseil de carrière *n.m.*
Laufbahngespräch (s,e), *das*	entretien de carrière *n.m.*
Laufbahngestaltung (-,en), *die*	gestion de carrière *n.f.*
Laufbahnkomitee (s,-), *der*	comité de carrière *n.m.*
Laufbahnkurve (-,n), *die*	courbe de carrière *n.f.*
Laufbahnplanung (-,en), *die*	planification des carrières *n.f.*
Laufbahnresumee (s,s), *das*	résumé de carrière *n.m.*
Laufbahnsteuerung (-,en), *die*	gestion de carrière *n.f.*
Laufbahntypen (pl), *die*	carriéristes *n.m.f.pl.*
Laufbahnziel (es,e), *das*	objectif de carrière *n.m.*
Leadership, *der*	leadership *n.m.*
Lebenskosten (pl), *die*	coût de la vie *n.m.*
Lebenslauf (s,¨e), *der*	CV curriculum vitae *n.m.*
Lebensqualität (-,/), *die*	qualité de la vie *n.f.*
Lebensstandard (s,e), *der*	niveau de vie *n.m.*
ledig *adj.*	célibataire *adj.*
Lehrbuch (s, ¨er), *das*	manuel *n.m.*
Lehre (-,n), *die*	apprentissage *n.m.*
Lehrgang (es,¨e), *der*	programme d'apprentissage *n.m.*
Lehrkraft (-, ¨e), *die*	corps enseignant *n.m.*
Lehrling (s,e), *der*	apprenti(e) *n.m.,f.*
Lehrlingsabgabe (-,n), *die*	taxe d'apprentissage *n.f.*
Lehrlingsvergütung (-,en), *die*	indemnité d'apprentissage *n.f.*
Lehrmethode (-,n), *die*	méthode d'apprentissage *n.f.*
Lehrvertrag (es,¨e), *der*	contrat d'apprentissage *n.m.*
Leiharbeit (-,en), *die*	travail intérimaire *n.m.*
Leiharbeitnehmer (s,-), *der*	intérimaire *n.m.f.*
Leistung (-,en), *die*	efficacité *n.f.*
Leistung, die effektive -	rendement réel *n.m.*
leistungsabhängig *adj.*	lié à la performance *adj.*
Leistungsbewertung (-,en), *die*	appréciation des performances *n.f.*
leistungsfähig *adj.*	efficace *adj.*
Leistungsfähigkeit (-,en), *die*	capacité à travailler efficacement *n.f.*
Leistungskriterium (s,ien), *das*	critère de performance *n.m.*
Leistungsniveau (s,s), *das*	niveau de rendement *n.m.*
Leistungsprämie (-,n), *die*	prime de productivité *n.f.*
Leistungsprogramm (s,e), *das*	objectif de rendement *n.m.*
leistungswillig, *adj.*	motivé *adj.*
Leitbild (es,er), *das*	projet de l'entreprise *n.m.*
leiten *v.tr.*	gérer / manager *v.tr.*

Leitender-Statut (-), *der*	statut des cadres *n.m.*
Leitung (-,en), *die*	gestion *n.f.*
Leitung (-,en) einer Umorganisation, *die*	conduite de changement *n.f.*
Leitungsorgan (es,e), *das*	organe de direction *n.m.*
Leitungsstab (es,¨e), *der*	staff de direction *n.m.*
Lerninhalt (s,e), *der*	contenu de formation *n.m.*
Linien (pl) *die*	hiérarchie *n.f.*
Linienbeziehungen (pl), *die*	relations hiérarchiques *n.f.pl.*
Linienfunktion (-,en), *die*	fonction opérationnelle *n.f.*
Linienmanager (s,-), *der*	manager opérationnel *n.m.*
Linienmann (es, ¨er), *der*	responsable hiérarchique *n.m.f.*
Liste (-,n), *die*	liste *n.f.*
Logistik (/), *die*	logistique *n.f.*
Logistik-Abteilung (-,en), *die*	service des expéditions *n.m.*
Lohn (s,¨e), *der*	salaire *n.m.*
Lohn-Preis Spirale (-,n), *die*	course salaire-prix *n.f.*
Lohn-und Gehaltsforderungen (pl), *die*	revendications en matière de traitements et de salaires *n.f.pl.*
Lohn-und Preisstopp (s,s), *der*	blocage des prix et des salaires *n.m.*
Lohnabkommen (s,-), *das*	accord salarial *n.m.*
Lohnabsprache (-,n), *die*	accord salarial *n.m.*
Lohnabzug (s,¨e), *der*	retenue sur salaire *n.f.*
Lohnanstieg (s,e), *der*	progression des salaires *n.f.*
Lohnarbeit (-,en), *die*	travail salarié *n.m.*
Lohnausgleich (s,e), *der*	ajustement des salaires *n.m.*
Lohnbedingungen (pl), *die*	conditions de salaire *n.f.pl.*
Lohnbescheinigung (-,en), *die*	attestation de salaire *n.f.*
Lohneinstufung (-,en), *die*	établissement de la grille de salaire *n.m.*
Lohnempfänger (s,-), *der*	salarié(e) *n.m.,f.*
Lohnentwicklung (-,en), *die*	évolution des salaires *n.f.*
Lohnerhöhung (-,en), *die*	relèvement des salaires *n.m.*
Lohnfestsetzung (-,en), *die*	détermination des salaires *n.f.*
Lohnforderung (-,en), *die*	revendication salariale *n.f.*
Lohnfortzahlung (-,en), *die*	maintien du salaire *n.m.*
Lohngruppe (-,n), *die*	catégorie salariale *n.f.*
Lohnkosten (pl) *die*	charges salariales *n.f.pl.*
Lohnkürzung (-,en), *die*	diminution de salaire *n.f.*
Lohnnachzahlung (-,en), *die*	rappel sur salaire *n.m.*
Lohnniveau (s,s), *das*	niveau des salaires *n.m.*
Lohnpyramide (-,n), *die*	pyramide des salaires *n.f.*
Lohnrunde (-,n), *die*	négociation salariale *n.f.*
Lohnsenkung (-,en), *die*	baisse des salaires *n.f.*
Lohnskala (-,en), *die*	échelle des salaires *n.f.*
Lohnsteigerung (-,en), *die*	progression des salaires *n.f.*

Lohnsteuer (-,n), *die* .... impôt sur les salaires *n.m.*
Lohnsteuerkarte (-,n), *die* .... carte fiscale *n.f.*
Lohnstopp (s,-), *der* .... blocage des salaires *n.m.*
Lohnsumme (-,n), *die* .... masse salariale *n.f.*
Lohntag (es,e), *der* .... jour de paie *n.m.*
Lohntarifverhandlungen (pl), *die* .... négociation collective
sur les salaires *n.f.*
Lohntarifvertrag (s,¨e), *der* .... convention collective
salariale *n.f.*
Lohnverzicht (s,e), *der* .... diminution volontaire
de salaire *n.f.*
Lohnzettel (s,-), *der* .... bulletin de paie *n.m.*
Lohnzulage (-,n), *die* .... sursalaire *n.m.*
Lohnzuschlag (s,¨e), *der* .... complément salarial *n.m.*
Lohnzuwachs (es,¨e), *der* .... majoration salariale *n.f.*

M

machen *v.tr.*, haftbar - .... responsabiliser *v.tr.*
Macht (-,¨e), *der* .... pouvoir *n.m.*
Magister (s,-), *der* .... maîtrise (diplôme) *n.f.*
Mahnbrief (s,e), *der* .... lettre d'avertissement *n.f.*
Makroökonomie (-), *die* .... macroéconomie *n.f.*
Management (s,/), *das* .... management *n.m.*
Managementaudit (s,-), *der* .... audit de management *n.m.*
Managementleitlinie (-,n), *die* .... directive de management *n.f.*
Managementstruktur (-,en), *die* .... structure de management *n.f.*
Managementvakuum (s,/), *das* .... carence du management *n.f.*
Manager (s,-), *der* .... manager *n.m.*
Manteltarif (s,e), *der* .... tarif collectif *n.m.*
Manteltarifvertrag (s,¨e), *der* .... convention collective
générale *n.f.*
Mantelvertrag (es,¨e), *der* .... accord de branche *n.m.*
Marketing (s,/), *das* .... marketing *n.m.*
Marketing-Abteilung (-,en), *die* .... service marketing *n.m.*
Marktanalyse (-,n), *die* .... analyse de marché *n.f.*
Maschinenbau (s,/), *der* .... construction mécanique *n.f.*
Massenentlassung (-,en), *die* .... licenciement collectif *n.m.*
Matrixorganisation (-,en), *die* .... structure matricielle *n.f.*
Maßnahme, die Disziplinar- .... action disciplinaire *n.f.*
Maßnahmen (pl), die diskriminierende - .... mesure discriminatoire *n.f.*
MBA (/), *der* .... MBA Master of Business
Administration *n.m.*
Mehrarbeit (-,n), *die* .... surcroît de travail *n.m.*
Mehrfachverdienst (es,e), *der* .... cumul de salaires *n.m.*

Mehrstellenarbeit (-,en), *die*	rotation des postes de travail *n.f.*
Mehrwert (s,e), *der*	valeur ajoutée *n.f.*
mehrwertsteuerspflichtig *adj.*	assujetti à la TVA *adj.*
Meinungsumfrage (-,n), *die*	sondage *n.m.*
Meister (s,-), *der*	contremaître *n.m.* / agent de maîtise *n.m.* / contremaîtresse *n.f.*
Meisterbrief (s,e), *der*	brevet de maîtrise *n.m.*
meistern *v.tr.*	maîtriser *v.tr.*
Meisterprüfung (-,en), *die*	examen de maîtrise *n.m.*
Meisterschaft (-,en), *die*	maîtrise (catégorie professionnelle) *n.f.*
Meldung (-,en) als Arbeitsloser , *die*	inscription au chômage *n.f.*
Menschenbeziehungen (pl), *die*	relations humaines *n.f.pl.*
Menschenführung (-,en), *die*	gestion des hommes *n.f.*
Menschenkenntnis (-,se), *die*	connaissance des hommes *n.f.*
Mentor (s,en), *der*	mentor *n.m.*
Mentor-Beziehung (-,en), *die*	relation de parrainage *n.f.*
Messe (-,n), *die*	foire *n.f.*
Metaanalyse (-,n), *die*	méta-analyse *n.f.*
Methode (-,n) der kritische Zwischenfälle, *die*	méthode des incidents critiques *n.f.*
Mikroökonomie (/), *die*	micro-économie *n.f.*
Mindestlohn (s,¨e), *der*	SMIC Salaire Minimum Interprofessionnel de Croissance *n.m.*
Mindestlohnempfänger (s,-), *der*	smicard *n.m.*
Minorität, die ethnische -	minorité ethnique *n.f.*
mit der Bitte um Rückantwort, *expr.*	RSVP Répondez S'il Vous Plaît *expr.*
mit freundlichen Grüßen, *expr.*	Veuillez agréer l'expression de mes sentiments distingués *expr.*
Mitarbeiter (pl), die unterstellten -	salariés subordonnés *n.m.pl.*
Mitarbeiter, der freie -	vacataire *n.m.f.*
Mitarbeiterentwicklung (-,en), *die*	développement des salariés *n.m.*
Mitarbeiterversammlung (-,en), *die*	réunion d'information avec les salariés *n.f.*
Mitbestimmung* (-,en), *die*	cogestion *n.f.*
Mitbestimmungsrecht (s,e), *das*	droit de cogestion *n.m.*
Mitglied (es,er) der französischen Gewerkschaft CGT, *das*	cégétiste *n.m.f.*
Mitinhaber (s,-), *der*	cosociétaire *n.m.f.*
Mitteilungsplicht (-,en), *die*	devoir d'informer *n.m.*
Mitunterzeichner (s,-), *der*	cosignataire *n.m.f.*
Mitwirkungsrecht (s,e), *das*	droit à la consultation (relatif au Betriebsrat)* *n.m.*

Mißerfolg (es,e), *der* .... échec *n.m.*
Mobilität, die berufliche - .... mobilité professionnelle *n.f.*
Mobilität, die funktionnelle - .... mobilité fonctionnelle *n.f.*
Möglichkeit (-,en), *die* .... possibilité *n.f.*
Monatsgehalt (s,¨er), *das* .... mois de salaire *n.m.*
Monatsrate (-,n), *die* .... mensualité *n.f.*
Motivation (-,en), *die* .... motivation *n.f.*
motivieren *v.tr.* .... motiver *v.tr.*
Multinationale (-,n), *die* .... multinationale *n.f.*
Muttergesellschaft (-,en), *die* .... société mère *n.f.*
Mutterschaftsgelt (es,er), *der* .... salaire lors du congé
                                          maternité *n.m.*
Mutterschaftsurlaub (s,e), *der* .... congé maternité *n.m.*
MWSt Mehrwertsteuer (-,n), *die* .... TVA Taxe à la Valeur Ajoutée *n.f.*

N

Nachfolgebewegung (-,en), *die* .... mouvement de succession *n.m.*
Nachfolgekandidat (s,e), *der* .... remplaçant potentiel *n.m.*
Nachfolgeplan (s,¨e), *der* .... organigramme de
                                          remplacement *n.m.*
Nachfolgeplanung (-,en), *die* .... plan de remplacement *n.m.*
Nachfragevoraussage (-,n), *die* .... prévision de la demande *n.f.*
nachkommen *v.intr.*, einer Verpflichtung .... s'acquitter
                                          d'une obligation *v.pr.*
Nachricht (-,en), *die* .... information *n.f.*
Nachschub (s,e), *der* .... succession *n.f.*
Nachtarbeit (-,en), *die* .... travail de nuit *n.m.*
Nachtarbeitsverbot (es,e), *das* .... interdiction de travailler
                                          la nuit *n.f.*
Nachtschicht (-,en), *die* .... équipe de nuit *n.f.*
Nachwuchs (es,-), *der* .... jeunes cadres *n.m.pl.*
Nachwuchsbetreuer (s,-), *der* .... responsable des jeunes
                                          cadres *n.m.f.*
Nachwuchskraft (-,¨e), *die* .... cadre à potentiel de
                                          développement *n.m.*
Nebenverdienst (es, e), *der* .... salaire d'appoint *n.m.*
Netz (es,e), *das* .... réseau *n.m.*
Neuerung (-,en), *die* .... innovation *n.f.*
Nominallohn (s,¨e), *der* .... salaire nominal *n.m.*

O

Objektiv (es,e), *das* .... objectif *n.m.*
offiziell *adj.* .... officiel *adj.*
optimieren *v.tr.* .... optimiser *v.tr.*
Ordnung, die hierarchische - .... ordre hiérarchique *n.m.*
Organisation (-,en), *die* .... organisation *n.f.* /
organisme *n.m.*
Organisationsanalyse (-,n), *die* .... analyse organisationnelle *n.f.*
Organisationsänderung (-,en), *die* .... changement
organisationnel *n.m.*
Organisationskultur (-,en), *die* .... culture de l'organisation *n.f.*
Organisationsproblem (-,e), *das* .... problème d'organisation *n.m.*
organisiert *adj.* .... syndiqué *adj.*
Orientierung (-,en), *die* .... orientation *n.f.*
Outplacement (s,-), *das* .... outplacement *n.m.*

P

pädagogisch *adj.* .... pédagogique *adj.*
Partner (s,-), *der* .... associé(e) *n.m.,f.* /
partenaire *n.m.f.*
Pauschalabfindung (-,en), *die* .... indemnité forfaitaire *n.f.*
Pauschalbesteuerung (-,en), *die* .... imposition forfaitaire *n.f.*
Pension (-,en), *die* .... retraite (pension) *n.f.*
Person (-,en), die juristische - .... personne morale *n.f.*
Person (-,en), die natürliche - .... personne physique *n.f.*
Personal (s,/), *das* .... personnel *n.m.*
Personal, das ständige - .... personnel permanent *n.m.*
Personalabbau (s,/), *der* .... réduction de personnel *n.f.*
Personalabteilung (-,en), *die* .... service du personnel *n.m.*
Personalanwerbungskampagne (-,n), *die* .... campagne de recrutement *n.f.*
Personalausweis (es,e), *der* .... carte d'identité *n.f.*
Personalbedarf (s,-), *der* .... besoin de personnel *n.m.*
Personalbedarf, der qualitative - .... besoin qualitatif
en personnel *n.m.*
Personalbedarf, der quantitative - .... besoin quantitatif
en personnel *n.m.*
Personalbedarfsplanung (-,en), *die* .... prévision de la main-d'œuvre *n.f.*
Personalbeschaffung, die ausserbetriebliche -. recrutement externe *n.m.*
Personalbeschaffung, die innerbetriebliche - .... recrutement interne *n.m.*
Personalbeschaffungsabteilung (-,en), *die* .... service du recrutement *n.m.*
Personalbesetzung, die flexible - .... affectation flexible
du personnel *n.f.*

Allemand	Français
Personalbewegung (-,en), *die*	mouvement de personnel *n.m.*
Personaldaten (pl), *die*	coordonnées personnelles *n.f.pl.*
Personaldirektor (-,en), *der*	directeur des resssources humaines / directeur du personnel *n.m.*
Personalentwicklung (-,en), *die*	développement des ressources humaines / développement social *n.m.*
Personalführungsverantwortlichen (pl), *die*	encadrement *n.m.*
Personalfunktion (-,en), *die*	fonction personnel *n.f.*
Personalgewinnung (-,en), *die*	embauche de personnel *n.f.*
Personalkarte (-,n), *die*	dossier individuel *n.m.*
Personalkartei (-,en), *die*	fichier du personnel *n.m.*
Personalknappheit (-,en), *die*	sous-effectif *n.m.*
Personalkosten (pl), *die*	coût de la main-d'œuvre *n.m.*
Personalleiter (s,-), *der*	chef du personnel *n.m.f.*
Personalmangel (s,¨), *der*	manque de personnel *n.m.*
Personalmitglied (s,er), *das*	membre du personnel *n.m.*
Personalplanung (-,en), *die*	gestion prévisionnelle des ressources humaines *n.f.*
Personalpolitik (-,en), *die*	politique du personnel *n.f.*
Personalprofi (s,s), *der*	professionnel de GRH *n.m.*
Personalressourcen (pl), *die*	ressources humaines *n.f.pl.*
Personalspezialist (en,en), *der*	spécialiste du personnel *n.m.f.*
Personalstatistiken (pl), *die*	statistiques sociales *n.f.pl.*
Personalüberschuß (sses,¨e), *der*	surplus de main-d'œuvre *n.m.*
Personalversetzung (-,en), *die*	transfert d'effectifs *n.m.*
Personalverwaltung (-,en), *die*	gestion du personnel *n.f.*
Personalwechsel (s,n), *der*	rotation du personnel *n.f.*
Personalwirtschaft (-,/), *die*	gestion des ressources humaines *n.f.*
personalwirtschaftlich *adj.*	relatif à la gestion du personnel *adj.*
Persönlichkeit (-,en) des Bewerbers, *die*	personnalité du candidat *n.f.*
Persönlichkeitsinventar (s,e), *das*	inventaire de la personnalité *n.m.*
Persönlichkeitsprofil (s,e), *das*	profil de personnalité *n.m.*
Persönlichkeitstest (s,s), *der*	test de personnalité *n.m.*
Persönlichkeitszug (es,¨e), *der*	trait de personnalité *n.m.*
Peter-Prinzip (/), *das*	principe de Peter *n.m.*
Pflichtbeitrag (s,¨e), *der*	cotisation obligatoire *n.f.*
Pflichtenheft (s,e), *das*	cahier des charges *n.m.*
Phantasie (-,n), *die*	imagination *n.f.*
Planung (-,en), *die*	planification *n.f.*
Planung, die strategische -	planification stratégique *n.f.*
Planungssystem (s,e), *das*	système de planification *n.m.*

Politik (-,en), *die* .... politique *n.f.*
Politik (-,en) der Chancengleichheit , *die* .... politique d'égalité
des chances *n.f.*
Position (-,en), die End-Laufbahn - .... poste de fin de carrière *n.m.*
Potential (s,e), *das* .... potentiel *n.m.*
Praktikant (es,en), *der* .... stagiaire *n.m.f.*
Praktikum (s,-), *das* .... stage étudiant *n.m.*
Prämie (-,n), *die* .... prime *n.f.*
Prämiensystem (s,e), *das* .... système de primes *n.m.*
Präsident (en,en), *der* .... président *n.m.*
Praxis (-,xen), *die* .... pratique *n.f.*
praxisnah *adj.* .... proche de la pratique *expr.*
Privatleben (s,-), *das* .... vie privée *n.f.*
Privatsektor (s,en), *der* .... secteur privé *n.m.*
Probe (-,n), *die* .... essai *n.m.*
Probevertrag (es,¨e), *der* .... contrat à l'essai *n.m.*
Probezeit (-,en), *die* .... période d'essai *n.f.*
Produktion (-,en), *die* .... production *n.f.*
Produktionsort (es,e), *der* .... lieu de production *n.m.*
Produktionsplanung (-,en), *die* .... planification de la production *n.f.*
Produktivität (-,/), *die* .... productivité *n.f.*
Produktivitätszuwachs (es,¨e), *der* .... gain de productivité *n.m.*
Professionalisierung (-,en), *die* .... professionnalisation *n.f.*
Profil (s,e), *das* .... profil *n.m.*
Profit Center (s,-), *das* .... centre de profit *n.m.*
Prognose (-,n), *die* .... prévision *n.f.*
Programmiersprache (-,n), *die* .... langage informatique *n.m.*
Projekt (es,e), *das* .... projet *n.m.*
Prokura (-,en), *die* .... procuration *n.f.*
Prokurist (en,en), *der* .... fondé de pouvoir *n.m.*
proportional *adj.* .... proportionnel *adj.*
Prozeß (sses,sse), *der* .... processus *n.m.*
Prozent (es,e), *das* .... pourcentage *n.m.*
Prüfung (-,en), *die* .... examen *n.m.*
Psychologie, die organisatorische - .... psychologie
organisationnelle *n.f.*
Psychologe (n,n), *der* .... psychologue *n.m.f.*
Psychometrie (-,n), *die* .... psychométrie *n.f.*
Punktezahl (-,en), *die* .... nombre de points *n.m.*

Q

Qualifikation (-,en), *die* .... qualification *n.f.*
Qualifikationstransfer (s,e), *der* .... transfert de savoir *n.m.*
Qualifizierungskonzept (s,e), *der* .... concept de qualification *n.m.*

qualitativ *adj.* .... qualitatif *adj.*
Qualitätskontrolle (-,n), *die* .... contrôle qualité *n.m.*
Qualitätssicherung (-,en), *die* .... assurance qualité *n.f.*
Qualitätswesen (s,-), *das* .... service qualité *n.m.*
Qualitätszirkel (s,-), *der* .... cercle de qualité *n.m.*
quantitativ *adj.* .... quantitatif *adj.*

R

Rahmen, der gesetzliche - .... cadre légal *n.m.*
Rahmenvereinbarung (-,en), *die* .... accord cadre *n.m.*
Ranggliederung (-,en), *die* .... hiérarchisation *n.f.*
Rangordnung (-,en), *die* .... hiérarchie *n.f.*
Rangordnungssystem (s,e), *das* .... système de classification par
                                                                                rang hiérarchique *n.m.*
Rechnung (-,en), *die* .... facture *n.f.*
Rechnungswesen (s,-), *das* .... service comptabilité *n.m.*
Recht, das gewerkschaftliche - .... liberté syndicale *n.f.*
Rechtsabteilung (-,en), *die* .... service juridique *n.m.*
Rechtsberater (s,-), *der* .... conseiller(ère) juridique *n.m.,f.*
Regelung (-,en), *die* .... réglementation *n.f.*
Regelung, die tarifvertragliche - .... réglementation contractuelle
                                                                                tarifaire *n.f.*
Reisepaß (sses,¨e), *der* .... passeport *n.m.*
Reisespesen (pl), *die* .... frais de déplacement *n.m.pl.*
Rekrutierung (-,en), *die* .... recrutement *n.m.*
Rentabilität (-,en), *die* .... rentabilité *n.f.*
Rente (-,n), *die* .... retraite *n.f.*
Rente, die gleitende - .... retraite indexée sur l'inflation *n.f.*
Rentenkasse (-,n), *die* .... caisse de retraite *n.f.*
Rentensanspruch (s,¨e), *der* .... droit à la retraite *n.m.*
Rentenversicherung (-,/), *die* .... assurance retraite *n.f.*
Rentner (s,-), *der* .... retraité(e) *n.m.,f.*
Reorganisation (-,en), *die* .... réorganisation *n.f.*
Reorientierungsgespräch (s,e), *das* .... entretien de réorientation *n.m.*
Reporting (s,-), *das* .... reporting *n.m.*
Ressourcenzuteilung (-,en), *die* .... allocation de ressources *n.f.*
Restaurantscheck (s,s), *der* .... chèque restaurant *n.m.*
Revision (-,en), *die* .... audit *n.m.*
Revisor (s,e), *der* .... expert comptable *n.m.*
Richtlinie (-,n), *die* .... directive *n.f.*
Richtlinie, die europäische - .... directive européenne *n.f.*
Richtlinien (pl) für Vorstellungsgespräche, *die* .. guide d'entretien *n.m.*
Risiko (-,en), *das* .... risque *n.m.*
Rolle (-,n), *die* .... rôle *n.m.*

Rollenspiel (s,e), *das* .... jeu de rôle *n.m.*
Rollenverteilung (-,en), *die* .... répartition des rôles *n.f.*
Rücktritt (s,e), *der* .... démission *n.f.*
Ruhepause (-,n), *die* .... pause repos *n.f.*
Rundschreiben (s,-), *das* .... circulaire *n.f.*

S

Saisonarbeit (-,en), *die* .... emploi saisonnier *n.m.*
Saisonarbeiter (s,-), *der* .... saisonnier *adj.*
Schaden (s,¨en), *der* .... dommages *n.m.pl.*
Schadenersatzforderung (-,en), *die* .... demande de dommages et
                                                                              intérêts *n.f.*
Schätzung (-,en), *die* .... évaluation *n.f.*
Schätzungsblatt (es,¨er), *das* .... feuille d'évaluation *n.f.*
Schätzungstabelle (-,n), *die* .... grille d'évaluation *n.f.*
Schichtarbeit (-,en), *die* .... travail en équipe *n.m.*
Schichtwechsel (s,-), *der* .... relève de l'équipe *n.f.*
Schiedsgericht (s,e), *das* .... tribunal d'arbitrage *n.m.*
Schiedsgerichtwesen (s,-), *das* .... arbitrage *n.m.*
Schiedsklausel (-,n), *die* .... clause d'arbitrage *n.f.*
Schlichtung (-,en), *die* .... nivellement *n.m.*
Schlüsselsektor (s,en), *der* .... secteur-clé *n.m.*
Schlußtermin (s,e), *der* .... date de clôture *n.f.*
Schreibkraft (-,¨e), *die* .... dactylo *n.f.*
Schulung (-,en), *die* .... formation *n.f.*
Schulungskosten (pl), *die* .... coût de formation *n.m.*
Schulungsmethode (-,n), *die* .... méthode de formation *n.f.*
Schulungsziel (s,e), *das* .... objectif de formation *n.m.*
Schwäche (-,n), *die* .... faiblesse *n.f.*
schwanger *adj.* .... enceinte *adj.*
Schwarzarbeit (-,en), *die* .... travail clandestin *n.m.*
Schwerbehinderte (n,n), *der* .... handicapé(e) *n.m.,f.*
Seiteneinsteiger (s,-), *der* .... celui qui rentre par la petite
                                                                              porte *expr.*
Sekretärin (-,en), *die* .... secrétaire *n.m.f.*
Sektor, der öffentliche - .... secteur public *n.m.*
selbständig *adj.* .... autonome *adj.*
Selbständigkeit (-,en), *die* .... autonomie *n.f.*
Selbstverwaltung (-,en), *die* .... autogestion *n.f.*
Selbstverwirklichung (-,en), *die* .... réalisation de soi *n.f.*
Selbstverwirklichungsbedürfnis (ses,se), *der* .... besoin de réalisation de soi *n.m.*
Seminar (s,e), *das* .... séminaire *n.m.*
Senior (s,s), *der* .... senior *n.m.f.*
Sicherheitsabteilung (-,en), *die* .... service de sécurité *n.m.*

Sicherheitsregel (-,n), *die* .... règle de sécurité *n.f.*
Situationstest (s,s), *der* .... test en situation *n.m.*
Skala (-,en), *die* .... échelle *n.f.*
Software (-), *die* .... logiciel *n.m.*
Sonderklausel (-,n), *die* .... clause spécifique *n.f.*
Sonderleistung (-,en), *die* .... avantages sociaux *n.m.pl.*
Sozial-Abteilung (-,en), *die* .... service social *n.m.*
Sozialarbeiter (s,-), *der* .... assistant(e) social(e) *n.m.,f.*
Sozialaudit (s,-), *der* .... audit social *n.m.*
Sozialbilanz (-,en), *die* .... bilan social* *n.m.*
Sozialcharta (-,en), *die* .... Charte sociale *n.f.*
Sozialfürsorge (-,n), *die* .... assistance sociale *n.f.*
Sozialgruppe (-,n), *die* .... catégorie sociale *n.f.*
Sozialplan (s,¨e), *der* .... plan social *n.m.*
Sozialverhalten (s,-), *das* .... comportement en société *n.m.*
Sozialversicherte (n,n), *der* .... assuré(e) social(e) *n.m.,f.*
Sozialversicherung (-,/), *die* .... Sécurité sociale *n.f.*
sozialversicherungspflichtig *adj.* .... assujetti à la Sécurité sociale *adj.*
Sozialversicherungsausweis (es,e), *der* ... carte de Sécurité sociale *n.f.*
Sozialversicherungsnummer (-,n), *die* .... numéro de Sécurité sociale *n.m.*
Sozialwissenschaft (pl), *die* .... sciences sociales *n.f.pl.*
sozio-ökonomisch *adj.* .... socio-économique *adj.*
Sparplan (es,¨e), *der* .... plan d'épargne *n.m.*
Spätarbeit (-,en), *die* .... travail à heures tardives *n.m.*
Spezialausbildung (-,en), *die* .... formation spécialisée *n.f.*
Spielregel (-,n), *die* .... règle du jeu *n.f.*
Sprecherausschuß* (sses, üsse), *der* ..... comité des porte-parole
                                            des cadres supérieurs *n.m.*
Staatsangehörigkeit (-,en), *die* .... nationalité *n.f.*
Stab (s,¨e), *der* .... état-major *n.m.*
Stabilität (-,en), *die* .... stabilité *n.f.*
Stabsbeziehungen (pl), *die* .... relations fonctionnelles *n.f.pl.*
Staffelung (-,en), *die* .... niveau hiérarchique *n.m.*
Standesamtsurkunde (-,n), *die* .... fiche d'état civil *n.f.*
Standort (es,e), *der* .... implantation *n.f.*
Stärke (-,n), *die* .... force *n.f.*
Statistiken (pl), *die* .... statistiques *n.f.pl.*
Statistiker (s,-), *der* .... statisticien(ne) *n.m.,f.*
Stechkarte (-,n), *die* .... carte de pointage *n.f.*
Stechuhr (-,en), *die* .... pointeuse *n.f.*
Stelle (-,n), *die* .... poste *n.m.*
Stelle (-,n), die offene - .... poste à pourvoir *n.m.*
stellen *v.tr.*, eine Frage zur Beratung ... mettre une question en
                                            délibération *v.tr.*
Stellenanforderung (-,en), *die* .... exigences du poste *n.f.pl.*
Stellenangebot (es,e), *das* .... offre d'emploi *n.f.*
Stellenausschreibung (-,en), *die* .... notification de vacance de
                                            poste / publicité en interne *n.f.*

Stellenbeschreibung (-,en), *die*............................ description de poste *n.f.*
Stellenbeschreibungsbogen (s,-), *der*.............. fiche de description de poste *n.f.*
Stellenbewertung (-,en), *die*.............................. évaluation de poste *n.f.*
Stellenbezeichnung (-,en), *die*.......................... intitulé du poste *n.m.*
Stellenbörse (-,n), *die*.. bourse de l'emploi *n.f.*
Stelleninhaber (s,-), *der*...................................... titulaire d'un poste *n.m.f.*
Stellenplan (s,"e), *der*.. organigramme *n.m.*
Stellenvermittlungsbüro (s,s), *das*.................... bureau de placement *n.m.*
Stellenvermittlungsbüro, das private -............... bureau privé de placement *n.m.*
Stellenwert (s,e), *der*.. cotation du poste *n.f.*
Stellvertreter (s,-), *der*.. adjoint(e) (de qqn) *n.m.,f.*
Stempelkarte (-,n), *die*.. fiche de temps *n.f.*
Steuerabzahlung, die monatliche -....................... mensualisation de l'impôt *n.f.*
steuerpflichtig *adj.*.. imposable *adj.*
Stillstand (es,"e), *der*.. point mort *n.m.*
Stipendium (s,ien), *das*...................................... bourse d'étude *n.f.*
Störung, die technische -...................................... incident technique *n.m.*
Strafgesetzbuch (s,"er), *das*............................... code pénal *n.m.*
Streik* (s,s), *der*.. grève *n.f.*
Streik, der wilde -.. grève sauvage *n.f.*
Streikankündigung (-,en), *die*............................. préavis de grève *n.m.*
Streikaufruf (es,e), *der*...................................... appel à la grève *n.m.*
Streikposten (pl) *die*.. piquet de grève *n.m.*
Stress (-), *der*.. stress *n.m.*
strukturell *adj.*.. structurel *adj.*
Studentenforum (s,en), *das*............................... forum étudiant *n.m.*
Stufe (-,n), *die*.. échelon *n.m.*
Stunde, die nachzuholende -................................. heure récupérable *n.f.*
Synergie (-,n), *die*.. synergie *n.f.*

T

Tadel (s,-), *der*.. blâme *n.m.*
Tag, der freie -.. jour de congé *n.m.*
Tagesordnung (-,en), *die*.................................... ordre du jour *n.m.*
täglich *adj.*.. quotidien *adj.*
Tarif-Bereich (s,e), *der*...................................... groupe des salariés soumis à la convention collective *n.m.*
Tarifkommission (-,en), *die*................................. commission paritaire *n.f.*
Tarifpartner (s,-), *der*.. partenaires sociaux *n.m.pl.*
Tarifpolitik (-,/), *die*.. politique collective des salaires *n.f.*
Tarifverhandlung (-,en), *die*............................... négociation collective *n.f.*
Tarifvertrag (s,"e), *der*.. convention collective* *n.f.*
Tätigkeit, die berufliche -...................................... activité professionnelle *n.f.*

Team (s,s), *das* .... équipe *n.f.*
Teamarbeit (-,en), *die* .... travail de groupe *n.m.*
Teamgeist (es,/), *der* .... esprit d'équipe *n.m.*
Technik (-,en), *die* .... technique *n.f.*
Techniker (s,-), *der* .... technicien(ne) *n.m.,f.*
teilen *v.tr.* .... partager *v.tr.*
Teilnehmer (s,-), *der* .... participant(e) *n.m.,f.*
Teilzeit (-,en), *die* .... temps partiel *n.m.*
Teilzeitarbeit (-,en), *die* .... travail à temps partiel *n.m.*
Telekonferenz (-,en), *die* .... téléconférence *n.f.*
Temperament (s,e), *das* .... tempérament *n.m.*
Test (s,s), *der* .... test *n.m.*
Test, der klinische - .... test clinique *n.m.*
Test, der projektive - .... test projectif *n.m.*
Test, der psychologische - .... test psychologique *n.m.*
Test, der psychometrische - .... test psychométrique *n.m.*
Trainer (s,-), *der* .... formateur(trice) *n.m.,f.*
Turn-over (s,/), *der* .... turn over *n.m.*

U

Überbearbeitung (-,en), *die* .... surmenage *n.m.*
Überbeschäftigung (-,en), *die* .... suremploi *n.m.*
Überbevölkerung (-,en), *die* .... surpopulation *n.f.*
Übereinstimmung (-,en), *die* .... consensus *n.m.*
überfachlich *adj.* .... interprofessionnel *adj.*
übergehen, *v.tr.*, zur Tagesordnung .... passer à l'ordre du jour *v.tr.*
Übernahme (-,n) von Ausbildungskosten
durch die Unternehmen, *die* .... 1% formation* *n.m.*
überprüfen *v.tr.* .... contrôler *v.tr.*
Überqualifikation (-,en), *die* .... surqualification *n.f.*
Überstunde (-,n), *die* .... heure supplémentaire *n.f.*
Überwachung (-,en), *die* .... surveillance *n.f.*
Umgestaltung (-,en), *die* .... reconversion *n.f.*
Umgruppierung (-,en), *die* .... reclassement *n.m.*
Umsatz (es,˝e), *der* .... chiffre d'affaires *n.m.*
Umschulung (-,en), *die* .... formation au changement de
                                                                    métier *n.f.*
Umständ (es,e), *der* .... circonstance *n.f.*
Umstrukturierung (-,en), *die* .... restructuration *n.f.*
Umstufung (-,en) zum
Führungskräfte-Statut, *die* .... passage cadre *n.m.*
unbesetzt *adj.* .... vacant *adj.*
Unerfahrenheit (-, en), *die* .... inexpérience *n.f.*

Unfallverhütung (-,en), *die*	prévention des accidents *n.f.*
ungeeignet *adj.*	inapproprié *adj.*
UNICE (/), *die*	UNICE Union des Industries de la CEE *n.f.*
Universität (-,en), *die*	université *n.f.*
unter der Leitung von, *expr.*	sous la direction de *expr.*
Unterbeschäftigung (-,en), *die*	sous-emploi *n.m.*
unterbewerten *v.tr.*	sous-estimer *v.tr.*
Unterbewertung (-,en), *die*	sous-estimation *n.f.*
unterbezahlen *v.tr.*	sous-payer *v.tr.*
Untergebene (n,n), *der*	subordonné(e) *n.m.,f.*
Unterlage (-,n), *die*	dossier *n.m.*
Unternehmenskultur (-,en), *die*	culture d'entreprise *n.f.*
Unternehmensleiter (s,-), *der*	chef d'entreprise *n.m.f.*
Unternehmensphilosophie (-,n), *die*	philosophie de l'entreprise *n.f.*
Unternehmensplanung (- ,en), *die*	planification dans l'entreprise *n.f.*
Unternehmensstrategie (-,n), *die*	stratégie de l'entreprise *n.f.*
Unternehmer (s,-), *der*	entrepreneur *n.m.*
Unternehmerverband (es,¨e), *der*	association d'entrepreneurs *n.f.*
Unternehmungsbeziehungen (pl), *die*	relations opérationnelles *n.f.pl.*
Unterqualifikation (-,en), *die*	sous-qualification *n.f.*
unterschreiben *v.tr.*	signer *v.tr.*
Unterschrift (-,en), *die*	signature *n.f.*
Untersuchung (-,en), *die*	instruction judiciaire *n.f.*
Untersuchung, die ärtzliche -	examen médical *n.m.*
unterzeichnungsberechtigt *adj.*	autorisé à signer *adj.*
Unvereinbarkeit (-, en), *die*	incompatibilité *n.f.*
unwirksam *adj.*	inefficace *adj.*
Unwirksamkeit (-,en), *die*	inefficacité *n.f.*
Unzufriedenheit (-,en), *die*	mécontentement *n.m.*
Urlaub (s,e), *der*	congé *n.m.*
Urlaub, der bezahlte -	congé payé* *n.m.*
Urlaub, der unbezahlte -	congé sans solde *n.m.*
Urlaubsanspruch (s,¨e), *der*	droit aux congés *n.m.*
Ursache (-,n), *die*	cause *n.f.*
Ursprungsland (es,¨er), *das*	pays d'origine *n.m.*

V

Vakanz (-,en), *die*	poste vacant *n.m.*
Verabredung (-,en), *die*	rendez-vous *n.m.*
Verbesserung (-,en) der Arbeitsbedingungen,*die*	amélioration des conditions de travail *n.f.*

Verantwortung (-,en) des Arbeitgebers, *die* .... responsabilité de l'employeur *n.f.*

Verantwortung (-,en), *die* .... responsabilité *n.f.*

Verbesserungsvorschlag (s,¨e), *der* .... suggestion d'amélioration *n.f.*

Verdienstversicherung (-,en), *die* .... garantie de revenu *n.f.*

Verein (s,e), *der* .... association *n.f.*

Verein (s,e) ehemaliger Komilitonen, *der* .... association des anciens élèves *n.f.*

Vereinbarung (-,en), *die* .... convention *n.f.*

Verfahren (s,-), *das* .... procédure *n.f.*

Verfahrenstechnik (-,en), *die* .... procédé technique *n.m.*

Vergehen, das schwere - .... faute grave *n.f.*

Vergleichmarkt (es,¨e), *der* .... marché de référence *n.m.*

Vergütung (-,en), *die* .... rémunération *n.f.*

Verhaltensforschung (-,en), *die* .... enquête d'attitudes *n.f.pl.*

Verhandlung (-,en), *die* .... négociation *n.f.*

Verhandlungstechnik (-,en), *die* .... technique de négociation *n.f.*

Verhandlungsspielraum (es,¨e), *der* .... marge de négociation *n.f.*

verheiratet *adj.* .... marié *adj.*

Verhinderung (-,en), *die* .... empêchement *n.m.*

Verkauf (s,¨e), *der* .... vente *n.f.*

Verkauf-Abteilung (-,en), *die* .... service des ventes / service commercial *n.m.*

verlängern, *v.tr.*, einen Frist .... prolonger un délai *v.tr.*

Vermerk, der handschriftliche - .... note manuscrite *n.f.*

Vermittlung (-,en), *die* .... médiation *n.f.*

Verpflichtung (-,en) der Arbeitgebers, eine Bilanz der Kompetenzen der Mitarbeiter anzubieten, *die* .... bilan professionnel *n.m.*

Verpflichtung, die vertragliche - .... obligation contractuelle *n.f.*

Verröffentlichung (-,en), *die* .... publication *n.f.*

Verschiebung (-,en), *die* .... transfert *n.m.*

Verschulden, das schwere - .... faute lourde *n.f.*

Versetzung (-,en), *die* .... mutation *n.f.*

Versicherung (-,en) für den Todesfall, *die* .... assurance décès *n.f.*

Versicherungspflichtgrenze (-,n), *die* .... plafond d'assujettissement *n.m.*

Verspätung (-,en), *die* .... retard *n.m.*

Verständnis (ses,se), *das* .... compréhension *n.f.*

vertraglich *adj.* .... contractuel *adj.*

Verträglichkeit (-,en), *die* .... compatibilité *n.f.*

Vertragsbedingungen (pl), *die* .... termes du contrat *n.m.pl.*

Vertragsbruch (s,¨e), *der* .... rupture de contrat *n.f.*

Vertrauenmißbrauch (s,¨e), *der* .... abus de confiance *n.m.*

Vertrauensleute* (pl), *die* .... personnes de confiance des syndicats déléguées dans les entreprises *n.f.pl.*

Vertrauensstellung (-,en), *die* .... poste de confiance *n.m.*

vertraulich *adj.* .... confidentiel *adj.*
Vertreter, der gesetztliche - .... représentant légal *n.m.*
Vertretung (-,en) der Arbeitsnehmer durch
mehrere Gewerkschaften, *die* .... pluralisme syndical *n.m.*
Vertretung (-,en) der Belegschaft, *die* .... expression des salariés *n.f.*
Verwaltung (-,en), *die* .... administration *n.f.*
Verwaltungsabteilung (-,en), *die* .... service administratif *n.m.*
Verwaltungsrat (es,¨e), *der* .... conseil d'administration* *n.m.*
Verwaltungsratsvorsitzende (n,n), *der* .... président du conseil
d'administration *n.m.*

verwitwet *adj.* .... veuf *adj.*
Vielseitigkeit (-,en), *die* .... complexité *n.f.*
Visabeschaffung (-,en), *die* .... obtention d'un visa *n.f.*
Visitenkarte (-,n), *die* .... carte de visite *n.f.*
Vitamin B (/), *das* .... piston *n.m.*
Vize-Präsident (en,en), *der* .... vice-président *n.m.*
Volljurist (en,en), *der* .... juriste titulaire d'une formation
complète en droit *n.m.f.*
Vollmacht (-,en), *die* .... procuration *n.f.*
Vollzeit (-,en), *die* .... plein temps *expr.*
Vollzeitarbeit (-,en), *die* .... travail à temps complet *n.m.*
von der Wehrpflicht befreit, *adj.* .... libéré des obligations
militaires *adj.*
Vor-Ort-Schulung (-,en), *die* .... formation sur le tas *n.f.* /
learning by doing *n.m.*
Vorauswahl (-,en), *die* .... présélection *n.f.*
Vorgesetze (n,n), *der* .... supérieur hiérarchique *n.m.*
Vorname (s,n), *der* .... prénom *n.m.*
Vorrang (s,/), *der* .... préséance *n.f.*
Vorschlag (es,¨e), *der* .... proposition *n.f.*
Vorstand (es,¨e), *der* .... directoire *n.m.*
Vorstandsmitglied (s,er), *das* .... membre du directoire *n.m.*
Vorstellungsgespräch (s,e), *das* .... entretien d'embauche *n.m.*
Vortrag (es,¨e), *der* .... exposé *n.m.*
vorwählen *v.tr.* .... présélectionner *v.tr.*
Vorwurf (s,¨e), *der* .... grief *n.m.*

W

Wachstum (s,/), *das* .... croissance *n.f.*
Wahl (-,en) durch Arbeitnehmer und-geber für
das Arbeitsgericht, *die* .... élections prud'homales *n.f.pl.*
Wahlgruppe (-,n) für die Wahl der
Arbeitnehmervertreters, *die* .... collège *n.m.*

Weisung (-,en), *die* .... ordre *n.m.*

Weiterbildung (-,en), *die* .... formation continue *n.f.*

Weiterbildung (-,en) außerhalb der Firma, *die* .... formation à l'extérieur de
l'entreprise *n.f.*

Weiterentwicklung (-,en), *die* .... développement *n.m.*

Werbung (-,en), *die* .... publicité *n.f.*

Werkbesichtigung (-,en), *die* .... visite d'usine *n.f.*

Werkspersonalleiter (s,-), *der* .... chef du personnel
de l'usine *n.m.f.*

Werkzeitung (-,en), *die* .... journal d'entreprise *n.m.*

Wert (s,e), *der* .... valeur *n.f.*

Wettbewerb (s,e), *der* .... concurrence *n.f.*

Wettbewerbsfähigkeit, die externe - .... compétitivité externe *n.f.*

Wettbewerbsgeist (es,e), *der* .... esprit de compétition *n.m.*

Wiedereingliederung (-,en), *die* .... réintégration *n.f.*

Wiedervereinigung (-,en), *die* .... réunification *n.f.*

Wirtschaftausschuß* (sses, üsse), *der* .... commission économique *n.f.*

Wirtschaftshochschule (-,n), *die* .... école supérieure
de commerce *n.f.*

Wirtschaftsprüfer (s,-), *der* .... commissaire aux comptes *n.m.*

Wirtschaftswissenschaften (pl), *die* .... sciences économiques *n.f.pl.*

Wissen (s,/), *das* .... savoir *n.m.*

Wochenarbeitszeit (-,en), *die* .... travail hebdomadaire *n.m.*

wöchenlich *adj.* .... hebdomadaire *adj.*

Wohnungsbeihilfe (-,n), *die* .... allocation logement *n.f.*

Z

zahlbar, in Monatsraten *expr.* .... payable en mensualités *adj.*

Zahlungsermächtigung (-,en), *die* .... autorisation de paiement *n.f.*

Zahlungsfähigkeit (-,en), *die* .... solvabilité *n.f.*

Zahlungsfrist (-,en), *die* .... délai de paiement *n.m.*

ZAV Zentralstelle für Arbeitsvermittlung, *die* .... ANPE Agence Nationale Pour
l'Emploi *n.f.*

Zeitarbeit (-,en), *die* .... travail temporaire / travail
épisodique *n.m.*

Zeitarbeitsagentur (-,en), *die* .... agence d'intérim *n.f.*

Zeitplan (s,¨e), *der* .... calendrier *n.m.*

Zentraleinheit (-,en), *die* .... unité centrale *n.f.*

Zentralisierung (-,en), *die* .... centralisation *n.f.*

Zielkonflikt (s, e), *der* .... conflit d'objectifs *n.m.*

Zielpublikum (s,e), *das* .... public visé *n.m.*

Zielsetzung (-,en), *die* .... fixation d'objectifs *n.f.*

Zielstelle (-,n), *die* .... poste cible *n.m.*

Zielvereinbarung (-,en), *die* .... négociation d'objectifs *n.f.*
Zufriedenheit (-,en), bei der Arbeit, *die* .... satisfaction au travail *n.f.*
Zulage (-,n), *die* .... prime *n.f.*
Zulassungsprüfung (-,en), *die* .... examen d'admission *n.m.*
Zulieferant (en,en), *der* .... sous-traitant *n.m.*
Zulieferung (-,en), *die* .... sous-traitance *n.f.*
zurücktreten, *v.intr.*, von einem Vertrag .... résilier un contrat *v.tr.*
Zusammenarbeit (-,en), *die* .... travail en commun *n.m.*
Zusammenlegung (-,en), *die* .... fusion *n.f.*
Zuschlag (s,¨e), *der* .... prime *n.f.*
Zuschlagsprämie (-,n), *die* .... surprime *n.f.*
zuständig (nicht) , *adj.* .... incompétent *adj.*
Zuständigskeitsbereich (es,e), *der* .... domaine de compétence *n.m.*
Zustimmung (-,en), *die* .... agrément *n.m.*
Zwischenzeit (-,en), *die* .... intérim *n.m.*

SECONDE PARTIE

NOTICES DESCRIPTIVES DES SPÉCIFICITÉS NATIONALES

Ayant conscience des problèmes afférents à la mauvaise connaissance des contextes nationaux européens, nous présentons et expliquons ici – en plus des traductions techniques – quelques termes recouvrant des spécificités nationales.

1

FRANCE

1 % FORMATION

En France, obligation est faite aux entreprises de plus de dix salariés de participer au financement de la formation continue en y affectant un montant correspondant au moins à 1,2 % de leur masse salariale (1 % en 1974 ; 1,1 % en 1977). On appelle ce montant le "1 % formation". Si une entreprise consacre moins d'1,2 % au financement de la formation continue de ses salariés, elle doit s'acquitter de la différence au profit du Trésor public.

BILAN SOCIAL

La justification du bilan social repose sur l'idée que l'établissement d'un document regroupant les données sociales favorise des rapports directs entre le chef d'entreprise et les représentants des salariés.

Le bilan social est une liste, énumérant sous forme de tableau des indicateurs chiffrés appartenant aux catégories suivantes : emploi, rémunération et charges accessoires, conditions d'hygiène et de sécurité, autres conditions de travail, relations professionnelles, autres conditions de vie relevant de l'entreprise. Le bilan social ayant pour ambition d'enregistrer les changements intervenus et les réalisations effectuées, il présente simultanément les indicateurs de trois années successives.

Le bilan social (cf. loi de 1977) doit être établi par toutes les entreprises de plus de 300 salariés, quels que soient leur forme et leur objet, à l'exception des établissements publics administratifs et des associations.

Pivot du dialogue souhaité par la loi, le comité d'entreprise* [1] est le destinataire privilégié du bilan social. Mais celui-ci doit être également communiqué aux représentants syndicaux, aux délégués syndicaux*, aux salariés qui en font la demande, aux actionnaires et à l'inspecteur du travail*.

CADRE

S'il existe un consensus à peu près général sur ce qu'est un cadre dirigeant en France, en Allemagne et au Royaume-Uni, la frontière entre cadre et non-cadre est très difficile à tracer et souvent dépendante de la culture nationale. Ainsi, dans l'ex-Allemagne de l'Ouest, il est à peu près impossible de différencier un cadre moyen d'un contremaître qualifié.

En France, par contre, la différence est claire du fait d'un environnement légal très strict. S'il n'existe pas de définition légale du statut de cadre, on trouve des éléments de détermination dans les conventions collectives et dans l'accord national du 14 mars 1947 qui institue un régime de retraite et prévoyance pour les cadres ;

On distingue deux facteurs de différenciation entre cadre et non-cadre :

1) le niveau d'éducation : un cadre est généralement diplômé d'une grande école ou de l'université (Bac + 4 ou 5). Si un salarié n'a pas la qualification académique requise, il est possible que, de par ses compétences et son ancienneté, il obtienne le statut de cadre ;

2) la nature du travail et les responsabilités y afférant : un cadre exerce en principe une fonction de commandement, de contrôle ou de direction dans une entreprise ou une administration.

---

1 L'astérisque renvoie aux notices dans les pages suivantes.

CHSCT Comité d'hygiène, de sécurité et des conditions de travail

Par la loi de 1982, le CHSCT devient institution représentative du personnel aux côtés du comité d'entreprise* et des délégués du personnel*.

Le CHSCT est l'instance privilégiée où l'on débat des questions liées à la santé et à la sécurité des salariés ainsi qu'à l'amélioration des conditions de travail. La mission du CHSCT s'étend à l'ensemble des conditions de travail, les risques professionnels étant le plus souvent la conséquence directe de mauvaises conditions de travail liées à l'organisation de ce dernier ou aux modes de production.

Cette compétence, unique en la matière, reconnue au CHSCT doit notamment permettre l'examen global des problèmes, en intégrant les aspects économiques et organisationnels à la politique de santé et de sécurité.

Les CHSCT sont constitués obligatoirement dans les établissements industriels, commerciaux et agricoles de plus de 50 salariés. Le CHSCT comprend le chef d'établissement (ou d'entreprise) qui en assure la présidence, une délégation du personnel ayant voix délibérative et des personnes ayant voix consultative.

Le CHSCT dispose d'un droit d'information et de consultation et d'un pouvoir d'investigation et de suggestion.

CLASSIFICATION

La classification correspond à une hiérarchisation des emplois dans l'entreprise ; hiérarchisation obtenue à partir d'une méthode propre à l'entreprise ou spécifique à une branche d'activité. Ce ne sont pas les qualités personnelles des titulaires des postes qui sont évaluées mais les postes eux-mêmes.

La classification est le fondement de la détermination du salaire de base : dans une classification, chaque emploi est exprimé en nombre de points ; la rémunération de base du salarié étant obtenue en multipliant le coefficient de sa fonction par la valeur du point qui est la même pour tous. Il existe en France une obligation de négociation quinquennale sur les classifications.

COMITÉ D'ENTREPRISE (CE)

Institué par la loi de 1945 (modifiée en 1946, 1966 et 1982), le comité d'entreprise est une instance qui a pour but "d'assurer l'expression collective des salariés, permettant la prise en compte permanente de leurs intérêts dans les décisions relatives à la gestion et à l'évolution économique et financière de l'entreprise, à l'organisation du travail et aux techniques de production". Le comité d'entreprise est obligatoire dans les entreprises de plus de 50 salariés. Il est composé de membres élus par le personnel, du chef d'entreprise et des représentants syndicaux.

Le comité d'entreprise s'occupe de la gestion des activités sociales et culturelles de l'entreprise (cantine, loisirs...). Pour cela, il dispose d'un véritable pouvoir de décision assorti de moyens juridiques et financiers.

Dans le domaine de la réglementation des conditions de travail (horaires, congés, règlement d'atelier) et des actions de formation du personnel, le comité d'entreprise a un rôle de consultation et d'information.

Sur le plan économique, les attributions du comité d'entreprise ont été étendues par la loi de 1982, mais restent consultatives :

– le comité d'entreprise est consulté et informé sur les modalités de l'organisation économique ou juridique de l'entreprise ;

– il est consulté et informé avant l'introduction de nouvelles technologies intéressant la marche générale de l'entreprise lorsque celles-ci sont susceptibles d'avoir des conséquences sur l'emploi, la rémunération, la formation ou les conditions de travail.

COMITÉ DE DIRECTION

Dans les entreprises, un organigramme fonctionnel est fréquemment complété par un comité de direction composé du PDG et des directeurs de fonction. En règle générale, ce comité n'équivaut pas à une direction collégiale de l'entreprise. Il est avant tout une instance de coordination et d'information. Le comité de direction a également, parfois, qualité de comité de planification. Il traite alors des questions stratégiques et de moyen terme.

CONGÉS PAYÉS

Le droit aux congés payés est ouvert à tout travailleur salarié sans exception, quelles que soient sa profession, sa catégorie professionnelle ou sa qualification ; quels que soient la nature de sa rémunération et son mode de paiement ; qu'il soit français ou étranger. Les salariés à temps partiel ont les mêmes droits aux congés que les salariés à plein temps. Un salarié ayant travaillé tout au long de l'année légale de référence (1er juin - 31 mai) a droit à un congé dont la durée est calculée à raison de deux jours et demi ouvrables par mois de travail sans que la durée totale de congé exigible puisse excéder 30 jours ouvrables.

CONSEIL D'ADMINISTRATION

Dans la société anonyme, le conseil d'administration est composé de 3 à 12 administrateurs nommés par l'assemblée générale des actionnaires pour 6 ans.

C'est le conseil d'administration qui dispose des pouvoirs de gestion les plus étendus ; il doit établir à la clôture de chaque exercice les comptes de l'exercice écoulé et convoquer l'assemblée générale ordinaire. Il nomme en son sein un président (autrefois président directeur général) responsable devant lui.

CONVENTION COLLECTIVE

Au-delà des obligations légales existent des obligations émanant de textes négociés par les employeurs et les syndicats au niveau d'une branche professionnelle : les conventions collectives.

La convention collective est un accord relatif aux conditions de travail conclu entre une ou plusieurs organisations syndicales de travailleurs et un ou plusieurs employeurs ou organisations syndicales d'employeurs.

Les conventions collectives portent sur les clauses de salaires minimum, les conditions de retraite, de licenciement, les heures supplémentaires, les congés payés, etc. Elles peuvent même comporter des garanties de pouvoir d'achat avec la fixation d'une échelle mobile mais cette clause est plus souvent reprise dans les accords spéciaux.

Les conventions doivent être déposées, en principe dès la signature, au secrétariat, greffe du conseil de Prud'hommes* du lieu de conclusion et auprès de l'administration.
Tout employeur lié par une convention collective doit en informer les salariés et leurs représentants.

DÉLÉGUÉ DU PERSONNEL

Représentant élu annuellement dans tous les établissements de plus de 11 salariés et disposant d'un crédit d'heures, le délégué du personnel est chargé d'exposer mensuellement à l'employeur les revendications individuelles et collectives du personnel relatives :

1) aux salaires ;

2) à l'application du Code du travail et des autres lois et règlements concernant la protection sociale, l'hygiène et la sécurité ;

3) à l'application des conventions et accords collectifs de travail applicables dans l'entreprise.

Le délégué du personnel est consulté par la direction avant toute décision portant sur :

– la fixation et la durée des congés ;

– la fermeture de l'établissement ;

– la mise en œuvre d'un projet de licenciement économique ;

– la proposition d'un nouveau poste de travail à un salarié victime d'un accident du travail ou d'une maladie professionnelle.

Le délégué du personnel peut remplacer le comité d'entreprise* lorsque celui-ci n'existe pas, cas des entreprises de moins de 50 salariés. Il peut saisir l'Inspection du travail pour tout ce qui est relatif aux prescriptions légales et réglementaires et notamment l'hygiène, la sécurité et la prévoyance sociale.

DÉLÉGUÉ SYNDICAL

Présent dans les entreprises de plus de 50 salariés, le délégué syndical représente le syndicat auprès du chef d'entreprise ou d'établissement. Pour lui permettre d'exercer ses fonctions, le législateur lui octroie le bénéfice d'un crédit d'heures.

La loi n'apporte aucune autre précision sur les fonctions des délégués syndicaux que la mission de représenter le syndicat. Le délégué syndical peut diffuser les publications et tracts syndicaux dans l'entreprise et afficher les communications syndicales.

Le délégué syndical :

– présente les revendications des adhérents du syndicat ;

– négocie les accords d'entreprise ou d'établissement ;

– assiste éventuellement les délégués du personnel* lors de leurs réunions et entretiens avec le chef d'entreprise ;

– dirige l'action syndicale au sein de l'entreprise (ou de l'établissement).

Le nombre de délégués syndicaux d'un syndicat X dans une entreprise Y est lié à deux variables : l'effectif de l'entreprise et la représentativité catégorielle de l'organisation syndicale.

INSPECTEUR DU TRAVAIL

L'inspecteur du travail appartient à un corps de fonctionnaires chargé de contrôler les lois et règlements relatifs au travail et de veiller à l'application des textes.

INTÉRESSEMENT DES SALARIÉS

Les principales caractéristiques de l'intéressement sont les suivantes :

1) le régime est facultatif : il peut être assuré dans toute entreprise, quelles que soient la nature de son activité et sa forme juridique ;

2) les contrats d'intéressement sont conclus pour trois ans au moins et concernent l'ensemble du personnel. Il ne peut y avoir de discrimination en fonction des statuts ou des catégories de personnes ;

3) l'homologation procure des avantages fiscaux et sociaux. Ainsi, les sommes versées aux salariés ne sont pas comprises dans l'assiette de l'impôt sur les sociétés dû par l'employeur. Elles ne sont pas soumises aux charges fiscales et sociales. Pour le salarié, elles sont soumises à l'impôt sur le revenu mais pas aux charges sociales salariales ;

4) les modalités de calcul de l'intéressement sont laissées aux parties contractantes. Toutefois, l'intéressement doit résulter d'un calcul effectué à partir d'éléments objectifs et faciles à déterminer ; il doit avoir une signification économique. Il est nécessaire qu'il représente un progrès pour l'entreprise et que, grâce au concours actif des salariés, il soit en rapport avec les variations bonnes ou mauvaises liées à l'activité de l'entreprise.

PARTICIPATION

Sont obligatoirement concernées par le régime de participation toutes les entreprises de plus de 50 salariés, quelles que soient la nature de leur activité et leur forme juridique. Le régime de droit commun prévoit, au titre de chaque exercice, la constitution d'une réserve spéciale de participation.

La participation dans l'entreprise peut se réaliser sous la forme :

– d'attribution d'actions ou de coupures d'actions dans l'entreprise ;

– de souscription d'actions émises par les sociétés créées par les salariés en vue de reprendre leur entreprise ;

– de l'affectation de la réserve spéciale de participation à un fonds de l'entreprise consacré à des investissements, fonds vis-à-vis duquel les salariés se trouveront créanciers, la créance pouvant notamment prendre la forme d'obligations, d'obligations participantes ou de comptes courants bloqués.

Les sommes ainsi dégagées sont bloquées, sauf cas particuliers (naissance par exemple), pendant 5 ans, parfois 3 ans. L'accord de participation peut être signé soit au niveau professionnel, dans le cadre des conventions collectives*, soit au niveau de chaque entreprise, avec le comité d'entreprise* ou les syndicats* les plus représentatifs.

PLAN DE FORMATION

L'entreprise doit élaborer un plan de formation et le présenter au comité d'entreprise* ou d'établissement.

PRUD'HOMMES

Les litiges individuels nés du contrat de travail sont du ressort du conseil des Prud'hommes, juridiction paritaire dont les membres sont des employeurs et des salariés. Le conseil des Prud'hommes a une double mission : il doit d'abord concilier et c'est seulement en cas d'échec de la conciliation qu'il est appelé à juger.

Toutes les affaires doivent être portées en premier lieu devant le bureau de conciliation qui s'efforce d'obtenir un accord entre les deux parties. Ce bureau est composé d'un employeur et d'un salarié élus. En cas d'échec de la conciliation, le bureau de jugement est alors saisi. Celui-ci, composé d'un nombre égal d'employeurs et de salariés, comprend aux moins deux employeurs et deux salariés, également élus. En cas de partage des voix, il est fait appel à un juge départiteur qui n'est autre qu'un juge du tribunal d'instance dans le ressort duquel est situé le siège de la juridiction prud'homale.

SYNDICAT

Un syndicat est une association professionnelle ayant exclusivement pour objet la représentation, l'étude et la défense des intérêts professionnels et économiques de ses membres.

Contrairement à d'autres pays où divisions et unions syndicales se sont crées sur des problèmes et des choix de stratégie, ce sont les affrontements idéologiques qui, en France, vont marquer l'histoire syndicale. Quatre courants s'affrontent : anarcho-syndicalisme et syndicalisme révolutionnaire, marxiste, socialiste-réformiste et chrétien-catholique. Aucun syndicat n'a de lien institutionnel avec un parti politique. Il existe cependant des liens de personnes, de sympathie, d'orientation entre certaines composantes et certains courants politiques et syndicaux. Les principaux syndicats français sont la CGT (Confédération Générale du Travail), la CFDT (Confédération Française du Travail), FO (Force Ouvrière), la CFTC (Confédération Française des Travailleurs Chrétiens), la CGC (Confédération Générale des Cadres).

Les syndicats français voient actuellement leur légitimité contestée. Il y a eu récemment, en France, des mouvements de contestation dont l'ampleur et la violence ont surpris. Ces mouvements – le plus important d'entre eux étant celui des infirmières – ont été marqués par l'émergence de coordinations, c'est-à-dire de rassemblements de personnes appartenant à une même professsion sur un sujet particulier. Ce retour à un système proche de celui des corporations marque une forme de rejet de l'approche idéologique des syndicats traditionnels.

La principale organisation patronale est le Conseil National du Patronat Français (CNPF) qui a été recréé en 1946 au lendemain de la Libération. Sa structure actuelle est complexe ; les entreprises n'y adhèrent pas directement mais par le biais de structures intermédiaires. Le CNPF rassemble des entreprises de taille très différente, de la PME à l'entreprise multinationale ; dirigées par des hommes très différents, du manager professionnel au propriétaire de son affaire.

Deux points peuvent être soulignés :

1) d'une part, toutes les entreprises n'adhèrent pas à des syndicats patronaux membres du CNPF ;

2) d'autre part, certains syndicats patronaux eux-mêmes n'adhèrent pas au CNPF. Excepté certaines professions où l'organisation patronale gère des services indispensables à l'exercice de la profession, l'adhésion n'est ni indispensable ni obligatoire.

SYSTÈME ÉDUCATIF

Le système scolaire

En France, la scolarité est obligatoire jusqu'à 16 ans.

Les enfants fréquentent l'école maternelle jusqu'à l'âge de six ans et l'école primaire jusqu'à l'âge de 11 ans. Ils vont ensuite au collège pour deux ou quatre années selon qu'ils empruntent une filière générale ou une filière professionnelle. La filière générale est généralement empruntée par ceux qui n'ont pas de difficultés scolaires particulières ; la filière professionnelle est empruntée par ceux qui souhaitent se former aux métiers manuels.

1) Les élèves qui optent pour la filière générale fréquentent le collège puis le lycée.

Le diplôme obtenu à l'issue du collège est le brevet des collèges (âge : 15 ans).

Le diplôme obtenu à l'issue du lycée est le baccalauréat (âge : 18 ans) [2]. Il existe différents baccalauréats : 4 baccalauréats dits généraux ayant chacun une dominante (A = littérature ; B = économie ; C = maths et physique ; D = biologie) ; 4 baccalauréats dits professionnels (E, F, G et H). Le baccalauréat ouvre les portes de l'enseignement supérieur.

2) Les élèves qui optent pour la filière professionnelle fréquentent le collège deux ou quatre ans puis le lycée professionnel.

Dans les lycées professionnels, on délivre deux types de diplôme :
– des CAP (âge : 16 ans) ;
– des BEP (âge : 16 ans). Le BEP est d'un niveau supérieur au CAP.

Ces formations sont particulièrement dévalorisées dans la mesure où sont orientés vers les métiers manuels les élèves ayant des difficultés scolaires.

L'enseignement supérieur

Après le baccalauréat, différentes options sont envisageables.

1) L'université offre des formations dans les différents domaines scientifiques et littéraires. Les diplômes délivrés par l'université sont : le DEUG Diplôme d'Études Universitaires Générales (âge : 20 ans), la licence (âge : 21 ans), la maîtrise (âge : 22 ans), le DESS Diplôme d'Études Supérieures Spécialisées (âge : 23 ans), le DEA Diplôme d'Études Avancées (âge : 23 ans), le doctorat (âge : 26 ans), et enfin l'habilitation à diriger des recherches.

2) L'IUT Institut Universitaire de Technologie (IUT) offre une formation intensive dans des domaines techniques. Cette formation dure deux ans

---

2 Les âges mentionnés correspondent aux âges d'un individu suivant un parcours scolaire sans redoublement et sans interruption de quelque ordre que ce soit (personnelle, professionnelle).

et conduit à deux types de diplôme : le DUT Diplôme Universitaire de Technologie et le BTS Brevet de Technicien Supérieur (âge : 20 ans).

3) Les IUP (Institut Universitaire Professionnalisé) qui ont été créés récemment (1992) offrent une formation de niveau Bac + 4 en liaison forte avec le monde de l'entreprise. Les diplômés obtiennent généralement une maîtrise et le titre d'ingénieur-maître dans la discipline concernée.

4) Les grandes écoles sont des institutions typiquement françaises ; elles sont fondées sur des principes élitistes. L'admission se fait suite à des concours extrèmement sélectifs. Avant de pouvoir se soumettre à l'examen d'entrée, les élèves doivent fréquenter les classes préparatoires où ils suivent, pendant une à deux années un enseignement poussé. La majorité des ingénieurs formés en France est issue des grandes écoles.

2

ROYAUME-UNI

ACAS Advisory, Conciliation and Arbitration Service

ACAS est un organisme gouvernemental indépendant qui a pour mission de promouvoir la qualité des relations industrielles. Dans ce but :

1) il joue un rôle de conciliateur dans les conflits intervenant dans les secteurs publics et privés. ACAS possède une liste de médiateurs potentiels qualifiés pour intervenir dans différents types de conflits ;

2) il conseille employeurs, managers, syndicats, délégués du personnel et individus sur tous les aspects de la relation de travail. ACAS possède à cet effet une unité de recherche qui rassemble et diffuse des informations relatives à l'organisation du travail, à l'ergonomie, au stress, à la motivation etc. ;

3) il joue un rôle dans le règlement des problèmes ayant trait à la violation des droits individuels des salariés – licenciement abusif, discrimination homme/femme, discrimination raciale, demande de salaire égal pour travail égal.

BIOGRAPHICAL INFORMATION
(renseignements biographiques)

Les renseignements bibliographiques sont utilisés dans le cadre du recrutement pour traiter un nombre très important de candidatures à faible coût marginal.

Les renseignements biographiques sont des informations qui recouvrent les faits majeurs de la vie d'un individu : nom, prénom, date de naissance, nombre de frères et sœurs, nombre d'années d'expérience professionnelle etc.

Les caractéristiques principales des renseignements biographiques sont :

1) qu'ils peuvent être recueillis facilement, par exemple dans un dossier de candidature ;

2) qu'ils sont aisément vérifiables ;

3) que leur collecte est peu coûteuse.

La croyance qui sous-tend la collecte de renseignements biographiques est que les faits et les expériences de la vie d'un individu créent chez lui des attitudes qui le rendent particulièrement approprié à certains types de travaux. Des recherches ont montré que l'examen des données biographiques peut être utilisé, sous certaines conditions, pour prédire la performance des individus dans des postes déterminés.

CLOSED SHOP *(monopole syndical de l'embauche)*

Le monopole syndical de l'embauche indique la nécessité, pour les employés d'une entreprise, d'appartenir à un syndicat déterminé. Une organisation où tous les salariés sont membres d'un même syndicat et où il existe des moyens pour empêcher que des individus n'adhérant pas à ce syndicat soient embauchés est une organisation où un *closed shop* est en vigueur.

Les *closed shops* peuvent être *pre-entry*, ce qui signifie que seuls les membres d'un syndicat déterminé peuvent être embauchés ou *post-entry*, ce qui signifie que les nouvelles recrues sont obligées d'adhérer à un syndicat déterminé. Le *pre-entry closed shop* est maintenant illégal.

CORE WORKERS (*travailleurs principaux*)

Dans une entreprise, les travailleurs principaux sont ceux qui possèdent un contrat à durée indéterminée, par opposition aux travailleurs qui possèdent un contrat précaire : les travailleurs périphériques*. Les travailleurs principaux sont mieux protégés que les travailleurs périphériques pour ce qui est des conditions de travail et de la protection sociale.

EDUCATIONAL SYSTEM (*système éducatif*)

Le système scolaire

Au Royaume-Uni, la scolarité est obligatoire jusqu'à l'âge de 16 ans.

Le système scolaire britannique comprend des institutions subventionnées par l'État et des institutions privées. Si les autorités locales ont du pouvoir dans le domaine de l'éducation, il existe néanmoins un curriculum national qui doit être suivi par tous.

Les écoles primaires (*primary schools*) prennent en charge les enfants de 5 à 11 /12 ans.

Plusieurs diplômes existent pour les élèves qui souhaitent obtenir une qualification technique :

– Le CSE *Certificate of Secondary Education* (âge : 16 ans) comporte cinq niveaux de difficultés (allant de I à V). Le CSE s'acquiert dans différents domaines techniques et pratiques.

– Le GCSE *General Certificate in Secondary Education* (âge : 16 ans) [1] correspond à un enseignement plus général. On peut suivre cet enseignement jusqu'à un niveau dit ordinaire et passer les *O levels* (équivalent du brevet des collèges en France). Le système est modulaire et permet aux élèves de choisir, parmi un large nombre de matières celles qu'ils souhaitent étudier.

– Les *National Vocational Qualifications*. L'État essaie de promouvoir la formation professionnelle à travers un système national de qualifications professionnelles.

1 Les âges mentionnés correspondent aux âges d'un individu suivant un parcours scolaire sans redoublement et sans interruption de quelque ordre que ce soit (personnelle, professionnelle).

L'enseignement général dispensé jusqu'aux *O levels* peut être poursuivi jusqu'à un niveau dit avancé et à l'obtention des *A levels* (équivalent du baccalauréat en France) (âge : 18 ans).

L'enseignement supérieur

L'entrée à l'université est sélective : trois bons résultats aux *A levels* sont généralement nécessaires ainsi qu'une performance honorable dans cinq matières au moins des *O levels*.

La plupart des cours à l'université durent trois ans : la qualification obtenue à l'issue de trois années universitaires est le B.A. – *Bachelor of Arts* – si le diplôme est obtenu dans une discipline littéraire ou le B.Sc. – *Bachelor of Science* – si le diplôme est obtenu dans une discipline scientifique (âge : 21 ans). Une année d'études supplémentaire conduit à l'obtention du M.A. – *Master of Arts* – ou du M.Sc. – *Master of Science* – (âge : 22 ans). Viennent ensuite les études doctorales (âge : 25 ans) conduisant au PhD.

Les *Polytechnics*, anciennes universités techniques, ont depuis juin 1992 le statut d'universités à part entière.

EQUAL OPPORTUNITIES (*égalité des chances*)

Le principe de l'égalité des chances vise à empêcher la discrimination envers les groupes considérés comme minoritaires : les femmes, les personnes de couleur etc. La politique d'égalité des chances est appliquée à tous les aspects de la relation de travail : recrutement, développement, rémunération etc. Les Anglais ont légiféré dans le domaine de l'égalité des chances beaucoup plus que dans les autres domaines du droit du travail.

La politique d'égalité des chances s'appuie sur trois fondements législatifs :

1) En 1976, le *Race Relations Act* rend illégale la discrimination liée à la couleur, à la race, à la nationalité et à l'origine ethnique en matière de relation de travail et de formation.

2) L'*Equal Pay Act* (1970, amendement en 1984) stipule qu'une femme exerçant une activité similaire à celle d'un homme ou de même valeur – en termes de capacités, de responsabilités, d'effort, de prise de décision – doit recevoir le même salaire et bénéficier des mêmes conditions de travail.

3) En 1975, le *Sex Discrimination Act* rend illégale la discrimination homme / femme et la discrimination à l'égard des personnes mariées en matière de relation de travail et de formation. Cette loi a été amendée en 1986 pour être conforme à la directive européenne relative à l'égalité de traitement.

INDUSTRIAL RELATIONS *(relations industrielles)*

Le système des relations industrielles au Royaume-Uni est un système fondé sur le volontariat et caractérisé par une grande flexibilité. Peu de droits positifs relatifs aux rôles des syndicats et des employeurs sont inscrits dans la loi. Il existe néanmoins :
– des statuts qui garantissent des droits aux individus ;
– des restrictions légales de plus en plus nombreuses concernant les syndicats.

Le système des relations industrielles est tripartite : il comprend l'État, les employeurs et les syndicats *(trade-union)**.

L'État procure uniquement des directions très générales aux employeurs en matière de salaires et de conditions de travail ; il utilise son rôle de payeur dans le secteur public pour donner une "ligne de conduite" aux employeurs du pays.

L'État subventionne ACAS *(Advisory Conciliation and Arbitration Service)**, organisme qui conseille les employeurs et les employés et tente de résoudre les conflits avant que ceux-ci ne passent devant un tribunal industriel *(Industrial Tribunal)**.

L'État promulgue également des lois relatives à l'emploi et instaure des instances telles que la Commission d'Enquête sur les Monopoles et les Fusions *(Monopolies and Mergers Commission)*.

Il existe des associations patronales dans la plupart des anciennes industries. Ces associations négocient des accords cadre au niveau national avec les syndicats. De plus en plus, ces accords ne sont pas considérés par les entreprises comme devant être impérativement appliqués au niveau local. L'importance de la négociation à un niveau local souligne que les problèmes de productivité et de flexibilité sont au cœur des négociations collectives. Les accords d'entreprise sont, par conséquent, fréquents.

INDUSTRIAL TRIBUNAL (*tribunal industriel*)

Le tribunal industriel est composé d'un président-juriste et de deux assesseurs non juristes, l'un représentant les salariés, l'autre représentant les employeurs.

Les domaines de compétence des tribunaux industriels sont de plus en plus nombreux. On trouve parmi ceux-ci : le licenciement abusif, les indemnités en cas de licenciement, les droits liés à la maternité, la discrimination homme/femme, la discrimination raciale, l'activité et l'appartenance syndicale, la suspension pour raisons médicales, etc.

MENTOR (*mentor*)

Un mentor est généralement un cadre supérieur opérationnel qui, dans le cadre d'un plan formalisé, prend en charge le développement de la carrière d'un certain nombre de jeunes managers. Un mentor n'est pratiquement jamais le responsable hiérarchique direct du manager qu'il parraine.

Le mentor fournit aux jeunes managers qu'il a pris en charge, des conseils, des ressources, des informations privilégiées. Il les aide, les assiste et les introduit auprès de personnes influentes.

NO-STRIKE AGREEMENT (*accord "pas de grève"*)

L'accord "pas de grève" est un accord conclu entre un employeur et un syndicat. Les termes de l'accord engagent le syndicat à utiliser diverses procédures déterminées au préalable avec l'employeur pour régler les conflits au lieu de recourir à la grève.

L'accord inclut la plupart du temps un arbitrage, les décisions d'arbitrage étant applicables par les deux parties. En échange de cet engagement à la négociation, le syndicat peut demander des contreparties, comme par exemple la reconnaissance unique.

Si un accord de ce type existe dans une entreprise, la mention "pas de grève" doit figurer dans le contrat de travail des salariés de l'entreprise, elle interdit au salarié de se mettre en grève. Une telle clause est légale si et seulement si elle est écrite, connue de l'employé et conclue par un syndicat indépendant.

PERIPHERAL WORKERS *(travailleurs périphériques)*

Dans une entreprise, les travailleurs périphériques sont ceux qui possèdent un contrat de travail épisodique, à temps partiel ou à durée déterminée, c'est-à-dire tous ceux dont la relation de travail peut être facilement interrompue.

Les travailleurs périphériques constituent une force de travail très souple : ils sont recrutés dans ce que l'on appelle le second marché du travail. Ils sont recrutés et licenciés en fonction des besoins à court terme de l'entreprise.

RED CIRCLING *(technique d'identification des salariés anormalement bien payés)*

Le *red circling* est une technique utilisée pour identifier les individus qui, dans le système des salaires d'une organisation, sont anormalement bien payés par rapport à leur charge de travail. Les individus identifiés reçoivent alors des augmentations de salaires moins substantielles que celles de leurs collègues jusqu'à ce qu'une égalité dans les rémunérations soit atteinte.

La technique opposée existe : elle se nomme le *green circling*. Le *green circling* vise à identifier, dans le système des salaires d'une organisation, les individus qui sont particulièrement mal payés par rapport à leur charge de travail et à ramener leur salaire à un niveau correct.

SHOP STEWARD *(délégué syndical)*

Le *shop steward* est un représentant syndical élu par les salariés d'une entreprise et exerçant ses fonctions au niveau local. Les *shop stewards* ne déterminent pas la politique de leur syndicat et ne prennent aucune décision importante sans l'accord préalable de celui-ci.

Les *shop stewards* ont pour mission de :
1) diffuser l'information syndicale aux salariés ;
2) représenter les intérêts des salariés ;

3) faire le lien entre les employés et les réprésentants officiels des syndicats ;

4) collecter les cotisations des salariés.

STRIKE (*grève*)

Au Royaume-Uni, il n'y a pas de constitution écrite, il est donc difficile de parler de droit de grève. Il existe toutefois un droit négatif qui, dans certains cas, protège les syndicats* de leur mise en faillite et des charges qui pourraient être portées contre eux. L'immunité qui protège les syndicats en cas de grève dépend toutefois des conditions dans lesquelles la grève a été engagée. Il faut que la grève ait été engagée en concordance avec les règles du syndicat, après un vote dans lequel une majorité en faveur de la grève s'est dégagée.

TRADE-UNION (*syndicat*)

La tradition syndicale britannique remonte à la révolution industrielle. Les syndicats britanniques ont toujours été proches du parti travailliste, qu'ils ont créé (avec pour objectif de changer le laisser-faire en vigueur au XIXe siècle) et qu'ils supportent financièrement. L'histoire syndicale britannique est marquée par un long antagonisme entre employeurs et syndicats même si les syndicats sont maintenant à peu près considérés comme des interlocuteurs valables.

Il existe une tradition de non-interférence du gouvernement dans les relations entre employeurs et employés. Malgré un développement considérable de la législation ces dix dernières années, les syndicats et les employeurs sont encore largement livrés à eux-mêmes pour résoudre les problèmes intervenant dans le cadre des relations de travail.

73 syndicats, qui représentent 83 % de la population syndiquée, sont regroupés dans une organisation centrale, le *Trade Union Congress*. Le TUC a pour objectif de promouvoir les intérêts des syndicats affiliés et d'améliorer les conditions de vie et de travail des salariés. La population syndiquée représente environ 8 millions de personnes, soit environ un tiers de la population active. Ce chiffre est en constante diminution.

Les syndicats ont des adhérents dans la plupart des professions. En plus de la négociation du salaire et des conditions de travail, les syndicats proposent à leurs membres certains avantages et certains services (conseil juridique par exemple). Les syndicats peuvent être organisés soit par profession, soit par industrie, soit par profession et par industrie.

Les syndicats ont le droit de négocier et, dans certaines circonstances, d'être consultés. Le droit à la diffusion d'information est quant à lui sévèrement restreint. Le droit à la consultation existe dans des circonstances très particulières, c'est-à-dire lorsque le syndicat est indépendant et reconnu. Le syndicat doit alors être consulté avant tout licenciement substantiel. Que la consultation ait lieu avec les syndicats ou avec les employés, elle existe toujours sur la base du volontariat. Il n'y a pas d'autres obligations légales que celle contraignant la direction à consulter les syndicats et les employés.

Pour qu'un syndicat puisse participer aux négociations, il faut qu'il soit reconnu par la direction de l'établissement dans lequel il veut négocier. Les employeurs ne peuvent pas être contraints légalement à reconnaître un syndicat et à négocier avec lui. Ils peuvent également retirer une reconnaissance préalablement accordée.

Les cotisations constituent la principale source de financement des syndicats.

WELFARE DEPARTMENT (*service social*)

Le service social d'une entreprise est soit un service à part entière, soit une partie du service du personnel. Le service social d'une entreprise s'occupe du bien-être des salariés – de leur santé, de leurs problèmes personnels etc. Ce type de service est difficilement concevable en France où l'on opère une très nette distinction entre vie privée et vie professionnelle.

WILDCAT STRIKE (*grève sauvage*)

La grève sauvage est un mouvement soudain, initié sans préavis par les salariés d'une entreprise. Les salariés s'engagent dans la grève sans tenter de régler le conflit en utilisant les procédures de règlement existantes. La plupart du temps, les grèves sauvages naissent sans l'accord des syndicats.

3

ALLEMAGNE

DIE BETRIEBLICHE ALTERSVERSORGUNG
(caisse de retraite complémentaire des entreprises)

Les entreprises peuvent apporter un complément à la retraite légale de leurs salariés en instituant (il s'agit d'un acte volontaire) un système de retraite complémentaire.

Pour bénéficier de la formule de la retraite complémentaire, les salariés doivent remplir les conditions légales suivantes :

– avoir plus de 35 ans au moment du départ de l'entreprise ;

– être salarié depuis plus de 10 ans de ladite entreprise. Cette condition explique pour partie la fidélité des salariés allemands à leur entreprise.

Le système de caisse de retraite complémentaire d'entreprise permet à de très nombreuses entreprises de réaliser d'importantes provisions et de s'autofinancer de manière significative.

DER ARBEITSDIREKTOR (*directeur général chargé des affaires sociales*)

Dans les entreprises de plus de 2 000 salariés, le poste de directeur général chargé des affaires sociales doit être créé. Le directeur général chargé des affaires sociales est membre du directoire de plein droit. Il est chargé des relations sociales, de la supervisision de la gestion du personnel et participe au même titre que ses collègues à la gestion de la société.

DAS ARBEITSGERICHT (*tribunal du travail*)

Le tribunal du travail est composé d'un juge professionnel et de deux juges élus, l'un par les employeurs, l'autre par les employés.

Le tribunal du travail ne statue que sur les conflits individuels du travail ; il n'est pas habilité à statuer sur les conflits collectifs, ces derniers étant du ressort de l'office de conciliation (*die Einigungsstelle*)*.

DER AUFSICHTSRAT (*conseil de surveillance*)

Le conseil de surveillance est, avec le conseil d'établissement (*der Betriebsrat*)*, l'un des acteurs principaux de la cogestion (*die Mitbestimmung*)*.

Le conseil de surveillance est composé de membres élus représentants à part égale les salariés et les actionnaires. Un des sièges des représentants des salariés doit être occupé par un employé dirigeant ; quelques sièges sont réservés aux représentants syndicaux.

Les missions du conseil de surveillance sont :

– la nomination / révocation des membres du directoire ;

– le contrôle de la gestion de la société ;

– la détermination des orientations essentielles de la société : la fermeture / l'ouverture d'établissements, les modifications significatives du processus de production, les investissements.

Le conseil de surveillance ne participe pas à la gestion quotidienne de la société.

Par le biais du conseil de surveillance, les salariés participent à la fixation des grandes orientations de leur société et à la supervision de sa gestion. L'égalité de voix entre salariés et actionnaires au sein du conseil de surveillance induit une association, passive ou active, des deux parties. En cas d'absence de majorité, le président du conseil de surveillance – représentant des actionnaires – dispose d'une voie de départition. Cette voix est rarement utilisée car contraire à la philosophie de la cogestion. La possibilité d'utiliser cette voix est souvent analysée comme une atteinte au principe de parité, et signifierait qu'il n'y a pas réelle cogestion.

DIE DUALE AUSBILDUNG (*formation alternée*)

La formation alternée dure, en règle générale, trois ans et demi pour les techniciens et trois ans pour les commerciaux et les administratifs. Elle est structurée autour de deux pôles :

- l'apprentissage théorique. Il est fourni par la *Berufschule* (école professionnelle de premier degré) selon un programme déterminé au niveau fédéral et supervisé par les chambres de commerce et d'industrie. Il représente un tiers de la formation ;

- l'apprentissage pratique au sein et sous contrôle des entreprises. Il représente deux tiers de la formation.

L'entreprise prend en charge la plus grande partie des frais relatifs à l'apprentissage et à la formation en école ; certaines entreprises consacrent d'ailleurs de 7 à 10 % de leur masse salariale aux dépenses de formation alternée. Les apprentis sont rémunérés pendant la durée de leur formation.

Un brevet dual délivré sous l'autorité de la chambre de commerce et d'industrie locale sanctionne la formation alternée. Ce brevet permet d'entrer sur le marché du travail ou d'accéder à des formations de niveau supérieur.

Quelques chiffres (1990) : 87 % des apprentis trouvent un emploi à la fin de leur formation ; 80 % des apprentis restent dans l'entreprise où ils ont suivi leur formation – même s'il n'existe pas d'obligation légale pour l'employeur et pour l'apprenti de s'engager dans un contrat de travail au delà de la période d'apprentissage – ; 59 % des actifs allemands et 90 % des ouvriers qualifiés allemands possèdent un brevet dual ; 16 % des jeunes en formation duale sont bacheliers.

Actuellement, le nombre de candidats pour les places d'apprentissage est inférieur au nombre de places disponibles. La voie de la formation par alternance semble être délaissée au profit du système universitaire.

DAS AUSBILDUNGSSYSTEM (*système éducatif*)

Le système scolaire

En Allemagne, la scolarité est obligatoire jusqu'à seize ans. Le système scolaire dépend des *Länder.*

Les petits commencent par fréquenter le jardin d'enfants (*Kindergarten*) ; puis ils intègrent l'école primaire (*Grundschule*), obligatoire pour tous. Après quatre années, une première étape d'orientation dirige les jeunes vers trois filières :

1) deux filières courtes

– l'école secondaire élémentaire (*Hauptschule*)

– le collège d'enseignement général (*Realschule*). Le niveau d'enseignement y est plus élevé qu'à la *Hauptschule*. La *Realschule* conduit à un diplôme de fin d'études (*mittlere Reife*). Ce diplôme ouvre l'accès à diverses écoles professionnelles de niveau intermédiaire (*Fachoberschulen*) qui préparent à l'examen d'entrée de la *Fachhochschule*. Il permet également de rejoindre le second cycle de l'enseignement général menant au baccalauréat (*Abitur*) et le système d'apprentissage alterné.

2) une filière longue

– le lycée (*Gymnasium*) permet d'accéder au baccalauréat après neuf années d'enseignement. L'*Abitur* ouvre l'accès aux établissements d'enseignement supérieur : universités, *Fachhochschulen*.

En plus de ces deux orientations, on trouve l'école intégrée (*Gesamtschule*) dont l'enseignement couvre les programmes des trois filières précédemment décrites. Ce système, qui permet aux jeunes de s'orienter plus tardivement, est peu pratiqué.

Dans tous les cas, il existe des passerelles permettant de passer d'une filière à l'autre.

L'enseignement supérieur

Dans l'enseignement supérieur, il existe deux filières :

1) une filière courte (les *Fachhochschulen*) qui fournit un tiers des diplômés de l'enseignement supérieur. Les *Fachhochschulen* sont accessibles aux bacheliers et aux titulaires d'un "brevet dual plus une formation complémentaire". La scolarité dans les *Fachhochschulen* dure de trois à quatre années ; elle comporte principalement des formations d'ingénieur, des formations commerciales et des formations aux métiers du domaine social. Ces formations sont orientées vers la pratique et particulièrement adaptées au monde du travail. La formation est sanctionnée par un diplôme professionnel (ex : *Diplom-Ingenieur FH*). La mention FH qui suit le titre permet de distinguer les diplômés des *Fachhochschulen* des diplômés de l'université ;

2) une filière longue (les universités) qui fournit deux tiers des diplômés de l'enseignement supérieur. L'accès à l'université est en principe libre pour tous les bacheliers. Il existe des exceptions (*numerus clausus*) pour certaines spécialités comme la médecine. L'université représente le niveau le plus élevé de formation et offre de très importants débouchés. Les études universitaires durent en moyenne quatorze semestres soit sept années. Les diplômes qui sanctionnent la formation universitaire diffèrent selon les filières : les étudiants en médecine, pharmacie et droit passent un examen national (*Staatsexam*) tandis que les étudiants en sciences économiques ou politiques par exemple passent un examen de leur université. De plus en plus d'étudiants quittent l'université avec leur doctorat en poche.

DER BETRIEBSRAT (*conseil d'établissement*)

Le conseil d'établissement, créé en 1920, supprimé sous le Troisième Reich et rétabli depuis par les lois de 1952 et 1972, est l'un des acteurs principaux de la cogestion (*die Mitbestimmung*)*. Il est obligatoire dans tous les établissements de plus de cinq salariés. L'interlocuteur du conseil d'établissement est la direction de l'établissement. La direction de l'établissement ne préside pas le conseil d'établissement, comme c'est le cas pour les comités d'entreprise* en France.

Le conseil d'établissement est composé de membres élus par l'ensemble du personnel. Il n'existe pas de monopole syndical des candidatures ; si les membres d'un syndicat se présentent, ils ne le font pas au nom du syndicat.

Le conseil d'établissement a pour vocation de représenter les salariés de l'établissement – sauf les employés dirigeants qui sont représentés par le comité des porte-parole des employés dirigeants (*der Sprecherausschuß*)* – à deux titres :

– le conseil d'établissement représente les intérêts individuels des salariés ;

– le conseil d'établissement garantit la prise en compte des intérêts collectifs des salariés en contrôlant l'application des lois et des conventions collectives dans l'établissement. Il négocie des accords d'établissement* (*die Betriebsvereinbarung*) et participe aux décisions socio-économiques concernant la gestion de l'établissement.

Les conseils d'établissement ne gèrent aucune œuvre sociale.

Pour remplir sa mission, le conseil d'établissement dispose de droits en matière d'expression, d'information, de consultation, de négociation, de codécision / cogestion. Le principe qui régit l'utilisation de ces droits est celui de la coopération entre employeur et salariés : le §2 de la loi impose une "mise en œuvre d'objectifs communs afin de servir au bien-être de l'entreprise et de son personnel". La loi interdit les pressions entre les parties, empêchant par exemple que le conseil d'établissement appelle à la grève.

Les membres du conseil d'établissement bénéficient de diverses facilités accordées par l'entreprise telles que crédit d'heures, bureaux, secrétariat etc.

Les droits du conseil d'établissement sont synthétisés dans le schéma ci-après.

PRINCIPAUX SUJETS DE GESTION DANS L'ENTREPRISE	NATURE DES DROITS DU CONSEIL SUR CES SUJETS

Droit impératif de codécider et de prendre l'initiative

(Sans l'accord du conseil d'établissement, l'employeur ne peut prendre les mesures visées.
En cas de blocage, recours à l'office de conciliation.)*

- Réglement intérieur de l'entreprise
- Début et fin de la journée de travail, chômage partiel...
- Modalités de rémunération
- Planification des congés
- Instruments de contrôle de la performance des salariés
- Sécurité
- Logements, installations sociales
- Plan social
- Mesures concernant la formation

Droit de s'opposer ou d'approuver

(Mesures pour lesquelles l'employeur doit avoir sollicité le consentement du conseil d'établissement. Sinon, l'employeur peut demander à l'office de conciliation* ou au tribunal du travail* de passer outre le désaccord)

- Mesures individuelles comme l'embauche, le reclassement par qualification ou niveau de salaire
- Fiches individuelles de renseignements
- En cas de licenciement, le conseil peut émettre une opposition jusqu'à décision du tribunal du travail*

Droit de donner son avis et de droit de se faire entendre

(Mesures sur lesquelles le conseil d'établissement a un faible impact. Cependant, il peut influer sur les délais d'application des décisions.)

- Planification d'installations techniques, Aménagement/Gestion des Lieux de travail et conséquences envisagées
- Gestion prévisionnelle des emplois et du personnel

- Marche générale de l'entreprise
- Embauche de cadres supérieurs
- Changements majeurs de l'organisation de l'établissement, mise en place de nouvelles méthodes de travail

Droit d'être informé

Droits du conseil d'établissement

DIE BETRIEBSVEREINBARUNG (*accord d'entreprise*)

Les accords d'établissement (plus souvent appelés accords d'entreprise) sont des accords conclus entre la direction d'un établissement et le conseil d'établissement* (*der Betriebsrat*). Ils portent sur un certain nombre de sujets fixés par la loi. La rémunération et les conditions d'emploi ne font pas partie de leur champ d'application, le législateur ayant veillé à exclure du champ de la cogestion* (*die Mitbestimmung*) au niveau de l'établissement les principaux sujets de revendications.

DAS BETRIEBSVERFASSUNGSGESETZ (BETR VG)
(*loi sur l'organisation interne des entreprises*)

La loi sur l'organisation interne des entreprises (1972, modifiée en 1988) a pour objet d'imposer une structure et un fonctionnement cogestionnaire (*die Mitbestimmung*)* aux entreprises du secteur privé. Elle codifie ainsi la nature et le rôle des instances représentatives des salariés, le rôle des syndicats et les droits individuels des salariés* (*Einzelrechte der Arbeitnehmer*).

DIE BETRIEBSVERSAMMLUNG (*assemblée d'établissement*)

L'assemblée d'établissement est organisée trois fois par an par le conseil d'établissement (*der Betriebsrat*)*. Lors de l'assemblée, le conseil d'établissement présente aux salariés son rapport d'activité ainsi que des informations sur la politique générale de l'établissement. La direction doit y présenter au moins une fois par an le rapport d'activité de la société et peut être invitée à y participer pour répondre aux questions des salariés.

DIE EINIGUNGSSTELLE (*office de conciliation*)

L'office de conciliation statue à la demande du conseil d'établissement (*der Betriebsrat*)* et/ou de l'employeur sur des litiges concernant les droits collectifs des salariés. Il décide après consultation orale, à la majorité des voix. Ses décisions s'imposent aux deux parties.

L'office de conciliation est composé de personnes indépendantes choisies par la direction et par le conseil d'établissement. Le président de l'office de conciliation est nommé par la direction et par le conseil d'établissement ou par le tribunal du travail (*das Arbeitsgericht*)* en cas de désaccord entre les deux parties.

EINZELRECHTE DER ARBEITNEHMER
(*droits individuels des salariés*)

Les droits individuels des salariés sont, pour une large part, ceux prévus par la loi sur l'organisation interne des entreprises (*das Betriebsverfassungsgesetz*)*. Ces droits sont de deux types :

- droit impératif d'être informé lors de la mise en place de nouvelles technologies et lors des changements d'organisation intervenant dans le service dans lequel ils travaillent ;
- droit d'accès, de vérification et de correction des dossiers de gestion individuelle détenus par l'entreprise et les concernant.

DER GESAMTBETRIEBSRAT (*comité central d'entreprise*)

Le comité central d'entreprise est l'organe de représentation des salariés dans les entreprises possédant plusieurs établissements. L'interlocuteur du comité central d'entreprise est la direction de l'entreprise.

Le comité central d'entreprise est composé d'au moins deux représentants de chaque conseil d'établissement (*der Betriebsrat*)*. Il est consulté sur les mêmes problèmes que les conseils d'établissement dès lors que ces problèmes concernent l'entreprise en général et non plus un établissement.

DIE GEWERKSCHAFT (*syndicat*)

La majorité des syndicats allemands sont des syndicats de branche. Ce qui signifie que les employés d'une entreprise sont souvent représentés par un seul et même syndicat, quelles que soient leurs fonctions. Néanmoins, un syndicat comme le DAG (*Deutsche Angestelltengewerkschaft*) qui regroupe les employés toutes industries confondues joue un rôle important. Les syndicats ont des positions politiques neutres.

En 1989, il y avait en Allemagne :

- 16 syndicats industriels unifiés dans le DGB (*Deutscher Gewerkschaftsbund*) ;
- un syndicat pour les fonctionnaires : le DBB (*Deutsche Beamtenbund*) ;
- un syndicat pour les employés : le DAG. (Le DAG n'est pas membre du DGB) ;
- 17 syndicats catholiques de taille plus petite, réunis dans le CGB (*Christliche Gewerkschaftsbund*). Ces syndicats n'appartiennent pas au DGB.

Quelques chiffres : en 1991, plus de 40 % des actifs sont syndiqués. Ils sont 52,8 % chez les ouvriers ; 23,7 % chez les employés et 66,1 % chez les fonctionnaires. La population syndiquée compte huit millions de personnes : c'est IG-Metall qui regroupe le plus grand nombre d'adhérents.

Moyens d'action des syndicats.

1) Les syndicats n'ont pas le droit de constituer de sections syndicales dans les établissements. Ils y sont exclusivement représentés par les *Vertrauensleute**. Toutefois, l'influence indirecte des syndicats sur les conseils d'établissement (*der Betriebsrat*)* est très forte dans la mesure où 85 % des représentants élus aux conseils d'établissement sont affiliés à un syndicat. Cela ne signifie pas que les conseils d'établissement sont les instruments des syndicats. Conseils d'établissement et syndicats se placent dans une perspective différente : les conseils d'établissement se prononcent sur les problèmes de gestion quotidienne alors que les syndicats se prononcent sur les problèmes relatifs aux branches professionnelles lors des négociations collectives.

2) Les syndicats peuvent envoyer un de leurs délégués aux réunions du conseil de surveillance* (*der Aufsichtsrat*) afin d'y représenter les intérêts des salariés.

3) Les syndicats ne peuvent, en règle générale, lancer de mot d'ordre de grève que lorsqu'ils recueillent, parmi leurs adhérents et sur un sujet relevant de la négociation collective, plus de 75 % de voix favorables.

4) Les syndicats doivent organiser avec la direction de l'établissement les élections au conseil d'établissement.

5) Les syndicats peuvent négocier des conventions collectives.

Une des principales caractéristiques des syndicats est la recherche du consensus. Même si de longues et éprouvantes discussions sont nécessaires (cf. les discussions sur la semaine de 35 heures), c'est par la voie consensuelle que les choses avancent.

DIE JUGENDVERTRETUNG (*commission représentative des jeunes*)

La commission représentative des jeunes doit être constituée dans toute entreprise où travaillent plus de cinq jeunes de moins de dix-huit ans ou apprentis de moins de vingt-cinq ans. Les membres de la commission représentative des jeunes sont élus tous les deux ans par les jeunes de moins de dix-huit ans et apprentis de moins de vingt-cinq ans.

Les missions de la commision sont de :
- veiller au respect des lois et textes relatifs aux conditions de travail ;
- représenter les intérêts individuels des jeunes auprès du conseil d'établissement* (*der Betriebsrat*), en particulier en matière de formation initiale ;
- participer aux réunions du conseil d'établissement.

DIE MITBESTIMMUNG (*cogestion*)

Le système de la cogestion a été adopté il y a près de quarante ans dans l'ex-Allemagne de l'Ouest et sera totalement applicable dans l'ex-Allemagne de l'Est dans un futur proche.

Le système de la cogestion repose sur deux fondements législatifs :
- la loi sur l'organisation des entreprises (1952, complétée en 1972 et 1988). (*das Betriebsverfassungsgesetz*)* ;
- la loi sur la cogestion dans les entreprises (1976).

L'objectif central de la cogestion est de garantir la démocratie économique dans l'entreprise en associant les salariés et les employeurs sous diverses formes.

La cogestion se joue à deux niveaux :

– au niveau de l'établissement. Les représentants des salariés réunis au sein du conseil d'établissement (*der Betriebsrat*)* participent à différents niveaux à la gestion quotidienne de leur établissement ; leur interlocuteur est le directeur de l'établissement.

– au niveau de l'entreprise par le biais du conseil de surveillance (*der Aufsichtsrat*)*. Dans le cadre du conseil de surveillance, les représentants des salariés et les représentants des actionnaires participent à égalité de voix à la supervision de la société, à la définition des orientations stratégiques et à la nomination des membres du directoire.

Les principales instances de la cogestion sont représentées dans le schéma page 213, le droit de cogestion est schématisé page 212.

La philosophie qui sous-tend la cogestion n'est pas une philosophie d'opposition. La cogestion donne aux salariés les moyens de participer activement à la prise de décision dans leur entreprise et les conduit ainsi à partager la responsabilité de gestion de leur entreprise. L'objectif central est d'aboutir à un résultat constructif. Dans cet esprit, le législateur a veillé à exclure du champ de la cogestion au niveau de l'établissement les principaux sujets de revendications (rémunération, politique...) et donc les principales sources de conflit ouvert ; les sujets principaux de revendications sont traités au niveau de la branche dans le cadre de la négociation collective. En imposant également aux partenaires de "collaborer en toute confiance et de discuter sur les questions litigieuses avec le désir sérieux d'obtenir un résultat", le législateur garantit indirectement la paix sociale.

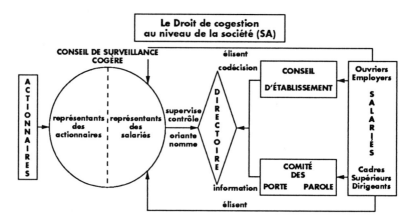

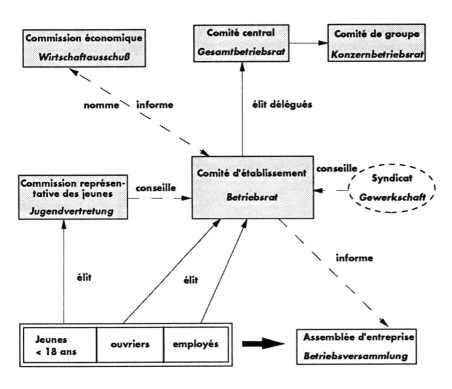

Instances de la cogestion

DER SPRECHERAUSSCHUB (*comité des porte-parole des employés dirigeants*)

Le Comité des porte-parole des employés dirigeants est une institution récente du système de la cogestion (*die Mitbestimmung*)* (loi de 1988). La définition de l'employé dirigeant (à peu près l'équivalent du cadre supérieur français) n'est pas complètement arrêtée. Elle repose sur les critères suivants : un employé dirigeant est responsable d'une des directions –opérationnelle ou fonctionnelle– de l'entreprise et encadre de nombreux salariés.

Le comité, qui a pour mission principale de représenter les employés dirigeants, doit être constitué dans les sociétés employant plus de dix employés dirigeants. Les élections au comité ont lieu tous les quatre ans, parallèlement aux élections du conseil d'établissement (*der Betriebsrat*)*. Le bureau est composé de six membres et d'un président. Le comité se réunit deux fois par an pour discuter de la situation économique de la société.

La loi de 1988 accorde au comité des porte-parole des employés dirigeants un droit général de cogestion, à savoir :

- un droit d'information sur les sujets économiques et généraux ayant des incidences sur les employés dirigeants ;
- un droit d'information préalable sur tous les accords d'entreprise* (*die Betriebsvereinbarung*) ayant des incidences sur les employés dirigeants ;
- un droit d'information concernant l'embauche / la mutation d'employés dirigeants ;
- un devoir d'information et de discussion sur les décisions relatives à la rémunération, aux conditions de travail et aux systèmes d'évaluation des employés dirigeants ;
- un droit d'information et de consultation avec possibilité de veto en cas de licenciement d'un employé dirigeant ;
- un droit de conclure avec la direction des accords d'entreprise dans le domaine des relations contractuelles de travail.

Les porte-parole des employés dirigeants sont donc à la fois représentants des employés dirigeants et, de par leur statut, représentants de la direction auprès de l'ensemble des salariés. Cette ambivalence nuit parfois à l'efficacité de leur représentation au sein du comité des porte-parole des employés dirigeants.

DER STREIK (*grève*)

Le droit de grève est du ressort exclusif des syndicats acteurs de la négociation collective. Syndicats (*die Gewerkschaft*)* et conseils d'établissement (*der Betriebsrat*)* se placent dans une perspective différente : les syndicats se prononcent sur des domaines généraux relatifs aux branches professionnelles lors des négociations collectives alors que les conseils d'établissement se prononcent sur les problèmes de gestion quotidienne.

La jurisprudence indique qu'une grève est licite si et seulement si :

- tous les moyens susceptibles de résoudre le conflit de façon pacifique ont été épuisés. Cette condition exclut les grèves sauvages ou spontanées ;

– elle est déclenchée par un syndicat reconnu au niveau de l'établissement et sur un sujet relevant de la négociation collective. Cette condition exclut, en règle générale, les grèves à caractère politique ;

– elle ne se déroule pas pendant la période d'application de la convention collective. Les signataires de la convention collective n'ont pas le droit de faire grève pendant la durée de la convention dans les domaines couverts par celle-ci. Employeurs et syndicats doivent garantir l'adhésion de leurs membres aux points conclus dans les conventions collectives. En cas de conflit entre la direction et le comité d'établissement pendant la période d'application de la convention collective, le seul recours possible est l'office de conciliation (*die Einigungsstelle*)* ;

– l'objectif de la grève est énoncé clairement et va dans le sens de l'intérêt général.

Une grève peut être déclenchée au niveau de la branche d'entreprise, n'être suivie que par quelques entreprises de la branche ou même seulement par une partie des usines au sein d'une même entreprise.

DIE VERTRAUENSLEUTE (*personnes de confiance des syndicats déléguées dans les entreprises*)

Les *Vertrauensleute* sont des personnes élues par les membres syndiqués d'un établissement. Elles ont pour mission unique de représenter les syndicats (*die Gewerkschaft*)* au niveau de l'établissement et de diffuser l'information syndicale.

Les *Vertrauensleute* n'ont pas le droit de créer de section syndicale au niveau de l'établissement et n'ont pas le droit d'agir dans l'établissement au nom du syndicat.

DER WIRTSCHAFTAUSSCHUß (*commission économique*)

La commission économique est composée de membres du (des) conseil(s) d'établissement (*der Betriebsrat*)*. Elle a pour fonction de discuter avec la direction des perspectives économiques de l'entreprise. Elle peut se faire assister par des experts extérieurs.

ADRESSES UTILES

Commission des communautés européennes
200, rue de la loi
B-1049 Bruxelles

Parlement européen
Avenue de l'Europe
67000 Strasbourg

1. FRANCE

AGRH Association Française de Gestion des Ressources Humaines
ESSEC / IMD, CNIT La Défense
92090 Paris La Défense

ANDCP Association Nationale des Directeurs et Cadres
de la Fonction Personnel
29, avenue Hoche
75008 Paris

Les cahiers d'information du directeur de personnel
16, rue Ballu
75009 Paris

INSEE Institut National des Statistiques et Études Économiques
192, rue de Bercy
75012 Paris

Ministère des Affaires européennes (3616 code Euroguide)
37, quai d'Orsay
75007 Paris

Ministère de l'Éducation nationale et de la Jeunesse et des Sports
(3614 code Ensup)
110, rue de Grenelle
75007 Paris

Ministère de l'Industrie et du Commerce extérieur (3617 code Euro 92)
97, rue de Grenelle
75007 Paris

Revue Gestion des Ressources humaines
Éditions ESKA
27, rue Dunois
75013 Paris

Sources d'Europe – Centre d'information sur l'Europe
La Grande Arche
Cedex 41
92044 Paris La Défense

2. ROYAUME-UNI

ACAS Advisory, Conciliation and Arbitration Service
27 Wilton Street
London SW1X 7AZ

CBI Confederation of British Industry
Centre Point
103 New Oxford Street
London WC1A 1DU

Department of Employment
Caxton House
Tothill Street
London SW1H 9NF

EOC Equal Opportunities Commission
Overseas House
Quay Street
Manchester M3 3HN

IDS Incomes Data Services
193 St John's Street
London EC1

Institute of Personnel Management
IPM House
35 Camp Road
Wimbledon
London SW19 4UW

TUC Trade Union Congress
Congress House
Great Russel Street
London WC1B 3LC

3. ALLEMAGNE

Bundesanstalt für Arbeit
Regensburgerstr. 104
D-Nürnberg 30

Bundesanstalt für Arbeitsschutz
Vogelpothsweg
Postfach 17 02 22
D-4600 Dortmund 17

Bundesministerium für Arbeit und Sozialordnung
Postfach 14 02 80
Rochusstr. 1
D-5300 Bonn 1

Deutscher Industrie- und Handelstag
Adenauerallee 148
D-5300 Bonn 1

DGP Deusche Gesellschaft für Personalführung e.V.
Niederkasseler Lohweg 16
D-4000 Düsseldorf 30

BIBLIOGRAPHIE

Molefi Kete ASANTE et William B. GUDYKUNST, *Handbook of International and Intercultural Communication*, Sage, 1989.

Kevin BARHAM & David OATES, *Le Nouveau Manager international*, Les Éditions d'organisation, 1992.

Frank BOURNOIS, *La Gestion des cadres en Europe*, Eyrolles, 1991.

Chris BREWSTER & Shaun TYSON, *International Comparisons in Human Resource Management*, Pitman, 1991.

Chris BREWSTER *et alii*, *The European Human Resource Management Guide*, Academic Press, 1992, 800 pages (présentation détaillée selon une même structure des caractéristiques essentielles de la gestion des ressources humaines dans les pays suivants : Allemagne, Belgique, Danemark, Espagne, France, Grèce, Irlande, Italie, Pays-Bas, Norvège, Royaume-Uni, Suède et Suisse).

Didier CAZAL, Jean-Marie PERETTI, *L'Europe des ressources humaines*, Éditions Liaisons, 1992.

C. LANE, *Management and Labour in Europe*, Edward Elgar, 1989.

Mémento Pratique Francis Lefebvre, CEE 1991 : juridique, fiscal, douane, social, comptable , 1991.

Alfonso MATTERA, *Le Marché unique européen. Ses Règles, son fonctionnement*, Jupiter, 1991.

Jean-Marie PERETTI, Didier CAZAL et François QUIQUANDON, *Vers le management international des ressources humaines*, Éditions Liaisons, 1990.

P. TEAGUE, *The European Community : The Social Dimension*, Kogan Page 1989.

Maud TIXIER, *Travailler en Europe*, Éditions Liaisons, 1992.

S. TYSON, P. LAWRENCE, P. POIRSON, L. MANZOLINI, C. VINCENTE, *Human Resource Management in Europe : Strategic Issues and Cases*, Kogan Page, 1993.

Imprimé en France. - JOUVE, 18, rue Saint-Denis, 75001 PARIS
N° 212085W. Dépôt légal : Juillet 1993
N° d'éditeur : 5582